JN139622

フェミ私史ノート

歴史をみなおす視線

秋山洋子

インパクト出版会

フェミ私史ノート　歴史をみなおす視線

目次

第1章　国境往還

蕭紅が〈異郷〉日本で書いた詩　6

大連断想　13

戦時下大連・旅順における日本女性　20

暗殺犯人をつきとめた日本人研究者の執念『スマトラの郁達夫――太平洋戦争と中国作家』　46

暗い時代に連帯を模索する『若き高杉一郎――改造社の時代』　50

「革命の聖女」のいたいたしい素顔『アグネス・スメドレー――炎の生涯』　57

遠い革命、キューバ・中国　62

問いなおされる「私たち」日本人の経験『中国残留日本人という経験――「満洲」と日本を問い続けて』　70

相手の顔の見える中国研究　女性学創設を語る　李小江『女に向かって』を訳して　75

第2章 歴史をみなおす視線

田村泰次郎が描いた〈貞貞〉『肉体の悪魔』再読 78
洲之内徹の書いた日中戦争 95
個別の記憶から歴史を問いなおす『黄土の村の性暴力——大娘たちの戦争は終わらない』 120
映画『纏足』をめぐって 126
アジアへの視線・アジアからの視線 ふたつの展覧会「描かれたチャイナドレス」と「官展にみる近代美術」 133
張潔の『無字』とその批評をめぐって ジェンダーからの読み、歴史からの読み 139

第3章 水に流された性革命

『赤い恋』の衝撃 コロンタイの受容と誤解 160
コロンタイの恋愛論の中国への紹介と反響 190

第4章 リブの時代をいまにつなぐ

対幻想のかげで　高橋たか子・矢川澄子・冥王まさ子の六〇年代　210
干刈あがた　同世代の死　240
ありがとう、メアリ・フランシス　244
サラ・パレツキーと七〇年代米国フェミニズム　255
『暮しの手帖』を読みなおす　花森安治と松田道雄の女性解放　259
リブへの地平を切り開いた先駆者の壮絶な未完の自伝　『〈侵略＝差別〉の彼方へ――あるフェミニストの半生』　285
自分史から照らしたリブ・コレクティブ論考　『女たちの共同体――七〇年代ウーマンリブを再読する』　289
女性学／ジェンダー研究のルーツをリブに求める　『異なっていられる社会を――女性学／ジェンダー研究の視座』　292
北村三津子さんの死とリブがしたこと　297
あとがきに代えて　生き延びて一年　306

＊

リブ・女性学の同志を偲ぶ　井上輝子　312

第1章　国境往還

蕭紅が〈異郷〉日本で書いた詩

一九一一年中国東北のハルビン市郊外で生まれた蕭紅（しょうこう）は、「満州国」支配下に入った故郷を捨て、生活と創作の場を求めて上海にでた。魯迅の庇護のもと、故郷の農民たちの生活と闘争を描いた蕭紅の『生死場』は、同志であり夫である蕭軍の『八月の郷村』と共に三五年に出版され、東北出身作家としてデビュー、上海文壇でも認められるようになる。

しかし、一九三七年には戦火が上海にもおよび、再び流浪の生活が始まる。ハルビン以来苦楽を共にした蕭軍とも途上で別れ、年下の作家端木蕻良（たんぼくこうりょう）と共に武漢から重慶、四〇年には香港に移り住む。香港では、故郷の街とそこに生きる人々を散文詩のように綴った珠玉の中編『呼蘭河の物語』を書きあげるが、持病の結核に誤診による手術も加わって、病状が悪化する。折悪しく、米英への宣戦布告と同時に香港を占領した日本軍に、入院していた病院も接収され、最後まで日本軍に追われつづけて一九四二年一月、蕭紅は三〇年の生涯を閉じた。

蕭紅の作品は小説と散文が中心で、詩はわずか数編残されているだけだが、そのいくつかの断片は、孤独な流浪の生涯を送った彼女の内面を鋭く切り取って、詩人としての資質をのぞかせている。

そのうちの代表作というべき「沙粒」は、じつは、日本で書かれたものである。異郷から異郷への流浪のうちにおわる蕭紅の生涯のうちでも、言葉の通じない真の異郷体験が、一九三六年七月から翌年一月までの日本滞在であった。
　蕭紅が日本に来た原因は、蕭軍がほかの女性と恋愛関係になったためといわれるが、友人もなく孤独な生活で、さらに、師とも父とも慕っていた魯迅が急逝したとの報を聞き、打撃を受ける。そんな孤独な心から紡ぎ出された詩のいくひらかを日本語に訳して、本章の序としたい。

沙粒

一

七月に育った野草が、
八月に花ひらく。
その運命をいたみ、
その勇敢をたたえる。

二

鐘楼の銅の鈴がすき、
軒端の雀がすき、
わたしの幼いころの歌い手たちだから！

三

窓のまえには蜘蛛の巣がふたつ、
蜘蛛が晩ごはんを食べるとき、
わたしもちょうど晩ごはん。

四

世界はあんなに広いのに、
自分の天地をこんなにも狭くしてしまった！

五

冬の夜は冴えて冷たいもの、
まして隣から琴の音までも。

六

よふけの帰り道、
落葉をふんで遠い地をおもう。
髪にはびっしり水の珠、
こぬか雨の夜のこと。

七

かつては孤独とたたかい、
いまその孤独を身に味わう。
孤独はひとつ、
味わいはふたつ。

八

しずかに暮そうとおもっていた、
しずかに働こうとおもっていた、
けれど孤独に燃えて狂ったら、
煙草、吸おう！
酒、飲もう！
だれにもある、
胸が締めつけられるときは！

九

碧の海原、
藍の海原、
あなたの偉大さを慕い、
あなたの危険を恐れる。

十

友と敵とをひとしくうやまう、
わたしの魂に皺を刻んだ人たちだから。

十一

もうけっして涙は流さない、

悲しみがなくなったからではなく、
狂妄の世がわたしの目をくらませたから。

十二

宝のように手にした友情、
ひとたび失うと、
宝を失うより鋭い痛み。

十三

わたしの胸の中には砂の山ができてしまった、
だから、わたしがのぞむのは、
ただ曠野と、天と飛鳥と。

十四

煩悩は原野の草のように、
わたしの全身にびっしりはえた。

十五

行こう、
やはり行こう。
流水のさだめに生まれたのなら、
安息を求めてなんとしよう！

十六

蒙古の草原で、夜
羊たちと夢を見る、
わたしは羊飼いの赤ん坊。

十七

涙を、
むかしは恥じた、
いまは宝物。

十八

東京に雪がふった、
はるかな故郷を見るようだった。

十九

満ちた月を、
見ることはできる、
欠けた月を、
見ることもできる。
でも人の魂の満ち欠けは、
とこしえに見ることができない。

二十

命にはなぜ鈴をつけないの？
おとしたとき、
失ったことがどうしてわかるの？

二十一

砂漠を歩いたことはまだないのに、
砂漠の乾きを味わってしまった。
それでは砂漠へ足を踏み入れたとき、
どうすればいい？

二十二

理想の白馬は乗ることができない、
夢の中の恋人は愛することができない。

二十三

海の大きさ、
天地の広さ、
なのにわたしの心の狭いこと、
もう行こう！

二十四

人の心に雑草がはえてくるとき、
抜かなくてもいい、
抜くことはけっしてできない。

二十五

いやな奴等、
そばにもよれない、
でも愛すべき人たちもいやな奴等の中にいる。
汚辱を避けつづけるばかりでは、

純潔にもたどりつけない。

二十六

ずっとほしかったものが、
とつぜん手にはいる。
こわいのは得た瞬間の戦慄、
そしてこわいのは得たあとの空虚。

二十七

かわいそうな冬の朝、
酒もなく詩もなく。

二十八

いちばん苦しいものは何だろう、
いちばん苦しいものは口に出せない苦しみ。

二十九

愛を失ってしまった心は、
星を失った空に似ている。

三十

異郷へ飛びさる燕の心を、
わたしは知らない。
けれどわたし自身の心は、
知っている。

三十一

いまいちばん怖いのは何かって?
そう、
あふれでる感情がいちばん怖い。

三十二

ふと窓を開けると、
軒のむこうに満月が。

三十三

人は孤独なとき、
孤独なものを見たくない。

三十四
もともとなにも未練はない、
なのにあちこち未練だらけ。
この混乱した気持ときたら!
あなたを呪う、
悪魔を呪うように呪う。

三十五
異郷からさらに異郷へと、
渺茫たる望みのままに、
わたしを送るのは海の波浪、
わたしを迎えるのは異郷の風霜。

三十六
まことでありさえすれば、
罪をはらんでいようとも、
受けいれよう。

追記

蕭紅の作品は短編が多く、邦訳をまとめて読むのは難しいが、「沙粒」と同時期の体験を語ったエッセイが、新刊の散文集に収録されている。平石淑子訳「東京にて」(中国一九三〇年代文学研究会『中国現代散文傑作選　一九二〇―一九四〇――戦争・革命の時代と民衆の姿』勉誠出版、二〇一六)。また、立間祥介訳『呼蘭河の物語』(『中国現代文学選集7』、平凡社、一九六二)は、中国近代文学の中でも十指に入る名作だと思うので、図書館などで入手できれば、一読をおすすめしたい。

[初出・「世界文学」九五号、二〇〇二年]

大連断想

二〇〇五年四月から一年間、大学の在外研究制度を利用して大連に滞在した。

大連という場所を選んだのは、わたしが翻訳や紹介をしてきた李小江（りしょうこう）という女性学の研究者がいたからだ。一九八〇年代に河南省の鄭州大学の教員だった李小江は、中国女性学の創設を呼びかけて独自のネットワークをつくりあげた人だが、九五年に北京で開かれた国連女性会議開催をめぐるトラブルで河南省を離れ、二〇〇〇年に大連大学に招かれてジェンダー研究センターを開設した。

大連といえば日本人と縁が深く、さまざまなイメージを喚起する街だが、じつはわたしの滞在した大連大学は、大連市からは遠くはなれた経済開発区のさらに辺境にある新設大学だった。大連空港から大学まで約一時間、荒涼とした起伏のある未開地のなかを走ったはてに、ＳＦのように忽然と大連大学の建築群が出現したときは、さすがのわたしも呆然とした。

大連の四月はまだ緑がなく、やたらと強い風が吹く。だだっぴろいキャンパスは荒涼ということばがぴったりする。学内の宿舎には一万人ほどの学生が住んでいるのだが、あまり生活の息吹が感じられない。それというのも、ほとんどの教職員は大学に住まず、大連市などからバスで通勤しているからだ。中国の大学といえば老若男女が住み着いて生活感にあふれているという期待があったが、それがみごとにはずれてしまった。

大連大学での在外研究生活は、これといって義務のない自由なものだった。外国人教員用の宿舎にワンルームの部屋を与えられ、週の何日かはジェンダー研究センターへ「出勤」する。センターは正門前の図書館一階にあり、広いスペースの三分の二は図書・資料コーナーで、残りは事務スペースや応接コーナー、会議や講演用のスペースに分かれている。わたしも専用の机をひとつもらって、センターにある本を読んだり、新聞を調べたりする。

センターの常勤は事務担当のスタッフだけで、専属の研究スタッフはいない。歴史学科や人文学科などの教員が、センター兼任となっている。カリスマ的な雰囲気をもっているセンター主任の李小江は、新設大学の看板教授として特別待遇で迎えられたということで、担当授業も会議出席の義務もないという羨ましい身分だ。ふだんは自宅で執筆にいそしみ、半月に一度くらい風のようにセンターに姿を現してスタッフを呼びつけて指令を出すと、また風のように帰っていく。

李小江の名は国内だけでなく海外にも知られているので、大連まで彼女を訪れる人も少なくない。そういう訪問客をゲストにして、センター主催の講演会や座談会が開かれる。わたしの滞在した一年間でも、アメリカ・メキシコ・カナダ・インド・日本などの研究者が講演し、わたしの所属する中国女性史研究会の仲間もこの機会にと大連を訪れてセンターと共催で「文化を超えた女性／ジェンダー研究座談会」というミニ・シンポジウムを開催した。こういうイベントは学内に広報され、いろいろな学部の学生が参加してくる。また、夏休みには学生と教員を連れて近郊の農村に行き、聞き取り調査を行ったりする。こんなふうに、ジェンダー研究センターは、狭義の教育・研究機関というよりは、ネットワークの中心といった役割を大学の中で果たしていた。

宿舎とセンターの往復に飽きてくると街にでかける。大学にいちばん近い街は経済開発区の中心で、五番のバスに乗っていく。このバスは、大連大学正門前から開発区の中心を通って海辺まで、全行程およそ四〇分だ。最初は両側になにもない荒涼とした風景が、一五分も走ると住宅街に入る。人工的に開発されたこの地域には一戸建ての民家はなく、「〇〇園地」とか「××里」と門に看板を掲げた団地がつらなっている。道に面した一階は商店で、春から秋にかけては野菜や果物の露店もならぶ。近郊の農村からバイクや軽トラックで売りに来るのだ。ロバが引く荷車もときどき見かける。

開発区の中心には、開発区管理委員会（=市政府）のいかめしい建物や、デパート・銀行・ホテルなどが並んでいる。デパ地下には食材からお惣菜まであふれているし、衣類のデザインや質も日本で売られているものに遜色はない。外資企業の進出もさかんで、ピザハットにマクドナルド、わたしの滞在中にスターバックスも開店した。コーヒー二五元というのは、焼餅（シャオビン）が一元、麵が五元という市価に比べるとべらぼうだが、中国人の客もちゃんと入っている。ひごろは大学の職員食堂で五元の昼食をとるわたしも、街に出ればちょっと贅沢してコーヒーを飲み、都会の気分を味わってみる。

本格的な都市となれば、やはり大連に行くしかない。大学から大連までは、いくつかの交通手段がある。大学の門前から大連駅までは直通のミニバス。市バスと違って個人の請負い経営らしく、大声で客を呼び集める。最初は乗るのに勇気がいるようなオンボロのワゴン車だったが、その後こぎれいなミニバスに格上げされて乗り心地もよくなった。開発区の中心からは、大型バスと軽軌（チングイ）と呼ばれる電車が大連市まで通っている。高架を走る軽軌は車両もきれいだし、大連湾を見下ろす眺望もすばらしい。しばし中国にいることを忘れていると、乗客同士の大声での喧嘩が始まって、現実に引き戻されることもある。

大連の街は、古いものと新しいものの混在が、町の個性そのものなのだろう。ロシアが計画を作り、日本が引き継いだ大広場を中心に放射状に広い街路が伸びる街の基本構造は、広場を囲む建物といっしょに今も保存され、観光名所になっている。広場の近くには満鉄本社の建物も残っており、鉄道部に移管されてそのまま使われている。蔵書を誇った満鉄図書館も、大連図書館魯迅分館として残っているのだが、最近外国人には閲覧禁止とされてしまった。日中の微妙な政治関係を反映してか、あるいはドッと押し寄せた日本人研究者の金に糸目をつけぬ貪欲な資料収集が顰蹙を買ったのだろうか……。女性史関係の資料でもみつけられればと期待していたのに当てが外れた。

日本による旧大連の都市建設では、住宅も欧米諸国に引けを取るまいという意気込みがあり、日本人住宅地域に粗末なバラックを建てることは禁止された。満鉄の社宅などは、必須である暖房はむろんのこと、日本国内でも珍しい水洗便所まで備わっていたという。南山と呼ばれる高台などにたくさんあった日本人住宅は、敗戦、引揚げの過程で中国人に引き渡され、広い家には数家族が共同で住んでいた。昔の面影を残すそんな日本人住宅は、九〇年代初めくらいまでは残っていたようだが、老朽化してほとんど取り壊されてしまった。周囲が更地になったあとに、廃屋となってポツンと残っているくらいだ。

もうひとつ、以前の面影を残しているのが市電。大連駅から二方向に伸びている市電は一元で乗り放題、昔懐かしいチンチン電車だ。初夏のころ、大連駅前から街の風景をゆっくり楽しみながら終点までいくと、そこは海辺の公園になっていた。ひとりでボーっと海を見て、また同じ電車で帰ってきた。海の見える都市ならではの、ぜいたくな休日だった。でも、車の増加による渋滞は大連でも始まっていて、市電の運命も気がかりだ。

それにしても、大連行きの前後、思いがけないほど多くの人に「私も大連に住んでいた」と声をかけられた。つい先月開かれた中学の同窓会でも、大連帰りだと名乗りをあげた人がいた。あなたのいる間に行きたいと旅行の計画を立てた人もいれば、植民地支配者の娘として大連を故郷と思うことを自分に禁じているという厳しい人もいた。そんな人たちの話を聞き、大連に関する本も読むうちに、大連という街に日本人が抱いている濃い感情（中国語では情結（チンジエ）と呼ぶ）がなんとなく感じられるようになってきた。

日本の大連支配の歴史は日露戦争の勝利によって租借権を得た一九〇五年以来、四半世紀にわたっている。「満州国」成立後も、満鉄が本社を構える大連はやはり特別の存在だった。一九四五年の敗戦時には大連の日本人は二〇万人、大連市の人口の三分の一を占めたという。大連にかかわった日本人が多いのもむりはない。

日本支配の歴史の長さと同時に、大連の気候風土を日本人が好んだという記述も多い。夏はともかく、大連の冬は東京に比べればけっこう厳しいが、海洋性の気候だから内陸部のように零下何十度になることはない。海が見えることだけでも、日本人にとっては慰めになる。

さらに、海への出口であった大連の人たちは、敗戦に際しても悲惨な逃避行はしなくてよかった。敗戦後のほぼ二年間、帰国は凍結され、ソ連軍の支配下に厳しい売り食いの生活を迫られたとはいえ、奥地の開拓団のように三分の一が命を落とすような悲運はまぬがれた。そんなことも、「アカシアの大連」と郷愁をこめて語られる原因のひとつだろうか。

それでは中国の人たちにとってはどうだったのか。大連大学に赴任した李小江は、この地域の歴史に関心を持ち、大連市や近郊農村で日本支配時代の聞き書きをしている。彼女が集めたエピソードの中でも、植民地支配の実態を端的に語るのは差別的な食糧政策だ。戦時下の配給制度では、民族によって主食が差別され、日本人は米、朝鮮人は粟、中国人は高粱などの雑穀と決められていたという。配給制度の違反は犯罪となり、日本人以外が白米を食べること自体が処罰の対象となった。この「食い物の恨み」は、人々の記憶の中に強く残っているようだ。

植民地支配の恨みはつきないだろうが、それと違う場面にあったこともある。夏休みの農村調査で、日本統治時代を知っている三人の老人の話を聞いた。部屋での「座談会」のあと、当時の日本人住宅を見にバスで移動するとき、老人の一人がわたしの隣に座ったので、李さんが「この人は日本人の先生だけど、皆さんが気を遣うといけないので黙っていた」と告げると、「日本人にも中国人にもいい人もいれば悪い人もいる」という答えが返ってきた。三人の中でも、満鉄につとめていたという人は記憶力がよく仕事の内容もよく覚えていたが、歩きながらさりげなくわたしの傍らにきて当時の日本人同僚のことなど語り、「森という人はいちばんいい友達だった」と小声でつぶやいた。

支配・被支配という大きな枠組のもとにも、人と人とのいろいろな関係はあったのだろう、日本人としてはちょっとホッとした瞬間だった。李小江は、グローバル化のすすむ現在、異なる民族が否応なしに共生した植民地支配時代の経験に学べることがあるのではないかと示唆している。

現在の大連もまた、日本の企業が進出し、日本からの直行便が一日に何本も飛んでいる。わたしが滞在した二〇〇五年の春は、北京や上海で「反日デモ」が荒れた時だった。さいわい大連ではデモもなく、街で接する人たちも、こちらが日本人だと知っても敵意を見せることはなかった。けれども、開発区に進出した日本の製造業は若い出稼ぎ女性たちの労働を短期契約で使い捨てにしているというし、日本語の大連案内誌には、若い女性の写真をならべたサウナ・マッサージの広告が並んでいる。政治的な支配が経済支配に変わっただけではないかといわれれば、返す言葉はない。そんな構造を個人の力で変えることはとてもできない、それでは何ができるのか。そんな自問自答は、大連にいるときも、帰ってからも続いている。

［初出・「花筐」八号、二〇〇七年］

追記

初出誌「花筐（はながたみ）」（一九九八―二〇一一、全一二号）は、「女性」と「中国」をテーマにした私家版雑誌である。発行人であった伊藤道子さんに改めて感謝したい。

戦時下大連・旅順における日本女性

I　海を渡った若い妻たち

わたしは二〇〇五年四月から二〇〇六年三月まで、在外研究の機会を得て中国の大連大学に滞在した。大連という場所を選んだのは、同大学ジェンダー研究センターの主任教授が研究を通じての知人であったという偶然にすぎない。しかし、ここに滞在して街の持つ重層的な歴史の一端に触れ、関連資料なども読むにつれて、この街の持つ日本とのかかわりの深さに、あらためて興味をそそられた。大連の歴史に本格的にかかわる用意はまだないが、本稿では大連滞在中に再読し、新たな角度から見直した二冊の書簡集を資料として、太平洋戦争下の大連・旅順における日本女性の生活を紹介・分析したい。

遼東半島の先端にある大連・旅順は「満州国」〈1〉の一部とみなされがちだが、じつは満州国成立のはるか以前、一九〇五年の日露戦争の勝利以来日本の租借地となり、関東州と呼ばれていた。一九〇六年には関東都督府がおかれ、三二年の満州国建国後、三四年からは在満州国日本大使館関東局の管轄下にはいった。「満州国」が実質は傀儡国家でも建前上は独立国であったのに対し、関東州は日本の直接統治下にあり、両者の間には国境が存在した。とはいえ、日本の植民地政策の観点からは、関東州と満州国は一体であり、居住者の意識にもそれが反映されていたことはいうまでもない。

中国東北地域への海の玄関である大連は、ロシアの都市計画を日本が引継いで、近代的な大都市として急速な発展をとげた。また、満鉄本社の所在地として、日本の植民地政策の頭脳というべき役割をはたしていた。一九四五年敗戦時の大連市の人口は約八〇万人、日本人はそのうち二〇万人を占めていた。

旅順は日露戦争の戦場として有名な城塞都市で、大連とは当時の鉄道で一時間半の距離にあった。現在は軍事的要衝として外国人の市街地への立入りは禁止であるが、一九三七年までは関東州庁が置かれ、官立の旅順工科大学、旅順高等学校があるなど、関東州の中心として大連と相補関係にあった。終戦時の日本人は二万人足らずである。

この大連と旅順に、太平洋戦争の開始から終末に至る時期、二人の日本人女性が家族と共に生活し、その詳細を日本の実家に書き送っていた。それらの書簡が、戦後五〇年を経て編集公刊されている。第一の書簡集は、岩下壽之『大連だより――昭和十六～十八年・母の手紙』（以下、大連と略称）である。手紙の筆者である岩下きみゑは、住友銀行行員である夫の赴任にしたがって、一九四一年七月、三歳と二歳の男児をともない船で大連に到着した。四四年女児を出産した後、不幸にも四五年一月に三五歳で病没するが、一九四三年一〇月まで実家に書き送った四四通の手紙が残されている。書簡集の編者は筆者の次男であり、各書簡の後には編者による詳細な解説がつけられている。

第二の書簡集は深田妙『戦時下花嫁の見た「外地」――旅順からの手紙』(以下、旅順と略称)で、筆者の深田妙は一九四三年五月、一度の見合いで結婚式を挙げ、翌日には旅順高等学校の生物学教師として赴任する夫に従って旅順に旅立った。釜山まで海路、そのあと朝鮮半島を列車で北上し、満州国との国境安東で通関、奉天(現瀋陽)で乗り換え、大連、旅順という長旅である。一九四五年の終戦直前まで実家に書き送った手紙は一七〇通にのぼる。書簡集を出版したのは、出版社を経営する子息である。

以上のように、二人の手紙をあわせると、一九四一年から四五年と、太平洋戦争の開始から終戦まで、国民すべてを戦争に動員する総力戦体制が最高に達した時期の「外地」(2)での生活と、それを支えていた主婦である女性の意識を具体的に知ることができる。

手紙の内容に入るまでに、このような手紙が送られた背景に少し触れておこう。どちらの手紙も、人目に触れることを予想せずに書かれたものであるが、筆の運びは闊達で、描写力に優れ、単なる資料として以上に興味深く読み進めることができる。これは、筆者がどちらも高等女学校卒だったことによるだろう。高等女学校の進学率は一九二五―三五年、ほぼ一五%で、現在の四年制大学に匹敵する当時の女性の最高学府といえる。良妻賢母をモットーに中産階級の主婦育成を目指した女学校であるが、生徒たちは実務的な家政より教養的な文学を愛する傾向があり、手紙や日記は女学生の内面世界を形作る上で大切なものであったという(稲垣、二〇〇七)。こうした教育的背景によって、筆者たちは描写力とこまめに手紙を書く習慣とを身につけていた。

それにしても、これだけ多くの手紙が送られたことは、「外地」で暮す若い妻たちの孤立感と、実家、とりわけ母親との絆の深さをも示している。旧民法では結婚は夫の家に入ることを意味し、舅姑との同居が一般的だったが、外地への赴任となれば核家族が標準になる。気楽である反面、肉体的・精神的に主婦の負担は重い。

主婦の仕事はとても多く、妊婦の方々にはお気の毒です。京都もそうでしょうけれど本当に生活に追われている感が深いのです。特に老人のいない社会、悪くいうと出稼人の社会であるだけにその感が深いのです。今日も延々と続く行列に、小さな子供をつれた婦人や妊婦がいかに多いことでしょう。（旅順、43・11・9）

さらに、一度の見合いで結婚した夫と知らぬ土地での生活を始めなければならなかった深田妙は、夫との微妙な感情や生活感覚の食い違いを母に訴えることで、精神のバランスを保っているようにみえる。夫とは十分に話し合い、信じあい助け合っていこうと約束したといいながら、「でもお家の事を思うと淋しいので思わぬように努めています。お手紙書く時又ちょっぴり泣きますの」と母に孤独を訴える。主婦としては年季の入った岩下きみゑでさえ、「いらんことを申し上げて、またお母さんにご心配をおかけ致しますが、嬉しいことでも心配なことでも、なんでもお母さんにきいていただきたくて」（大連、42・11・20）と母への甘えを隠せない。これらの手紙が戦後五〇年を経て日の目を見たのも、娘の手紙を大切に保存していた母があってこそである。日本の家族研究において、制度としての「家」の陰に隠れた娘と実家との絆の強さは、もっと光を当てられるべきものだろう。

手紙の筆者たちは主婦なので、その内容も日常生活の具体的な報告が中心である。それが戦時下植民地の生活を如実に伝えて興味深いので、まずそこから見ていこう。

岩下家の夫は住友銀行大連支店勤務、預金係主任で月給は四〇〇円（大連、41・8・14）。深田の夫は旅順高校の生物学教師、月給一〇八円に外地手当がついて一七〇・七四円と、外地手当が基本給の五割にのぼる（旅順、43・6・23）〔3〕。岩下家には子供が二人、深田家は夫婦だけという差はあるが、公務員に比べて財閥系銀行の羽振りのよさがうかがわれる。他に両者とも一〇〇〇円の赴任手当が支給されている。いずれにせよ夫たちは、金融と教育という植民地支配に欠かせない実務を担い、それなりの待遇を受けていた。

手紙の書き手である女性たちは専業主婦である。二人とも女学校を卒業し、教職資格も持っているが、「高等の教育を受けさせて頂きましたけれどやはり結婚して家庭を持たねば未だ一人前の女といえないと感じております」と通念を疑わず、「今後しっかりきばります」とけなげな決意を固めている（旅順、43・6・2）。教育のある専業主婦＝良妻賢母は、日本近代化の中で形成された規範であるが、日本が植民地支配に乗り出すにあたっては、植民地の女性教育のための規範としても利用された。たとえば中国では、富裕層の夫人は家事を使用人に任せ自分は社交や娯楽を楽しみ、貧困層では専業主婦どころではない。そこで、満州国での女性教育において、働き者の日本の主婦像は、見習うべきモデルとして提示された。手紙に見る二人の日常も、家事労働や銃後の奉仕に明け暮れる、模範的な主婦の生活といえるだろう。

1、文化住宅と住宅難

外地に赴任して最初に直面するのが住宅の問題である。大連の都市建設は、壮麗な公共建築による威風を誇ると同時に、住宅にも力を入れた。中国人と日本人の居住地は区別され、日本人居住地ではスラム化を防ぐため、木造など粗末な住宅の建設を禁止し、厚いレンガ造りの「文化住宅」が建設された（西沢、一九九九）。それもあってか、増加する人口に住宅の供給が追いつかず、岩下家が最初に入居したアパートは手狭だったが、「時節柄家のあったことだけでも感謝しなければ」と、結局三年間住むことになる。狭いとはいえ二階建てのアパートは頑丈な造りで、編者の岩下壽之は一九九三年大連を再訪し、老朽化はしたが健在で住人もいる旧居を確認している。

深田家は二階建ての官舎の上階に入居し、家具も学校から貸与された。冬の寒さに備えて窓は二重窓、一一月から三月まではストーブをたくが、ストーブを炊く期間は市が決めて、取り付け取り外しを行い、煙突掃除も市がやってくれる。それ以外の時は、補助に火鉢を使う（旅順、43・5・29、6・13、11・9）。ストーブの燃料は石炭や薪、大連では炊事用にガスが普及していたが旅順にはなく、四分の一の家庭で電熱器を使用できた（旅順、43・6・2）。

冬はさぞ寒いだろうと覚悟してきたのにストーブのおかげで室温は一八－二〇度、「冬は満州ですごすものだとしみじみ思ひました」（大連、42・1・29）と岩下きみゑは感激している。当時の日本では、北海道を除けば暖房で室内全体を暖めることは少なく、主としてコタツ、火鉢、囲炉裏といった部分暖房に頼っていた。

都市計画には上下水道が組込まれ、水道はもちろん、内地の一般家庭では珍しい水洗便所も備わっていた。ただ、冬は水が凍るため、特に寒い年は下水や風呂場、水洗便所の故障が続出という「文化住宅式の建物の悩み」もあった（旅順、45・2・16）。

2、悪化してゆく配給事情

日常生活において、一日も欠かせないのは食料であり、手紙にはほとんど毎回食についての記述がある。日本では一九三九年に米穀配給統制法が施行され、配給制度が実施されていた。大連も主食や調味料は定量の配給制で、月当たり米は四人で三斗、砂糖三斤、酒は一家庭に三升、「昨日から味噌・醤油も切符制になりました」。野菜・肉・魚・卵などの食料品は公定価格が定められ、商店で売られていた。靴や木綿衣料も切符制で総量の規制があり、その枠内で希望のものを購入する。このような統制経済の下でも、小規模な小売商は許されていた。「満人が多いだけに行商人が多く、毎日、お花屋、ガラス屋、いかけや、なほし（下駄）や、綿打直し屋、煙突掃除人、野菜や、果物や、とうふや、など二、三人づつ午前午後と回ってゐます」。行商人は掛け値がうまく、それを値切るのも主婦の腕の見せ所だった（大連、41・8・14）。

食糧事情は総じて内地より豊かで、対米開戦後の冬も、「内地の方は物が不足のやうですが、こちらはまだまだ沢山ございます。（中略）去年内地で不自由したお野菜も全部毎日野菜屋が車で持ってきます」。内地から輸入される野菜もあり、値段は高い。逆に牛肉は公定価格なので、ロースの上等もスジ肉も同じ値段で早い者勝ち。米は「今月から」減って、大人が一人三・五合、子供が二合とある（大連、42・3・□　日付は不明）。

四二年五月からは米の配給量が内地と同じになり（4）、もち粟やメリケン粉（小麦粉）が配給されるようになる（大連、42・5・10）。七月半ばからは、急に食料が不足し、キュウリ一本買うにも何十人の行列ができ「このまま行けば、今に食べるものがなくなるのでは」と心配する（同、8・5）が、九月には野菜も魚も肉も市場にもどる（同、9・29）。しかし主食は厳しく、「こちらも九月からいよいよお米が減って、もち米の配給もなくなりましたので、お昼だけは代用食です」と、パンやうどん、芋などで昼食をすませる報告がある。現在は死語になった代用食という言葉は、わたしの子供時代にはまだ使われていたが、粉食や芋類を主食とは認めない日本人の食意識を反映した言葉である。

四三年の正月には、餅が四キロ配給になり、鶏肉、牛肉、魚肉も十分買えて豊かな新年を迎えた。「こちらにゐるおかげでせう」と喜んでいるが、軍事的には警戒管制がしかれ、内地からの着信も不規則になるなど緊張は進んでいる（同、43・1・8）。菓子がなくなり、暮にビスケットの配給があったきり。朝早く森永製菓と明治製菓に行けば羊羹や飴が買えるが、二〇〇人もの行列で子供の小さい家では買いに行くのもままならない（同、1・29）。

四三年五月末到着した深田妙は、「物資はかなり豊富のようですけれど、御飯は大豆入りずいぶん黒いまずいものでした」と外食券で食べた旅館の食事を報告している（旅順、43・6・2）。米は二人で一月二三キロ（5）だが、その中に必ず大豆とメリケン粉がまじる。近くに購買組合と中国人の食品店があり、魚、卵、野菜が公定価格で買える（旅順、43・6・2、6・5）。魚はかなり豊富だが、肉の配給はまれで、豚肉五〇匁〔一匁＝三・七五グラム〕の配給に朝八時前に出かけて行列し、帰ったら一一時半だった（同、7・2）。

「こちらへ参り三ヶ月がたちました。祝さん〔夫〕の誕生日にはお魚なきため野菜の天ぷらにビールを抜いて祝いました。昨今食料もかなり欠乏をつげております」（同、43・8・25）。「冬季の野菜欠乏に備えてどこのお宅も買出しに大童です。（中略）今晩は肉なしのキャベツ巻をします」（同、11・9）。大連では六月から魚が配給になったが、配給日でなくても午後行けば買える、旅順では一二月から配給と、多少の地域差があるが、内地並みの厳しさに近づいている。

四四年深田家の正月は、黒豆、数の子、煮しめなど野菜と乾物中心だが、えび三尾、魚が三種四尾正月用に配給されている。そのほか、缶詰、鱒、マーガリン、いりこ〔煮干〕など「潤沢」な正月用の配給があった（旅順、44・1・2、1・13）。しかし、それ以後の日常では、配給事情は目に見えて悪化してゆく。例えば、四三年の到着当時は一人三個買えた卵が、四四年二月には二個配給（同、44・2・14）、八月には「幸い久しぶりに卵一コ宛配給」。ついでに饅頭も一個ずつ配給になるが、先々月まで五銭だった饅頭は、先月は八銭、今月は一三銭という値上がりだ（同、44・8・24）。次の卵の配給は四カ月後の年末に一個ずつ、年明けにさらに一個配給になり喜んでいる（同、44・1・22）。肉は四四年一月豚肉四〇匁（同、44・1・30）、一年後には「お肉は何ヶ月に一度位、年末に一人二十匁」（同、45・1・22）となっている。冬季は野菜も不足し、十日に一度大根、人参のみで（同、45・4・4）、医者から脚気といわれ注射と投薬を受けている（同、45・4・11）。

不足する野菜の補いも、二階住まいでは室内での鉢植え、野草摘みが精一杯。夫が学校農園に割り当てられた土地にほうれん草、小松菜、二十日大根などの種まきをした（旅順、45・4・26）。その後、幸い一戸建ての官舎に空きができ、六月に転居、張切って畑作りを開始する。トマト、かぼちゃの苗を植え、青菜や根菜の種をまき、「今年はとにかく、来年は計画を立てて自給自足せねばと張切っています」（同、45・6・18）とあるが、二カ月後に敗戦を迎え、この家で次の年を迎えることはなかった。

食糧難を乗り切るもうひとつの知恵は、実家との小包のやりとりだった。岩下も深田も、実家とは手紙だけでなく、小包もこまめにやりとりし、食料、衣料、嗜好品や雑貨など、手に入ったものを融通しあっている。また、送ってきた品に余裕があれば近所と分けあう相互援助が成り立っている。小包には禁制品があり、見つかれば返送されたうえ罰金をとられた。禁制の小豆をどうしても送りたかったので、大豆の中に隠したという手紙もあるが、検閲されたら危ないところだ（旅順、44・12・3）。

以上のような厳しい食糧事情だが、主食については小麦粉、高粱、大豆粉などが混るとはいえ、四五年に至っても「お米だけは潤沢に頂けて何より有難いこと」（旅順、45・5・4）というのだから、飢餓線上にあった内地に比べれば格段の好条件である。

じつは、植民地での配給は、民族による差別があり、日本人は米、朝鮮人は粟、中国人は高粱が基本とされていた。中国人はたとえ金があっても闇で米を買って食べることは食料統制違反を犯すことになった(6)。日本人が米に不自由しなかった陰には、このような差別的配給体制が存在していたが、彼女たちはそれを知っていたのだろうか。

また、経済統制の隙間を縫って物資の生産・供給をしていたのは現地の農民・商人であるが、その恩恵を受けながら、「やはりこちらは外地にて、満人が直接生産にあづかっていますので統制政策の方もなかなかむつかしい様子で、内地では考えられないようなこともないではありません」（旅順、45・5・4）と官側の口調で批判しているが、これも余裕があればこそで、本当に飢えたらこんな建前論は口に出せなくなるだろう。

3、着物からモンペへ

日本国内では、食糧について衣料切符制が四二年二月から実施された。大連ではそれ以前にも、ゴム靴や木綿物は配給という報告がある（大連、41・8・4）。年間の購買量が一定に制限されるので、衣類は購入よりも手持ちのものの活用に重点が置かれ、洗濯、仕立て直し、布団造りなど、主婦にとっては重い仕事が折々に報告されている。

衣についての記述で興味深いのは、戦時下の服装統制が進んでゆく状況がうかがわれることだ。この時代の服装は、職場や学校では洋服、家庭では和服という二重構造になっていた。したがって夫と子供は洋服だが、主婦である妻は和服ということも多い。『大連だより』の家族写真でも、夫と子供は洋服で、妻のきみゑだけが和服姿である。

しかし、非活動的で華美な服装は非常時にふさわしくないと、国は服装の統制にのりだし、男性には国民服が制定され、女性には非常時の服装としてモンペが強制されるようになる（若桑、二〇〇五）。とはいえ、服装の規制は対米開戦後すぐ始まったわけではなく、「今日はモンペ姿のままでお買物に行きました」（大連、43・5・20）と特記している所を見ると、和服姿での外出もかなりの期間ふつうに行われていたのだろう。

まだ娘気分の抜けない深田妙は、和服の長いたもとを元禄袖に縫い直し、それを着て外出したらほめられたと喜んだり（44・2・16）、増税になる前にとパーマ〔7〕をかけたり（44・3・31）、おしゃれもそれなりに楽しんでいる。モンペ式上下のための反物を実家から送ってもらうと、妹に手紙でデザインを相談する（44・6・24、7・1）。夏のモンペは暑いのでふだんはワンピースだが、防空訓練で「今日は気がはっているのかモンペを少しも暑いと思いません」（44・7・30）と、和服と洋服を併用している。

最後の冬はさすがに、「こちらはもう老いも若きも男も女も黒っぽい防空服装で、風が寒いので防寒帽を頭からすっぽり被り、目ばかりぎょろぎょろさせてせかせかと歩いています」（44・12・21）と、気候の厳しさと戦局の厳しさとが重ねて報告されている。

Ⅲ　総力戦体制の下で

1、隣組と防空演習

岩下一家が大連に着いた一九四一年七月、大連は軍事的な緊張下にあった。

内地から来た兵隊が、毎日家の前を通ります。北支の方へ行く兵隊達らしいです。毎日馬と人が何百人となく夜の十一時まで通ることがあります。内地はどうでせうか。とてもタダゴトではないやうなきがします。（大連、41・8・14）

四一年七月といえば太平洋戦争開戦の半年前であるが、この時点で、政府や軍部の首脳が対米開戦の方針を固めていたわけではない。中国との戦争は長期化し、国民を銃後に総動員する総力戦体制が整いつつあったが、それはむしろ戦争の日常化というべきものだった。大連の緊張は、七月下旬から九月にかけて「関東軍特殊演習（関特演）」が行われ、七〇万という兵力が「満州」に送り込まれたことによる。六月の独ソ戦の開始を契機として、米国よりはソ連を仮想敵とした大規模演習が計画されたのだ。

岩下家が落着いた家は、大連港から大連駅への通り道にあった。そのため、連日の兵馬の行進を目にすることになったのだ。続く手紙では、兵隊へのお茶の接待に五日に一回かりだされ「とても大変」、数千人の兵士が市内に滞在しているため急に品不足になった、などと訴えている（大連、41・8・26）。

しかし、日米の開戦によって日本の戦略的重点は南方へ移り、それ以後は比較的穏やかな戦時下の日常生活がもどってくる。

一般市民を戦争体制に組込む総力戦体制は、日中戦争の本格化と共に整備されていくが、その最底辺を担ったのが、国民精神総動員運動の実践組織として一九三八年に組織された「隣組」だった。一〇軒足らずが一単位となった「隣組」には、情報の通達や結束のために、毎月の「常会」が課せられていた（加藤、一九八二）。岩下の夫も到着半月後の八月一四日、組長の家で臨時常会に出席し、ビールをご馳走になって一〇時ごろ帰宅している。他の出席者は女性だったというから、あまり緊張した感じではない。「十月はうちの番」とあるように、常会は各家持ち回りで開かれていた。

四三年に旅順に赴任した深田の日記にも、隣組の常会は登場する。臨時常会で二〇円の国債を買わされた（旅順、43・10・21）、自宅で常会を開き「責任が済んでホッとしました」（同、43・12・10）、常会で婦人部の班長を引き受けさせられた（同、44・4・9）などなど。婦人部の班長は、いくつかの隣組の組長を統べる役で、若いのに「責任重大」と緊張している。

隣組は配給など日常生活の基本単位であったと同時に、防空演習などの「行事」にも動員された。大連到着直後の岩下の手紙で、八月いっぱい防空演習が行われるとあるのは、関特演に関連したものだろうか（大連、41・8・14）。防空日は旅順でも定期的にあり、「長袖の服にモンペ靴のいでたちで出かけないとお目玉です」（旅順、43・7・17）。同年九月には旅順市内で防空基本訓練競技会が開催された。地区対抗のため連日練習を行っているが、空襲を受けるという切迫感はなく、どちらかというと運動会気分で「花々しく競技がくりひろげられた」。「出にくい家庭の主婦の出場ですが皆元気に活躍、学生時代にかえったように思いました」という一節は、銃後の活動がある種の女性解放だったという加納実紀代のコメントを想起させる（加納、一九九五、八九ページ）。

一九四四年夏になると大連にも米軍機の来襲があり、各家庭に防空壕作りの指令が出る。「こちらは緊張して来たとは申せまだ植民地気分が抜けきらず、その点歯がゆく存じております」（旅順、44・7・25）。四五年となると、緊迫感はさらに強まり、救急訓練はいつも理由をつけて出ない人も強制参加させられた。「男の人が急に少くなった」というのは、関東軍精鋭部隊が南方戦線に送られた後を現地召集兵で埋めていった影響が眼に見える形で出てきたのだろう。岩下きみゑは四五年一月に病死するが、夫は二人の幼い男の子を残して五月に現地召集された。深田妙も夫が招集されることを覚悟して、自分の教職免許について実家に問合わせている（旅順、45・7・17）。戦争の最終段階での現地召集は、それまで一般市民だった多くの人を戦死やシベリア抑留という運命に追いやったばかりでなく、残された女子供の引揚げをめぐる悲劇をも倍加させた。

2、銃後の女の総動員

家族単位の組織である隣組と並んで、女性を動員する組織もあった。「満州国」成立以後、大日本愛国婦人会満州本部（一九三三）、国防婦人会満州地方本部（一九三三）、中国人女性を組織した大満州帝国国防婦人会（一九三四）と、複数の女性団体が結成された。これらの団体の統合が唱えられ、一九三八年四月、民族を超えた満州国防婦人会が成立、関東州地方本部も結成された。活動の目標は「婦徳にもとづく家庭の強化、銃後の支援、民族協和」であった（劉、二〇〇四、七六—一〇五ページ）（8）。四三年六月に旅順に到着した深田妙は、さっそく「満州国婦」に入会している（旅順、43・6・13）。岩下の手紙には国防婦人会の名称は登場しないが、関特演の兵士にお茶の接待をしたのは、婦人会としての動員だろう。

国防婦人会の活動は、「大詔奉戴日にて国婦としてタスキをかけ、遥拝式に参加」のような集団的決意表明、「陸軍病院に白衣の修理に奉仕」（旅順、43・7・8）、「松村部隊（陸軍病院）に行き、大連の高女の慰問演芸をみました。（中略）とても楽しい半日でした」（同、43・10・27）のような慰問や、裁縫、お茶汲みといった女の特性を利用した活動が中心で、ときには外出しにくい主婦の気晴らしにもなった。

しかし、四四年になると「婦人会から部隊へ奉仕に行ってます。仕事の種類は申上げられませんが、決戦作業に従事して終日元気に働いております」（同、44・9・3）と、実質的な労働力として利用されるようになる。「炎天下の土木奉仕」は翌年もあり、「この苦しさも他日敵をこの地に迎えて戦わんとする日本婦人の尊い鍛錬と思い、進んで参加し体を鍛えております」（同、44・6・18）。現地召集で男手が減っていく中で、銃後の奉仕でもジェンダー領域の再編がおこっていた。

3、決戦の覚悟

太平洋戦争の戦局はしだいに悪化し、その一端は新聞やラジオでも報じられた。サイパン島玉砕のニュースを聞いた深田妙は、次のような決意を披露する。

すべてを犠牲にしても国家の進むべき方向へ私達すべてが突進せねばならないと存じております。小我を捨てるという事は本当にむつかしい事ですけれど有史以来の日本の国を守る為に個人の存在など本当に軽いもの、喜んで国のためならどんな事でもしたいと心から願っています。（中略）女の私には今すぐお国に役立つ事はありませんけれど、戦争目的遂行のために私達の生活自身を国家と共に進んでゆきたいと思っています。（旅順、44・7・25）

そのあとも「いざとなればペリリュー島の婦人のように立派に戦い、そして日本の女らしく死ぬ積り」(旅順、44・10・15)、「ここを死所と決めてしまえば、心は平静です。しかしどうにかして一日でも長く生きて、息ある限りご奉公し、日本の勝利を見届けたい念願です」(同、45・7・17)と、死の覚悟が語られる。戦況が絶望的なことは推測しながらも、あくまで国に忠実な、模範的な銃後の決意が語られる。

このような模範的な言辞の背後には、検閲への意識が働いたかもしれない。当時、関東州は関東憲兵隊の管轄下におかれていた。日中戦争勃発後の一九三七年、関東軍は「電話、電報、手紙検閲方法」を公布し、その後戦争の拡大に伴って検閲は強化され、軍事郵便から一般市民の手紙にまで及んでいった(小林他編、二〇〇六)。

一九四一年の大連からの手紙では、関東軍特別演習で兵隊があふれた大連市の様子など、はばかる様子もなく書かれている。しかし、一二月の日米開戦については、「此の頃内地は大変でせう。こちらは毎日夜十一時すぎまで東京のニュースをきいてゐます」と言葉少ない。編者の岩下壽之は検閲を意識したのではと推測している(大連、七一ページ)。

旅順からの手紙では、一九四四年四月九日付が検閲され(封筒下部を切断し、検閲のあと「検閲済　関東逓信官署通信局」と印刷したシールで封がされる、同書二二三ページ　写真)、その後もしばしば検閲があったという。一九四四年一二月二一日付は二枚没収、四五年一月一四日に「正ちゃんからのお便りも検閲されて来ました。私のは多分気温などのことを書いて切り取られたのでしょう。これからは注意せねばと思います」というのは、没収された手紙についてのコメントだろう。気温についてさえ問題になる状況では、時局に対する批判を率直に表現するのは、はばかられたことだろう。

ただ、深田妙の手紙を読む限りでは、随所に表現されている銃後の決意は、本心を偽ったものとは思えない。むしろ、女学校の教育を受け、読書が好きで、新聞や雑誌にも目を通していた深田は、国の発するメッセージに素直に自己同一化していたのではないか。戦局の不利を知っても、国に疑いを向けるよりは、「日本の女らしく死ぬ」ことに心が向かう。南方の島での一般市民の玉砕をたたえる報道は、敗戦後の「満州」でも、死ななくてすんだ女性たちまで死に追いやる役目を果たした。

戦争への疑問や抵抗は、身近な人の死と結びつくときに、かすかに表面にのぼってくる。たとえば、同級生の弟である海軍予備学生が友人と四人連れで遊びに来た日、楽しいひと時の描写のあとで、「この人達が又やがては戦場で別れ別れになってご奉公なさるかと思うとなんとも云えぬ気持です」ともらしている（旅順、45・1・14）。戦争に行くな、死ぬなとは言えない、ぎりぎりの表現であろう。

岩下きみゑの手紙には、時局への言及はあまりない。「内地に負けないやうにしっかり銃後を守っています」と言った直後には、「昼は男の人が家にゐないので何かと忙しくてきりきりまひです。幹事などいやになりました」と愚痴をこぼしている（大連、43・5・20）。家事と育児に追い回される、ごく普通の主婦の感覚だろう。

Ⅳ　見えていなかった「外地」

大連、旅順はいうまでもなく「外地」であり、日本人は少数派だった。租借地になって以来、日本からの移住者は激増するが、山東省をはじめとする中国国内からも、大量の中国人が仕事を求めて大連に流入した。大連に着いた岩下きみゑは報告する。

人口六十万の中、二十万が内地人で、他は全部満州人(9)ですので、市電などに乗ると殆ど支那人です。道を歩いてゐても十人まではきたないいきたない支那人です。商人も殆ど支那人でとてもアイキャウ者です。はじめのうちは気持が悪るくていやでしたが、此の頃はすっかりなれてしまひました。船のボーイが「大連は日本人がゐばって暮せるからいいですよ」と言ってゐましたが、ほんとうに子供までが日本人はゐばっています。(大連、41・8・14)

内地から来た岩下の目には、日本人の威張りようがよほど印象に強かったのだろう。満州国の熊岳城温泉へ旅行した際も、「どこへ行っても支那人が八割以上」だが、「〔巡警が〕支那人に対してはとてもきびしいので、日本人に対してはかはいさうな程遠慮してゐます」と言っている(大連、41・11・4)。

塚瀬進の『満洲の日本人』は、一九〇七年から一九四三年まで大連で発行されていた『大連日日新聞』を資料として当時の日本人の生活を具体的に再現した研究であるが、そこに浮かび上がってくるのは、上は政治家や満鉄の幹部から、下は無職の流れ者まで、日本人だけで集まり、日本国内より贅沢な生活を享受し、日本の習慣を維持しようとする日本人の姿である(塚瀬、二〇〇四)。また、柳沢遊の『日本人の植民地体験』によれば、二〇世紀前半の日本史は五〇年のうち約二一年がアジア諸地域への侵略戦争に費やされたが、戦争の被害が直接日本国内に及ばない段階では、局地戦争は不況を解決し移民や市場を拡大するものとして期待され、その期待を最も強く持っていたのが、ほかでもない在外居留民であったという（柳沢、一九九九）。新来者の目に映った威張る日本人の姿は、このような植民地における日本人のありようを象徴していた。

深田妙は、中国人と接した第一印象を「支那人がやはりとても多く聞きしにまさる漫々然（マンマンデー）です」（旅順、43・5・29）、「支那人は日本人にとても丁寧です。自分達同士では支那語で話していますが、私達には日本語を使います」（同、43・6・5）と書き送る。

二人の手紙の中には、中国人に対する共通したイメージが存在する。ひとつは商人や馬車の御者などに対する「アイキャウモノ」「親切」「丁寧」などの表現で、商売上手な中国人を髣髴させる。『日本人の植民地体験』は、大連に進出した日本人商工業者の歴史をたどることで日本人の戦争体験を再考しようという本であるが、著者によれば、大連の中国人商工業者が日本人相手の商売に進出し、日本人商人のシェアを奪っていったのに対して、日本人は中国人市場を開拓するよりは政策的な保護を求め、国家・満鉄への依存と協力を強めていった（柳沢、一九九九）。

日本人が接触する相手として商人と並んで多かったのは家事使用人だが、子供の二人いる岩下家は、通いの家政婦を頼んでいたようだ。実家の父が病に倒れ、看病のため帰国したいが、信頼していた家政婦がやめてしまい、「外の家政婦ではうっかり留守はさせられません。とんだ目にあひますので」と困っている（大連、43・5・20）。「とんだ目」というのは自分のことではなく、ほかの日本人が留守中に家政婦に衣類を売り飛ばされたという話のようだ。その一方、前にいた家政婦なら「子供もよくなれてゐますので、安心して任せて私一人でかへりますが」と、全幅の信頼を寄せている。このような信頼関係は、植民地支配という大枠の中にも存在していた。数多く書かれた引揚げの体験記には、使用人や隣人など身近な中国人に助けられたという記述が少なくないが、これも日ごろの人間としての関係があったからこそだろう。

このほか、岩下には、銀行支店長だった夫の部下六人のうち二人は「満人」だが、二人とも立派な家の息子で月給など当てにしていないので「随分やりにくいやうです」（41・8・14）とある。日本企業の中国人従業員は、植民地支配体制を構築する全体的な必要を優先させて、能力よりは有力者とのコネで雇われていたことがうかがえる。

中国人に対する二番目のイメージは、「きたない」「不潔」というものだ。岩下は「きたないきたない」と繰り返しているが、深田の詠んだ短歌にも「不潔なる満人多きバスの中目を見開きてわれ独り立つ／朝焼けの雲の赤さよ満人の好む色かもただれし如し」（旅順、43・8・25）とある。彼女の短歌は女学校で教えられたような折目正しいものが多く、この二首が発する拒絶感は際立っている。この拒絶感は、直接接触する相手に対してよりは、街でいきあう群集に対して向けられる。大連港で働いていた苦力（クーリー）と呼ばれる港湾労働者がその代表的なものだろう。「きたない」という生理的な拒絶は、相手との間に絶対的な壁を作り、相手の貧困や従属的立場への想像力を奪う。これは現在日本の少年たちのホームレスに対する視線にまでつながるものかもしれない。

結局、働き者の主婦、実直な市民である植民者の目には、周囲にいる中国人の姿は見えなかった。

状況が悪化するにつれ、日本への自閉はかえって深まってゆく。

戦局が苛烈になればなるだけ、日本人の血の尊さを深く思います。大東亜戦争も日本人の血の団結がなくてどうして成就出来ましょうか。私は決して満人やその他の大東亜の人々を軽く見るのではありませんが。（旅順、45・5・4）

Ⅴ　苛酷な結末

深田妙の最後の手紙は、一九四五年七月二四日付である。夫が学生の教練で疲れて帰ってきた話と共に、桃が出始め、リンゴもまもなく出るだろう、職場で南京豆の配給があったが送れなくて残念と、屈託なく書いている。一月経たないうちに敗戦を迎え、難民同様の生活に入る予感はまるでない。

敗戦と同時に、大連・旅順もソ連軍の支配下に置かれた。一〇月には旅順の日本人は大連へ立ち退きを命じられ、大連在住の日本人も多くは家を没収されて共同生活を余儀なくされた。それから引揚げが開始されるまで一年半、仕事もなく、日本への連絡もできない難民同様の生活が続いた（この間の状況は、富永、一九九九年に詳しい）。

深田妙にとって最もつらい経験は、この期間に妊娠・出産し、ひと月足らずでその女の子を死なせたことだった。それまで妊娠を望み、流産も経験したというのに、皮肉なことである。それでも四七年二月、夫婦そろって無事に帰国することができた。

岩下家の運命はさらに過酷だ。前述したように手紙の筆者きみゑは三番目の女児出産後、四五年一月に病死した。夫はその直後五月に現地召集を受け、終戦で捕虜となった。後になって、四六年に朝鮮の収容所で病死したことが判明する。残された三人の幼い子を守って日本まで連れ帰ったのは、きみゑの看病に呼び寄せられた一九歳の姪だった。彼女がいなければ、岩下壽之の述懐どおり、三兄妹は残留孤児になっていたかもしれない。


戦時下に「外地」で生活した人々は膨大な数にのぼり、回想記の数に事欠かない。ただ、回想というフィルターにかけられた場合、当時の実感とはさまざまなズレが生じることになる。坂部晶子は「満州」にあった学校の同窓会誌を分析し、そこで「想起されているのは、歴史的な事件へと焦点化され、確定される記憶ではなく、日常的な生活を囲む風景や交友関係、学校生活といった失なわれてしまった過去のささやかな情景である。このような生活の情景が彼女たちの植民地での生のリアリティをなしているといえるだろう」と述べている（坂部、一九九九、一二四ページ）。

ここに紹介した手紙もまた、日常的な生活を囲むささやかな情景の描写であるが、時間による加工を経る前の生の素材として提供されている。それだけに、実直に生きる生活者が、その半面で神がかり的な戦争宣伝に簡単に自己同一化し、絶望的な状況を具体的に認識しながら、その結果が自分の運命に何をもたらすかは想像できず（あるいはあえて思考停止し）、身近な人にはやさしく誠実だが、自分たちが抑圧している他民族には意識が及ばないという矛盾した実態がそのまま浮かび上がってくる。ここに見られるのは、植民地支配という大きな枠の一端を担わされ、その役割を精一杯果たしたあげく、身をもってそのツケを支払わされた人々の物語だ。わたしたちはその後の五〇年で、それを笑うことができるほど、賢明になっただろうか。

参考・引用文献

稲垣恭子『女学校と女学生――教養・たしなみ・モダン文化』中公新書、二〇〇七年
岩下壽之『大連だより――昭和十六～十八年・母の手紙』新風社、一九九五年
同『大連・桃源台の家』新風社、一九九七年
同『大連を遠く離れて』新風社、一九九九年
小林秀夫／張志強編『検閲された手紙が語る満州国の実態』小学館、二〇〇六年
加藤朱美「トントントンカラリと隣組」『銃後史ノート復刊4号』、JCA出版、一九八二年
加納実紀代『女たちの〈銃後〉増補新版』インパクト出版会、一九九五年
坂部晶子「「満洲」経験の歴史社会学的考察――「満洲」同窓会の事例をとおして」『京都社会学年報』第七号、一九九九年
竹中憲一『大連　アカシアの学窓――証言　植民地教育に抗して』明石書店、二〇〇三年
塚瀬進『満洲の日本人』吉川弘文館、二〇〇四年
富永孝子『大連・空白の六百日――戦後、そこで何が起ったか』新評論、一九九九年改訂新版
西沢泰彦『図説「大連」都市物語』河出書房新社、一九九九年
深田妙『戦時下花嫁の見た「外地」――旅順からの手紙』インパクト出版会、一九九四年

柳沢遊『日本人の植民地経験――大連日本人商工業者の歴史』青木書店、一九九九年
山本有造編著『「満洲」記憶と歴史』京都大学学術出版会、二〇〇七年
劉晶輝『民族、性別与階層――偽満時期的〝王道政治〟』社会科学文献出版社、二〇〇四年
若桑みどり「総力戦体制化の私生活統制――婦人雑誌にみる「戦時衣服」記事の意味するもの」、吉川弘文館『軍国の女たち』二〇〇五年

註

〔1〕地域の呼称としては「満洲」という表記が正しいが、現在は日本でも中国でも「洲」の略字として「州」が使われ、「満州」と表記されているので、引用文以外はこちらを使用した。「関東州」の「州」のほうは行政区画を意味するこの字が正しい。なお、満州国は傀儡性を強調する意味で初出にはカッコをつけたが、歴史的用語としてそのまま用いた箇所もある。
〔2〕戦前の日本では、植民地を「外地」、それに対する国内を「内地」と呼んでいた。「外地」という語は、外国ではないが日本でもないという、植民地に対する人々の認識を反映している。
〔3〕一九三七年公務員上級職の初任給七五円、一九四二年入社一二年の銀行員の給与が一七二円である（週刊朝日編『値段の風俗史』朝日文庫、一九八七、五八七ページ、六〇〇ページ）。
〔4〕日本国内は一九四一年四月一日より六大都市で大人一日二合三勺の米穀通帳配給制が実施されている。
〔5〕一升を一・五キロと計算すると、二人で一月二三キロは、一日一人二合三勺にほぼ相当する。
〔6〕竹中憲一『大連　アカシアの学窓』は、植民地下の教育の実態を体験者から聞き書きした証言集だが、弁当を持ってこられなかった児童のために日本人の女性教師が握り飯を持参したが児童は怖れて食べなかったとか、日本人と同じ学校に通いながら米の弁当を持っていけないために惨めな思いをした、とい

った挿話が採録されている。

〔7〕若桑（二〇〇五）によれば、一九三九年二月に「国民精神総動員強化方策」が決定され、六月にはパーマネント禁止などの規制が加えられたというが、これは精神的規制だろうか。「外地」だからか、関東州では四四年になっても営業が許されていたことがわかる。

〔8〕日本国内では一九四二年二月二日、愛国婦人会、大日本国防婦人会、大日本聯合婦人会の三団体が統合されて大日本婦人会となるが、「満州」での統合はこれに先駆けたことになる。

〔9〕この引用文では「満州人」と「支那人」が併用されているが、意識して使い分けているのではなさそうだ。日本国内では一般に中国人を「支那人」と呼んでいたが、満州国では中国人とは違うと強調するために、漢民族・満州民族を含めて「満州人」と呼んでいた。二人の手紙では、最初「支那人」が使われるが、慣れてくると「満州人」「満人」になってくる。なお、『大連　アカシアの学窓』では、学校で中国人の子供たちに「関東州人」と称するよう強制したとあるが、この語は手紙には登場しない。

［初出・「駿河台大学論叢」三四号、二〇〇七年］

暗殺犯人をつきとめた日本人研究者の執念

『スマトラの郁達夫――太平洋戦争と中国作家』
鈴木正夫著　東方書店・一九九五年

中国近代の作家の中で、郁達夫（いくたっぷ）の名は日本では比較的知られている。とりわけ、彼の文学者としての出発点であり、生涯を通じての代表作となった小説『沈倫』は、日本に留学していた中国青年の民族的屈辱感が基調になっているという点で、近代日中文学の交流をかたるとき、避けて通ることのできない作品である。文学者としての出発が日本と切り離せない中国文学者として、魯迅、郭（かく）沫若（まつじゃく）と並べて挙げなければならないだろう。

しかし、その三人を比較してみると、早逝はしたが中国近代文学の父として現在にいたるまで影響を及ぼしつづけている魯迅、激動の中国現代史を生きぬいて長寿を全うした郭沫若に対して、郁達夫の後半生はあまり知られていない。また、一九四九年以後の中国では、性の悩みや愛人との葛藤を率直に描いた彼の作品がひろく読まれる余地はなかった。いわば郁達夫は、出発の華々しさにかかわらず、文学者としては不運であった。そして、その不運に一役も二役もかったのが、またしても日本だったのである。

もちろん、日本帝国主義は中国のすべての人たちの運命を狂わせた。文学者である郁も例外ではなかったというべきかもしれない。日本軍の侵攻によって、文化の中心地であった上海や北京は踏みにじられ、すべての作家たちは日本占領下にとどまるか、国民党政権にしたがって内陸に撤退するか、共産党解放区をめざすかの選択を迫られた。それぞれの選択は、その後の作家たちの運命を決めることになった。

郁達夫はそのとき、第四の道を選択した。一九三八年、国外に出たのである。彼が選んだのは、人口の四分の三を華僑が占めるシンガポール。そこで新聞の文芸欄の編集を担当し、青年たちの指導にあたった。ところが、四一年一二月、日本軍がシンガポールを占領する。それ以来、本国でも日本でも、郁達夫の消息はとだえた。それから三年以上すぎた四五年一〇月、郁達夫が終戦直後スマトラで失踪したというニュースが伝えられた。

この三年半の空白を埋めるために、おどろくべき歳月とエネルギーをついやして書きあげられたのが、郁達夫の研究者である鈴木正夫の手になるこの本である。シンガポールを離れた郁達夫が、いかにしてスマトラに渡り、そこでどんな生活をしたのか。郁をとりまく流亡中国人、現地の華僑やインドネシア人、占領者である日本人との関係はどうだったのか。文学者としての仕事はなされたのか、その作品は残っているのか。そして、最大の謎である失踪事件の真相は……。

これらの謎を解くために、著者はあらゆるてがかりを利用する。シンガポールからスマトラへの行を共にした胡愈之(こゆし)による手記や回顧録とてらしあわせることによって、シンガポールを逃れてスマトラのパヤクンプーという小さな街に落ち着き、趙と名を変えて酒造工場を営み、かたわら日本憲兵隊の通訳をつとめた郁達夫のあしどりが確認される。他方では、日本側の文献によって、占領下のスマトラの意外にのどかな日常風景が再現される（もちろん、そののどかさは激戦地と比べての日本兵の感慨で、占領された側のものではないが）。

さらに、著者の探索の手は当時現地にいた日本人におよび、交際のあった「華僑の趙さん」について、一〇人以上の日本人の証言をとっている。郁達夫の正体については、うすうす知っていた者も知らなかった者も、彼が一流の知識人であり、同時に一筋縄ではいかない複雑な人物だという印象をかたっている。

スマトラ時代の作品としては、旧体詩がいくつか残るだけだが、詳細な注をほどこされたそれらの詩からは、身分を秘して生きた郁の屈折した思いが伝わってくる。

こうして著者は、発掘された土器の破片からもとの姿を復元するように、さまざまな証言の積み重ねによって、スマトラでの郁達夫を復元してゆく。感心させられるのは、これだけの執念がこもった仕事であるにもかかわらず、資料が届かないところについては、禁欲が守られていることだ。こういう手法の作品では、見てきたような情景描写や主人公の心情の勝手な深読みに筆が走りがちだが、著者はそのけじめをきちんとつけている。そのため、郁達夫がなぜ自分から日本語ができることを公表し、憲兵隊の通訳に甘んじたのかという最大の謎は、手がつけられないままに残される。それがかえって読者に、日本人と中国人の関係の歴史をめぐっての複雑な思いをひきおこすことになるだろう。

本書のクライマックスは、著者がついに郁達夫殺害の真相を突止め、暗殺の手を下した元憲兵に自白を迫って、その結果を中国で開かれた「郁達夫殉難四十周年記念学術討論会」で発表するくだりである。その経過は、よくできたミステリーの結末を読むようなときめきを感じさせる。郁達夫の死はつぐなえないとしても、日本人の手でこの仕事が完成されたことに、かすかな安堵の念をおぼえるのは評者だけではないだろう。

［初出・「月刊しにか」一九九五年一一月号］

暗い時代に連帯を模索する

『若き高杉一郎——改造社の時代』
太田哲男 著　未来社・二〇〇八年

わたしが高杉一郎という名を最初に知ったのは、アグネス・スメドレーの『中国の歌ごえ』の訳者としてだった。一九六〇年に大学に入って中国語を専攻したわたしにとって、スメドレーの著作はスノーの『中国の赤い星』とならぶ中国革命のバイブルであった。その後も、盲目の詩人エロシェンコや、日中戦争を中国の側でたたかった長谷川テルなどの紹介・翻訳者として、高杉の名は記憶に刻まれた。

高杉がシベリア抑留体験を書いた『極光のかげに』を一九五〇年に発表して大きな反響を呼んだことは後に知った。ひと世代上の人たちにとっては切実だったスターリンをめぐる論議にも決着がついたあと、文庫で読んだ高杉の著作は、わたしにとっては古典に近く、思索の深さは感じたが衝撃を受けるというほどではなかった。

じつは高杉一郎氏に、一度お会いしたことがある。というより、会い損ねたと言ったほうがいいだろうか。わたしは一九七四年から八一年まで家族でモスクワに暮らしていたのだが、そこへ大学時代の指導教官だった中国文学の小野忍先生の「和光大学の同僚である小川五郎氏を紹介します」

という手紙をたずさえてみえた客があった。いかにも小野先生の友人らしい博識だが偉ぶったところのないその先生と、アパートの居間でモスクワ生活の裏表などお話したのだが、それが高杉一郎だとは知らなかったのだ。

太田哲男著『若き高杉一郎――改造社の時代』は、その高杉一郎＝小川五郎の若き日の伝記である。高杉は一九〇八年から二〇〇八年と一世紀を生きた長寿の人だが、一九三三年から四四年にかけて改造社に勤務していた。昭和でいえば一〇年代、日本が戦争への道を突き進む時代である。

著者は晩年の高杉と親しくなって、著作では十分語られなかったこの時期についての聞き取りを行い、文献資料とつきあわせることで本書をまとめた。なお、高杉一郎というペンネームは戦後になって使われたものだが、「若き小川五郎」では読者にわかりにくいため、タイトルには高杉を使ったという。この書評もそれにならって、呼び名は高杉に統一する。

ではなぜ、高杉の若き日なのか。高杉一郎のシベリア抑留体験に基づく著作は、日本の戦後思想史に独自の位置を占めており、その著者の思想形成はそれなりの注目に値する。しかし、単に「偉人の若き日」であれば、その当人に関心のない者に面白いとは限らない。じつは、いささかそんな危惧を持って読み始めた本書だったが、そこに語られている雑誌『文藝』の編集者として高杉が具体的におこなった仕事そのものに、わたしはどんどん興味をひかれていった。では、なぜ高杉の仕事が注目に値するのか、本書の流れに沿って眺めてみよう。

本書はまず、前史として高杉の学生時代から語り始める。一九二六年に東京高等師範の英文科に入学した高杉は、英語をはじめドイツ語、フランス語を学び、築地小劇場に欠かさず通い、ロシア文学を翻訳で愛読し、社会科学研究会に参加して左翼文献に親しむようになる。さらに、一九二九年の夏、秋田雨雀、蔵原惟人らが主催する国際文化研究所の夏期外国語大学に参加して、エスペラントに出会う。東京高師に留学していた中国の留学生とも、エスペラントを通じて親交を結んでいる。このように、プロレタリア文化運動の影響という当時の知識青年共通の土台の上に、広く深い語学の知識、とりわけエスペラントという世界語とその思想を身につけたことで、高杉一郎という人間の骨格が形成された。

さらに、ジョン・デューイの著作に惹かれて東京文理大の教育学科に進学するが、学外の左翼的な活動に参加したことで放校になり、一九三三年、改造社の試験を受けて入社した。

改造社社長の山本実彦は、廉価の日本文学全集を出版して「円本」ブームを巻き起こした辣腕経営者であったが、同時に明治のジャーナリストとしての気概を持ったアジア主義者でもあった。同社の看板は、『中央公論』と双璧をなす総合雑誌『改造』であったが、高杉は彼の入社半年後に創刊された『文藝』の編集にかかわっていくことになる。

『文藝』における高杉の仕事の中で、太田がまず注目するのは中国文学の紹介である。高杉が編集主任になったのは一九三六年と推定されるが、その年から三九年にかけて、魯迅、周作人、蕭軍、夏衍、林語堂、蕭紅、老舎、張天翼、胡風といった作家の作品が、つぎつぎに誌上に掲載される。この顔ぶれには、魯迅をはじめとする大家のみならず、若手・新人も混っているが、彼らが後に中国を代表する作家になったことをみれば、選択眼の確かさがうかがえる。

中国文学の紹介にとどまらず、高杉は『文藝』誌上で日中文学者の交流をしようという企画をたてた。第一回は中野重治と蕭軍の往復書簡で、「文藝通信」というタイトルで一九三七年七月号に掲載された。ところが、この掲載号が出版された直後の七月七日、盧溝橋事件が勃発する。それでも、九月号には第二回として夏衍と久坂栄次郎の「演劇通信」が掲載されるが、「今般の事変突発の為に、暫くの間中止するのやむなきに至った」。第三回として丁玲と宮本百合子という女性作家の顔合わせを考えたが、日中双方の事情によって実現の機会は永遠に失われた。

編集者高杉と中国文学の仲介者としては、一九三三年に竹内好・武田泰淳らによって結成された中国文学研究会の存在があった。東京帝国大学支那文学科に属しながら、漢学の伝統に抗し、同時代の中国文学に目を向けた彼らと高杉の間には、著者と編集者以上の結びつきがあったようで、交流は戦後も続いていた。「同僚の小川五郎氏」を紹介してくださった小野忍教授も中国文学研究会の会員であり、本書に掲載された同会の写真にも登場している。

また、誌面には反映されなかったが、高杉と山本実彦が、三六年に訪日した中国の作家・郁達夫と、日本亡命中だった郭沫若との和解を仲介したエピソードも紹介されている。一九二〇年代、新しい文学運動の同志だった二人は、些細なことで仲違いしたままになっていた。高杉と山本の助力によって実現された再会の後、日中戦争の中で二人はまた離ればなれになり、郁は終戦直後スマトラで日本人憲兵に殺される。この貴重な再会は、著者がいうように、日中の暗い歴史の中で記憶されるべき貴重な一幕だった。

高杉の仕事は編集にとどまらず、語学力を駆使して外国の雑誌に目を通し、選びだした作品を自ら訳して紹介もした。最初に『文藝』に掲載されたのはトーマス・マンの「往復書簡」(掲載号37・5)で、ナチスを批判して亡命中だったマンに対してボン大学が名誉博士号を破棄する通告の書簡と、これに対するマンの反論である。ナチスの意を呈したボン大学へのマンの批判は、言論弾圧が進行していた日本への批判と重ねて読むことができるものだった。

中国関係ではスメドレーのドキュメント「馬」や「太原へ向ふ」、蕭紅が「満州」の抵抗者を描いた短編「馬房の夜」（底本はエドガー・スノーによる英訳）が紹介されている。さらにH・G・ウェルズ、ゴーリキー、S・ツヴァイク、A・ツヴァイク、E・M・フォースター、デュアメル、ヴィルドラックといった「理性と良識の国際主義」の作家たちの二〇編をこえる短編や評論が、英・独・仏の三カ国語から翻訳されている。掲載にあたっては、複数のペンネームを使いわけ、ときには無署名で発表されたので、本書によって初めて高杉訳と確定された作品も少なくない。

編集者としての高杉の見識は、同時代の知識人のネットワークに支えられていた。高杉は、親しかった片山敏彦からツヴァイクを、三木清からベルジャーエフを、宮本百合子から英文で発行されたばかりの『中国の赤い星』を薦められて読んだと回想している。そのほか交流のあった人として、渡辺一夫、中島健蔵、原田義人、中野好夫、広津和郎と、戦後それぞれの分野を代表する顔がそろっている。

作家のなかで「なつかしい人」と回想されるのは、中野重治と宮本百合子であり、それぞれに一節がさかれている。この作家たちの権力に抗して立つ姿勢は、高杉をはじめ同世代の青年を励ましたが、逆に編集者としての高杉は、当局から執筆禁止の「示唆」が出されていた二人に執筆の場を提供する勇気をみせた。宮本百合子「寒の梅」、中野重治「空想家とシナリオ」は、こうして三九年の『文藝』に登場している。さらに百合子は、四〇年にかけて明治以来の女性作家論を連載するが、これは現在のフェミニズムの視点からも高く評価できる代表的評論となった。中野重治についての高杉の回想と評価は同時代の人々と重なるが、優等生で自他に厳しいイメージのある宮本百合子の、暖かい人柄やこまやかな心遣いを示すエピソードは興味深い。

一九四〇年代に入ると、出版界への圧力はさらに強まる。『文藝』は一九四〇年に「朝鮮文学特集」を組むが、これは対等な交流を目指した日中往復書簡とは異なり、朝鮮作家を日本（語）文学に組み込む形になっている。日米開戦にあたっては「戦ひの意志」をテーマに特集を組むに至った。最終的には四四年に改造社解散、三六歳の高杉は召集されて、シベリア抑留に向かう運命の一歩を踏み出した。本書も戦後の高杉について概観する終章を残して結ばれる。

このように、本書は高杉一郎の伝記という形をとって、昭和の戦争にいたる時期のひとつの精神史を鮮やかに切り取って見せてくれる。文学や評論のような作品としては残らなかった、しかし確かに存在した抵抗の形を、丹念な作業によってすくい上げ、目に見える形で示してくれた。わたし自身も本書を読むことで、これまでバラバラに持っていた日中の文学・作家などにまつわる知識を、つなぎあわせることができた。

本書は著者の博士学位論文をもとにしている。論文としては異例の伝記という形をとったのは、この歴史記述の形式が英国などに比べて日本では軽視されていることに疑問をいだき、あえて挑戦したのだという。しかも、文献資料にあわせて口述資料を活用するという、学術書としては異例の方法を用いているが、多様な史料を駆使しながら語り口は簡潔で、読みやすい本になっている。

それにしても、どんな状況にあっても物事の本質を見きわめる目と、たじろがぬ強靭な精神とは、どうすれば持ち続けることができるのか。それを持てる人と持てない人との違いはどこにあるのか。高杉の生きた時代とはまた異なる困難な時代の中で、あらためて考えさせられる。

［初出・「世界文学」一〇八号、二〇〇八年］

「革命の聖女」のいたいたしい素顔

『アグネス・スメドレー——炎の生涯』
ジャニス・マッキンノン、スティーブン・マッキンノン著
石垣綾子・坂本ひとみ訳　筑摩書房・一九九三年

アグネス・スメドレーの名を知ったのは、もう三〇年も昔のことになる。あのころ、新しく建国された中国に関心を寄せる日本の若者にとって、スメドレーの『偉大なる道』や『中国の歌ごえ』は、エドガー・スノーの『中国の赤い星』とならんで、中国革命入門のバイブルともいうべき本だった。また、アメリカの貧しい労働者の家庭に生まれ、働きながらジャーナリストとしての自分を築きあげ、インドの独立運動家と結婚して生活を共にするまでの半生を描いた『女一人大地を行く』は、数少ない自立した女性の伝記として、広く読まれていた。それだけに、スメドレーの人と生涯については、もう十分に語られ、知られているものと、わたしもついつい思いこんでいた。だから、スメドレーの伝記がはじめて米国で書かれたと聞いたときも、なんでいまさらという思いがどこかにあり、革命偉人伝の決定版かという程度の期待で読みはじめた。

一九四〇年代生まれの研究者カップルによって書かれたこの伝記は、世界のさまざまな場所で発表されたスメドレーの手になる記事や、彼女の手紙、友人知人の証言など、可能な限りの資料を集

めたうえで構成された、たしかに決定版というにふさわしい本である。しかし、ここに描かれたスメドレーは、革命の偉人というには、あまりにもなまなましく、いたいたしい。

持ってうまれた激しい性格と、厳しい環境によって植えつけられたコンプレックス。そのために、彼女の行動は極端から極端へと走り、人と衝突し、自らも傷つく。

とりわけ女としては、セックスに対してひどい拒否感を抱いたときもあれば、男なみの性生活を求めて街で男をあさったときもあったという。率直に描き出された女としてのスメドレーの素顔は、革命の聖女のイメージで彼女を見ていたわたしにとってショックでさえあった。二度の結婚も破局に終わるが、その中でホッとさせられるのは、一九三〇年上海におけるリヒアルト・ゾルゲとの出会いが、短いが満たされた恋だったということだ。

こんなスメドレーの遍歴を、著者たちは単なる気まぐれとしてでなく、その奥をつらぬくフェミニストとしての一貫性をきちんとおさえて描いている。そのことは、かれらがスメドレーの調査を始めたのが一九七三年、米国リブ運動の高揚した時期だったことと無縁ではない。遅れて書かれたこの伝記の、それゆえに持ちえた新しい視点だといえそうだ。

追記

スメドレーとゾルゲが恋人同士だったという話は、この伝記を読んではじめて知り、それまでモヤモヤしていたものが氷解して「そうでなくちゃ」と膝を打った。

じつはそれまで日本では、スメドレーの恋人は尾崎秀実だという説が流布されていた。その出所は、日本で（世界でも？）出版されていた唯一のスメドレーの伝記、石垣綾子の『回想のスメドレー』（初版はみすず書房、一九六七）である。戦中戦後をはさんで、米国でスメドレーと親しくつきあった石垣の伝記には、本人の口から聞いた貴重な証言が多く含まれているが、ゾルゲ事件のくだりはこうである。

一九四六年一月、石垣は「ゾルゲ事件尾崎秀実の生涯」と見出しのある古新聞の記事を見て、はじめて尾崎の処刑を知った。スメドレーが上海で日本の新聞特派員と親しくしていたと聞いていた石垣は、尾崎のことではないかと直感し、スメドレーと会った機会に、尾崎処刑のニュースを告げた。

「ええっ、死刑に！」
アグネスはがばっとはね起きて、鋭い刃物のような声を発した。私の顔を見つめる目はひきつって、おそろしいようだった。胸が圧迫されて息ができないかのように唸った。
「おお、ほんと、ほんとね。なんという野蛮なことだ――あの立派な、またとない人を――。私は……私は……ああ、苦しい……」
彼女の言葉にならない言葉は、全身の血をしぼり出すようにとぎれとぎれに、やっと聞き取れた。のどもとをつかまれて、血を吐くような声だ。

そしてスメドレーは、石垣の手を握りしめて打ち明ける。「あのかたは私の……私のたいせつな人、私の夫……そう、私の夫だったの」。

石垣は、「尾崎という人はこれほど強く、彼女の感情生活の中にくい入っていたのか」と驚く。それから伝記は、スメドレーによる尾崎の回想、尾崎の書簡に見られるスメドレーへの評価などを紹介し、二人の交友を跡づける。しかし、そこから浮かび上がってくるのは、国や男女を超えた友情と信頼であって、エロスの匂いはさっぱり漂ってこない。とはいえ、石垣の確固たる証言に対抗できる者は日本にはおらず、尾崎恋人説は釈然としないものを残しながらも、日本では定説となった。(戦前の上海やソ連を知っている人の間では、ゾルゲ恋人説も伝えられていたという。)

ゾルゲ事件に題材を取った木下順二の『オットーと呼ばれる日本人』も、尾崎恋人説を下敷きに「オットー」と「宋夫人」の別れの場面を設定している。しかし、劇作家の腕をしても二人の恋愛を盛り上げるのは難しかったとみえ、「アミリア、ぼくたちは別れることによってしかおたがいを愛することができないんだ。そのことをはっきりと認めあおう。寒い冬の夜、暖炉の前でウオツカを読みながら話しこんでいつのまにか朝を迎えるような楽しみ、でなければ暑い夏のまひる、冷たいコーヒーのグラスを前にして黙ったまま、気が遠くなるような静けさをいつまでも味わいあうような幸せ、それは僕たちには、そしてこの時代をまっすぐに生きていこうとするすべての人々に、ほんの一瞬間しか与えられることのない夢に過ぎないんだ」と、結ばれぬ愛を思想と時代のせいにしてしまう。

マッキンノン夫妻の伝記では、スメドレーの手紙など新発見の資料によりゾルゲ恋人説を裏付けている。では、石垣の誤解はなぜ生じたのか。おそらく、石垣がスメドレーに尾崎の死を告げた時、意識せず同時にゾルゲの処刑も告げた(あるいは二人の名が同時に載っていた新聞を見せた)のだろう。つまり、石垣が告げた(と思った)のは尾崎の死であり、スメドレーが聞いたのはゾルゲの死であったにちがいない。そう考えて読みなおすと、スメドレーの反応、妻がいる尾崎に対しては不自然な「私の夫」という表現も納得がいく。

リヒアルト・ゾルゲは、ドイツ、ソ連、日本と滞在した土地ごとに恋人を持って誠実につきあい、死後も彼女たちから慕われるというドンファンの鑑のような男だが、歴代の恋人の中でも上海時代のスメドレーは、思想が一致し知的にも性的にも対等にわたりあえる、別格の存在だったに違いない。

石垣は、マッキンノン夫妻と早くから交流があり、本書の翻訳者として名を連ねている。「あとがき」では、スメドレーの恋人問題には触れていないが、翻訳自体が自分の誤解から生じた誤りの訂正を意図したものといえるだろう。

本節は、本文よりも追記が長いという異例のものになってしまったが、一九五〇、六〇年代に中国に関心を持った学生にとって、スメドレーは特別な存在だったので、こんな寄り道も許していただけるかと思っている。

※引用は、石垣綾子『回想のスメドレー』社会思想社（現代教養文庫）一九八七年、二五一―二五五ページ。
木下順二『オットーと呼ばれる日本人』岩波文庫、一九八二年、五八ページ。

［初出・「女子教育もんだい」一九九三年春号］

遠い革命、キューバ・中国

キューバに行ってきた。二〇一〇年、八月のことである。

新聞で《チャーター機で行くキューバ》という旅行会社の広告を目にしたとたん、急に「行こう」と思い立った。日本―キューバの間には直行便がないから、ふつうだと乗り継ぎのためにカナダかメキシコで一泊しなければならない。それを、夏のハイシーズン限定で、チャーター機でツアー客を送り込もうという企画だった。そうだ、行くなら今しかない。定年まであと二年、そのあとはボーナスで気軽に旅行という気分にはなれないだろう。体のほうだって、いまは元気でも、いつ何が起こるかわからない。いつでも行けると思っていられるほど、時間は残っていないのだ。

キューバ旅行は、わたしにとってのセンチメンタル・ジャーニーだった。まだ大学院に籍があった一九六八年、ひょんなことからキューバに滞在する機会を得た。

あのキューバ滞在は、わたしにとって異次元の世界にワープしたような体験だった。当時のキューバは、カストロらによる一九五九年の革命が成功してまだ十年に満たない、ほんとうに若い国だった。堀田善衛が岩波新書で『キューバ紀行』を書き、若い革命の国、貧しいけれど希望に満ちている国というイメージが日本の若者にも共有されていた。チェ・ゲバラがボリビアで死んだのが前年の六七年で、彼の日記が公開され、世界中でベストセラーになった。

わたしと友達のキューバ行きを仲介してくれたのは、山本満喜子さんというラテンアメリカに独自の人脈を持つ女性で、共産党系の友好協会とは別の日本・キューバ友好団体を運営していた。満喜子さんはいかにもラテン的なアバウトな人だったが、当時のキューバもそれに劣らずアバウトだったのか、わたしたちはその友好団体を通して、身分のよくわからないゲストとして滞在を許された。キューバでは、当時米軍脱走兵の逃走ルートの交渉に来ていた（もちろんそのことは秘密で、わたしたちもあとになって知ったのだが）べ平連の小田実や、合作映画『キューバの恋人』を製作していた黒木和雄監督のチームが滞在していた。彼らのお相伴で国内旅行に連れて行ってもらったり、キューバ滞在のさまざまな外国人といっしょに大集会でカストロの演説を聞いたり、コーヒー植えのボランティアに参加したりした。

キューバへなぜ行きたかったのか、キューバで何を知りたかったのかといえば、やはり「革命」というものは何なのか、生きた人間を通じて知りたかったのだと思う。だからわたしたちは、いろいろな人に話を聞いた。その大部分は英語やスペイン語を通してのたどたどしい会話だったが、キューバの人たちはおしゃべりで、あけっぴろげで、政治的に微妙な問題もかなり率直に話してくれた。物資の不足、官僚主義、非能率、低開発（この言葉は彼ら自身が使っていた）といった問題を挙げ、「キューバには何もないよ、革命だけがあるよ」と笑いとばしながら、「フィデル」を自分たちの指導者として信頼し、未来に希望を持っていた。

キューバで知り合った中でも、印象に残る一人に共産主義青年同盟の機関紙の編集長がいた。まだ三〇歳にならない、当時のわたしたちと同世代の編集長は、「社会主義国に自由なジャーナリズムがないのはおかしい。複数の新聞があって、それぞれの責任で報道を競ったほうがいい。ぼくたちは、真の革命的ジャーナリズムを作りたい」と語っていた。この新聞の編集部には、センスのいい漫画を描くイラストレーターがたむろしていて、わたしたちの似顔を描いてくれた。この世代が成長して革命の後継者になってゆけば、ソ連とも中国とも違う社会主義が育つのではないかと、わたしたちはひそかに期待した。(彼らはどこに行ってしまったのだろう?)

今になって思えば、わたしがキューバに行った一九六八年は、歴史に残る年だった。行きに立ち寄ったメキシコでは、オリンピック・スタジアムの建設が進んでいた。同じ年、パリの五月革命が勃発し、日本でも学生運動が始動して、わたしが日本に帰ってきたときには、全共闘運動が大学全体を覆っていた。そして、キューバ滞在中に、ソ連軍がチェコに侵入した。第一報を聞いたキューバの人々はショックと反発をはっきり示していたが、カストロはみんなの期待にそむいて、ソ連の侵攻に「苦渋に満ちた承認」を与えた。あのときのカストロの苦渋は、彼の政権がその後歩まなければならなかった道を予感するものだったのかもしれない。

その後わたしは、七〇年代にソ連で暮らし、八〇年代以降は中国にも時々行くようになったけれど、キューバはずっと遠い存在だった。四〇年の歳月を経たキューバにもう一度行ってみたい、あの碧い海でもう一度泳いでみたいと、なんとなく夢のように思っていた。その夢が突然、キューバ直行便の新聞広告で呼び起こされたのだった。

四二年ぶりに見たキューバは、変わっていなかった。スペイン支配の名残りをとどめるハバナの街も、バスの窓から見る農村の風景も、四〇年前のままだった。日本や中国のこの四〇年を考えれば、変わっていないというのは驚くべきことだ。変わったことといえば、碧い海のほかは何もなかったバラデロの海岸にヨーロッパ資本のリゾートホテルがそびえ立ち（そしてわたしはそこの客として海とプールを楽しんだ）、チェ・ゲバラの霊廟が建てられて新たな観光名所になっていたくらいのものだ（ゲバラは遺骨でみつかったので、幸いなことに冷凍保存の遺体はない）。道にはマニア垂涎のポンコツ・クラシックカーと、観光用ではなく実用の乗合馬車や人力三輪車が走っている。「キューバには何にもない」状態はそのままだが、以前あった「革命」の熱気は感じられなくなっていた。革命のシンボルであるゲバラは、Tシャツにペンダントに絵葉書にと観光資源として消費しつくされ、わたしもそのいくつかをお土産に買った。人々は相変わらずカラフルでおしゃれ、コロニアル様式の崩れかけた街も清潔に保存されていてスラムのイメージではないが、何かそのまま立ち枯れていているような不思議な寂寥感が漂っていた。

そんなことは、行く前からある程度予想がついていた。パッケージツアーであるからには、キューバの人たちとじかに話す機会がほとんどないのもわかっていた。それでもやっぱり行ってみたかったのは、あの時わたしが見たのは何だったのか、それを見に行ったわたしは何だったのかを確かめてみたかったからなのだろう。

キューバはわたしのセンチメンタル・ジャーニーだったが、この春にはもうひとつセンチメンタル・ジャーニーの誘いがあった。それには参加しなかったが、旅行の報告書が送られてきた。その報告書は、『四五周年記念日中老朋友北京交流会　斉了会訪中団記録』と題されている。

いまから四五年前の一九六五年、日本ではじめて自由参加による学生の中国旅行が実現した。わたしはこの第一回訪中学生参観団のメンバーだった。この学生参観団の計画は、この年、中国が数百人の日本の青年を招待する「日中青年大交流」を企画したことから始まった。正式の招待リストには含まれない学生も、中国まで自費で行くならその先は「青年大交流」のルートに乗れるということで、香港往復チャーター便一台分、一二〇人が募集された。ちょうどその前年、日本人の自費による外国旅行が自由化されたことが、この計画を可能にした。

香港－深圳の国境を徒歩で越え、赤い星をつけた解放軍兵士を目にしたときから始まった二週間の旅は、広州－上海－北京とすすみ、人民大会堂で毛沢東・周恩来・劉少奇・朱徳・鄧小平・郭沫若……という革命指導者をこの目で見たときクライマックスに達した。翌年の文化大革命の発動以後は、これだけのメンバーが同じ写真に納まることは二度となかったことだろう。ほとんどの参加者が、このときもらった巻物のような記念写真（転機合映という回転カメラによる写真だった）をいまでも「家宝」にしている。一緒に行った同級生は、人民大会堂の外に出たとたん、「天安門広場は輝いている」と口走ったものだ。

革命中国の素顔に触れて感激した私たちは、訪中学生参観団を一度限りのものとしないで将来に引き継いで行こうと「齐了（チーラ）会」を結成した。会の名前は、集合のたびに「そろいましたか＝齐了吗？」「齐了！」と繰り返した言葉からきている。第一次参観団の有志で記念文集を作り、翌年の募集計画にも加わった。

ところが、ちょうど翌年の一九六六年、文化大革命が勃発した。紅衛兵の主張によれば、それまでの中国の社会や指導幹部たちは、じつはブルジョア思想に毒されていたということになる。それではわたしが触れたと思った「革命中国の素顔」はまやかしだったのか？　そんな戸惑いに加えて、文革を支持するかどうかをめぐって、日本の中国研究者や日中友好団体内部に論争が起こり、かたっぱしから分裂していった。「斉了会」も第三回参観団派遣をめぐって事務局を担う会員同士や共産党系だった旅行社との間に亀裂がおこり、それ以後の参観団は文革支持で固まった。

そんな経緯を経て、斉了会は学生参観団を送り続け、一九七二年まで全部で八回、延べ七八五人の学生が中国を訪問した。そんな細かい数字がなぜわかるかというと、斉了会は二〇〇二年に『斉了！　ちいら！　文化大革命期に中国を旅した若者たちの三〇年』という大部の記録を出版しているからだ。

この本を出版するときに、わたしも後輩から声をかけられたのだけど、積極的にかかわる気にはならなかった。日中の国交がなかった時代に、学生たちが訪中したことの歴史的意義はあるにしても、文革に熱狂し毛語録を振って旅行した人たちと、それを迎えた人たちが、友好という言葉だけに頼って昔を懐かしんでいいのだろうか……という思いがあったからだ。できあがった記念の本にも、今回の訪中記録にも、あまりにナイーブな友好ムードが漂っていて、素直に共感できない違和感が残る。

わたし自身、大学で中国語を選んだときから数えれば半世紀にわたる中国とのかかわりを振り返ると、複雑な思いが心をよぎる。文革から市場経済へと極端に揺れた中国と、その時々のわたし自身の中国認識の不確かさ、浅さを省みるとき、わたしは中国の何に憧れ、何を信じてきたのだろうできない。
と考えてしまう。斉了会の人たちのように、中国大好き、友好万歳とは、とてもじゃないけど口に
　もちろん、中国という国に対する感情と、個人に対する感情は別だ。個人的に知り合った人々の中には、信頼できる人たちがいる。八月の終わりから九月にかけて北京と山西省に行く計画をたてているが、北京で会う予定の研究者や知識人たちは、言論や思想の自由が限られている状況の中で、それぞれが手探りしながら歴史や文学にかかわる優れた仕事をしている。山西省では日本軍の性暴力被害者を支援してきたグループのスタディツアーに加えてもらう予定だが、現地には黙々と被害女性を支え続けてきた人たちが待っていてくれる。今のキューバにも、こんどは会えなかったけど、そんな人たちがいるに違いない。
　けれどやっぱり、私たちが半世紀前に夢見た「革命」は、どこに行ってしまったのだろう。五〇年たって、貧困と格差が根絶された社会は結局どこにも出現しなかったし、地球の上で戦火が絶える日はなかった。わたし一人にそれを変える力はなかったにしても、あの時世界中で同じことを夢見た若者たちは、たいへんな数だったにちがいない。結局わたしたちは、その夢を実現することができなかった。私たちの孫の世代は、私たちが夢見た「革命」とは別の、けれども同じ方向をめざすような、新しい理念を生み出すことができるのだろうか。

追記

「斉了会」について、すこし付け加えておく。三〇周年記念の出版や四五周年の旅には参加しなかったが、

五〇周年記念のアーカイブス（小冊子＋ＤＶＤ）制作のプロジェクトには参加し、当時の絵日記などを提供した。なぜ参加する気になったのかの説明として、『齐了会の五〇年――訪中学生参観団の軌跡』（自家出版、二〇一五）への寄稿「あれから半世紀……」の一部を引用しておく。

＊

齐了会の中には、文革中の中国を旅して大いに共鳴した人たちもいる。その人たちが文革をどうふり返っているのかが、わたしにはひとつの疑問だった。三〇周年記念誌の編集に積極的に参加しなかったのも、そんなこだわりがあったからかもしれない。最近、『日本人の文革認識』（福岡愛子著、新曜社、二〇一四）という本の中で、そのひとつの答えに出会った。この本は有名無名の日本人の文革認識と、その後の変化を分析した大著だが、強烈な文革体験を持つ日本人の例として齐了会の会員が数人登場する。若い時代に文革を肯定的に受け止め、その後の曲折でさまざまに悩みながらも中国との関わりを持ちつづけた彼らの経験を、著者の福岡さんはていねいに聞き取り、分析している。わたしはたまたま書評会に出席し、登場者の何人かともお目にかかる機会があった。立場はそれぞれ違っても、中国に対して真摯に向き合ってきた体験は、わたしにも理解できるものだった。

わたし自身は、中国という国家や支配党に対しては、信頼も共感も持つことはできない（日本という国家に対しても同じだが）。ただ、中国研究をし、中国からの留学生を教えてきた中で、信頼できる人たちに出会ってきた。そんな人たちとのつながりを絶やさないようにしていくことは、わたしにもできるし、しなければいけないことだろう。五〇年前の中国に感動したナイーブな学生がたどり着いたのは、こんな平凡なところだ。

［初出・「花筐」一一号、二〇一〇年］

問いなおされる「私たち」日本人の経験

『中国残留日本人という経験——「満洲」と日本を問い続けて』
蘭信三 編　勉誠出版・二〇〇九年

本書は、中国帰国者の問題に取り組んできた歴史社会学者・蘭信三を中心とする共同研究の成果であり、著者総数二七人、七〇〇頁を超える厚く重い本である。「我が国の中国残留日本人研究の総決算」と帯にうたわれているように、扱われている問題もまた、幅広く重い。

冒頭の「総論」において、編者の蘭信三は本書における中国残留日本人研究の基本的視点を次の六点にまとめている。1「帝国の落とし子」という歴史的視点、2ライフヒストリーから見るかれらの主体的側面とトランスナショナルな側面への注目、3祖国への帰還とエスニックな移民という二重性への注目、4日中両社会のグローバル化との関連、5表象分析の視点、6包摂と排除の視点（日本社会のナショナリズムやオリエンタリズムとの関係）。このように、本書の研究視点は複合的なものであり、個別の論文や考察は上記のひとつ、あるいはいくつかの視点によって書かれ、それらの総合が本書全体の視点を構成しているといえる。

本書は第一部で「中国残留日本人」、第二部で「中国帰国者」、第三部で「中国帰国児童生徒」を扱っている。第一部と第二部とは、じつはほとんど同じ対象をさしているのだが、あえてそう呼び分けて章立てをしたのは、それぞれの経験を異なる時代背景と、中国／日本という異なる社会背景において考察しようという意図による。さらに第三部では、これまで見落とされがちだった「帰国の子ども」という、残留者とは世代もアイデンティティも異なる存在に光を当てることによって、今後の日本社会への先駆的問題提起を行っている。その問題提起をさらに側面から補強するものとして、第四部では、さまざまな国・民族における移住と民族アイデンティティ、包摂と排除の問題が考察されている。

本書の全体をつらぬいているのは、書名にも、一―三部のタイトルにも使われている「〜という経験」というキイワードである。このキイワードには、中国残留日本人を単なる問題として、あるいは対象として語るのではなく、彼ら自身の経験を彼らの側から叙述し、考察しようという意思がこめられている。そのような「彼ら」の主体的な語りが投げかけられることで、読む側の「私たち」、すなわち中国残留日本人という存在を知り、帰国した彼らを迎え、包摂あるいは排除してきた日本人／日本社会の経験もまた問いなおされることになる。

評者の関心分野は中国を中心としたジェンダー／女性問題にあり、他方では、留学生に日本語を教えていることから異文化への適応・第二言語の習得などにも関心があるが、中国残留日本人の問題に専門的な関心や知識があるわけではない。そのような素人の目で読んだとき、本書の第一部、第二部では、あやふやにしか知らなかったことがきちんと整理されたという感が強い。なかでも、残留日本人という存在が日本国家の政策によって恣意的に作られた過程を検証する第二章や、中国帰国者の日本社会への包摂を助けたのが、政府ではなくボランティア、日本語教師、そして帰国者自身による苦闘であったことを再確認させる第六―第八章などは、あらためて日本という国と社会を問い直す手がかりを与えてくれる。

第一部、第二部のもうひとつの中心をなす残留日本人自身の経験は、新聞報道などでもある程度知られているが、本書ではさらに対象を広げて、中国に残る選択をした人や（第五章）、孤児を育てた養父母（研究ノート1）などへの聞き書きとその体験の分析がされている。これらの執筆には中国人研究者が参加しており、日本人中心のマスコミ報道ではカバーできなかった部分を補っている。

評者がもっとも興味を感じたのは第三部である。ここで扱われるのは中国帰国児童生徒の経験であるが、本書をユニークなものにしているのは、共同研究グループのなかにその当事者たちが含まれていることだ。執筆者紹介に日中二つの名前で登場するかれらは、中国に生まれて中国人であることを疑わずに育ちながら、一〇代のころ両親や祖父母に否応なしに日本に連れてこられ、新しい言語と生活環境の中で苦闘してきた帰国二世・三世である。

残留日本人一世の大部分は、中国で十分な教育が受けられず、来日後の日本語習得も不十分なため、自分の体験を語ることはできても、自ら書き、分析することはできなかった。しかし、一一章の執筆者である大橋春美／趙春艶は、八歳のとき父母に伴われて来日し、日本の教育を受けて中学の教壇に立つまでの自らの歩みと、日本人／中国人の間で揺れる自己の複雑なアイデンティティを「中国帰国者二世というアイデンティティ（同章の副題）」としてきちんと分析し言語化している。このように、日本人／中国人というだけでなく、当事者／研究者という面でも二重のアイデンティティを持つ帰国二世・三世の登場は、この共同研究に深みと広がりをもたらした。同時に、彼らの登場は、中国帰国者の問題が、中国残留、肉親探しと帰国、定住と生活支援という歴史的段階を経て、現在は次の世代の問題へと移っているという時間の経過を実感させる。さらに、この第二・第三世代の経験は、中国帰国者という枠を超えて、グローバル化の時代に日本に移住してきた、移住してくるだろう多様なエスニシティを持つ人々を、日本社会がいかに包摂していくかを考える上で、重要な基礎資料となっている。

本書に執筆者、発言者（一六章）として登場する帰国二世・三世たちは、アイデンティティの葛藤を乗り越えて、日本社会で、あるいは日中両国をまたにかけて活躍している。その一方で、帰国者二世・三世の間にも格差が広がり、日本社会の底辺におかれたままの存在があることも報告されている。本書の中で評者がもっとも衝撃を受けたのは、日本で生まれた帰国者の子どもたちが、「日本語はしゃべれるが、勉強ができない」困難を抱えているという報告（一三章）だった。報告者の高橋朋子は、関西のある小学校で「日本語教室の先生」という立場で参与観察を許され、帰国者の子どもたちと向き合うことになる。子どもたちは日本生まれで保育園育ちであり、話し言葉としては日本語優位であるが、親のほうは仕事に追われて日本語を習得するゆとりがなく、かといって子どもたちに中国語を身につけさせる余裕もない。親子の会話は成り立たず、子どもたちは日本語も中国語も母語として確立していないダブルリミテッドの状態に陥っているという。具体的には、先生の指示が言葉としては聞き取れても内容が理解できない、専門用語を使えば「生活言語」の習得はできているが「学習言語」の習得ができていないのだ。この小学校は帰国児童受け入れの経験を持っているが、中国語が母語として確立していたかつての編入児童向けの「支援ノウハウ」が通用せず、頭をかかえているという。

高橋は本来の論文なら現状の記述と原因の分析で筆をおくべきかもしれないといいながら、「根源的な支援策」の提言をしている。「子どもたちがのびのびと過ごせる学校環境づくり」といった提言は、あまりに根源的で迂遠にさえみえるが、半面、帰国の子どもに限らず、学習障害に苦しむすべての子どもにとって、このような支援は必要不可欠ではないだろうか。

残留―帰国定着という経験を検証してきた第一部―第三部を受けて、第四部では視野を世界にひろげ、さまざまな場所、さまざまな状況における移住―定住の問題を紹介している。それぞれ何冊もの本が書けそうなテーマを「研究ノート」という形でかすっただけではあるが、そこから見えてくるのは、中国残留日本人という問題が、特定の歴史的背景から生まれたというにとどまらず、残留日本人の創出から日本社会への包摂にいたるすべての過程において、特殊日本的であるということだ。ここで私たちはあらためて、「中国残留日本人という経験」は、「彼らの」経験であるだけでなく、日本社会を構成する「私たち」みんなの経験であることを再確認させられる。

［初出・「中国研究月報」二〇一〇年一〇月号］

相手の顔の見える中国研究

女性学創設を語る　李小江『女に向かって』を訳して

訳書『女に向かって――中国女性学をひらく』（インパクト出版会、二〇〇〇）の読者から手紙をいただいた。手紙の筆者は、一九七〇年代の半ばに学生時代を送った世代だ。当時、中国では文化大革命が収束にむかい、日本では学生運動の時代が終わりを告げようとしていた。中国研究サークルで活動していたその人は、学生同士の内部抗争に巻き込まれ、今も心の傷をかかえて生きているという。そんなことを未知のわたしに書いてきたのは、李小江の文章が、彼女の中の何かを突き動かしたからだろう。いろいろな過ちはあったにしても、学生時代に抱いた理想を否定してしまうことはない、李小江を読んでそう思ったと、彼女の手紙は伝えていた。

李小江の文章は、そんなふうに、人の思いを呼びさます力を持っている。わたしが最初に『女に向かって』に出会ったときもそうだった。この本は、中国女性学の創始者である李小江が、自己の歩みと中国女性学創設の過程とをないまぜて語った自伝的エッセイである。

物語は、著者の少女時代の思い出から始まる。革命が成功し、男女平等になった社会でのびのびと育った少女が、文革という不条理にはじめて出会う。教育者だった父が反動派として街頭を引きまわされ、それを目撃していた自分は初潮にみまわれる。父の頭に注ぎかけられた墨汁と、ももを伝って流れる血、その黒と赤のイメージは、これまで読んだどの文革体験よりも鮮烈にわたしの頭に焼き付いた。

「男の同志にできることは、女の同志にもできる」という毛沢東語録に励まされて、労働にもスポーツにも独学にも全力投球した青春時代。大学講師の職に就き、愛する人との間に子どももできて全力疾走の足が止まったとき、李小江は「女がおちいる歴史的な陥穽」の中にいる自分を発見する。女とは何なのか、この社会で女であることはどういうことかという問いかけに、答は用意されていなかった。そこで彼女はまるでドン・キホーテのように、独学で「女さがし」の旅に出発する。男の大学で優等生だったわたしもまた、大学を離れ子どもを産んで、「女の陥穽」に落ちこんだ。ウーマン・リブから女性学へというわたし自身の歩みも、やはり「女さがし」の旅だったといえるだろう。

日本のリブ運動は七〇年代に始まった。中国ではおよそ一五年後に、李小江たちが「女性研究運動」をスタートさせる。日本とは比べものにならない強大な権力を持つ国家にしなやかに抵抗し、「正しいフェミニズム」を押しつけてくる西側のフェミニストにはきっぱりと自己を主張しながら、彼女たちは歩み続けてきた。李小江をはじめとする新世代の中国女性研究者、女性作家たちの著作を読み、翻訳し、また直接に話し合う機会を持つことで、わたしにとっての中国研究は、やっと相手の顔が見えるものになった。

［初出・「女も男も」八六号、二〇〇一年］

第2章　歴史をみなおす視線

田村泰次郎が描いた〈貞貞〉

『肉体の悪魔』再読

1、はじめに

　第二次世界大戦・日中戦争が終結してから六〇年を超えた現在の日本では、戦争や戦争文学に対する関心は次第に薄れてきている。そんな状況の下で、二〇〇九年、戦争と文学に関する二つの研究会が開かれた。三月のシンポジウム「中国山西省・戦場の日本兵——田村泰次郎の戦争文学から」と、七月の「文学セミナー　丁玲を読む」で、いずれも「アクティブミュージアム　女たちの戦争と平和資料館」（ｗａｍ）の主催であり、同館の第六回企画展「ある日、日本軍がやってきた——中国・戦場での強姦と慰安所」（二〇〇八年六月—二〇〇九年六月）に関連して企画されたものである。

　七月に開催された「丁玲を読む」セミナーでは、わたしが「丁玲の歩みと評価の変遷」、江上幸子が『新しい信念』——誤訳と削除をめぐって」の報告を行ない、参加者たちと討論した。三月のシンポジウムには出席できなかったが、そのときの資料や報告者であった池田恵理子、尾西康充、彦坂諦の著作、取り上げられた田村泰次郎の作品に目を通す機会を得た。そのような機会に触発されて、丁玲が延安時代に書いた作品と、同時期の山西省の戦場を日本兵の立場から描いた田村泰次郎の作品とを、対比しながら考察することを試みたのが、この研究ノートである。

2、田村泰次郎の『肉体の悪魔』

田村泰次郎は一九一一年三重県に生まれ、早稲田大学在学中から創作を開始、一九三〇年代には人気作家となった。一九四〇年一一月に召集を受け、山西省に配属された。同年九月、彼が召集を受ける直前に、山西省では百団大戦という八路軍による大規模な反撃戦があり、日本軍は大きな打撃を受けたため、補充の兵員が必要となったのである。司令部では田村が作家であるとわかると、陽泉県にある旅団司令部の宣伝班に配属した。彼の戦争文学は、この宣伝班での体験が元になっている。

その後も田村は別な部隊に編成され、戦争が終わるまで中国戦線にとどまった。敗戦により国民党政府軍の武装解除を受け、収容所生活を経て、一九四六年復員する。日本に帰った田村は全力で創作を開始し、流行作家の地位を得た。彼は、兵士としての体験や、復員兵の目で見た戦後日本の混乱をテーマに、次々と小説を発表した。一九四六年に発表した中篇『肉体の悪魔』は代表作のひとつである〔1〕。後にこの小説は、一九四七年に書かれた戦後日本で米兵相手に売春する女性たちを描いた『肉体の門』、日本兵と朝鮮人「慰安婦」の恋愛を描いた『春婦伝』とあわせて、田村泰次郎の「肉体三部作」と呼ばれるようになった。

『肉体の悪魔』は、田村泰次郎が山西省の旅団で宣伝工作に従事していた一九四二年から四三年にかけての体験をもとにした小説で、テーマは日本軍の兵士と捕虜になった八路軍女性兵士の恋愛である。

小説のあらすじは以下の通りである。

日本兵である「私」＝佐田は、一九四二年の晋冀豫（しんきよ）省境作戦中に、太行山脈で日本軍の捕虜になった八路軍の女性兵士に目をとめた。彫りの深い顔に伸びやかな四肢、とりわけ目を引いたのが日本軍に対する骨の髄からの憎悪をみなぎらせていることだった。それが「君」＝張沢民であった。佐田は彼女に戦慄を感じ、恋に落ちるが、その気持は誰にも悟られないように隠していた。ところが彼女は、佐田が指導する中国人向けの宣伝劇団の女優として配属されることになった。

ある日、同じ班の日本兵が張沢民を殴るという事件がおきた。屈辱に震える彼女をなだめる役を買って出たことから、佐田は張の信頼を得ることになり、他の捕虜や部下の兵士を交えて雑談をするひと時を持つようになる。けれども張は「日本帝国主義は永遠に中国民族の敵だ」という立場を捨てようとはしない。

佐田が三カ月の遠征に出て戻ってきたとき、張は待ちわびていたことを態度で示し、二人は性的に結ばれる。それ以来、二人は密かな関係を続ける。張は日本兵との恋愛関係は思想的な堕落だと悩むが、佐田は自分のために張が苦しんでいることに嗜虐的な喜びを感じた。

張は官能の陶酔を通して、すべてを忘れようとするかのように佐田の求めに積極的に応じる。しかし、その一方で共産党地区から脱出して来た男に秘密の合図を送ったり、逃亡未遂事件を起こしたりして、佐田を翻弄する。

やがて兵団は移動をすることになり、部隊にいた中国人は解雇される。佐田が張を駅まで見送るところで二人の関係は終わり、やがて復員した佐田は、焦土となった日本の空に向かって、「君はどこに」と呼びかける。

3、二人の女性捕虜　張沢民と貞貞

わたしが『肉体の悪魔』という小説に関心を持ち、分析したいと考えたのは、ヒロインの張沢民の境遇が、丁玲の『霞村にいた時』の貞貞の境遇を連想させたことによる。丁玲の延安時代の代表作とされるこの物語は、丁玲の分身と思われる作家が、休養にいった霞村で見聞した出来事を語るスタイルで書かれている。主人公である村娘貞貞は、侵入してきた日本軍に捕えられて連れ去られ、軍人の現地妻にされて一年余り日本軍と行動を共にしたのち、性病に感染して村に戻ってくる。そこで語り手である「私」と出会い、物語が始まるのだ。貞貞にはモデルが存在し、丁玲はその話を辺区で女性工作に従事していた同志から聞いたということだ。この小説が書かれたのは一九四一年で、それはちょうど田村泰次郎が山西省で従軍していた時期である。田村が一日本兵として侵攻し、あるいは宣伝劇団の引率者として足を踏み入れたのは、まさに「霞村」であったといってもいいだろう。

中国に侵攻した日本軍はさまざまな形で性暴力をふるった。なかでも山西省における性暴力は、石田米子らによって詳細な調査研究がなされている(石田・内田、二〇〇四)。ただ、石田らが調査したケースは軍に拉致監禁されて複数の兵士から強姦されたというものがほとんどであり、貞貞のように、特定の軍人に従属することである程度行動の自由を持ち、日本語能力を身につけ、日本軍の情報を中国側に流す役割も果たしていたケースはみられない〈2〉。貞貞の境遇はむしろ、捕虜となって一人の日本兵と「恋愛関係」になった『肉体の悪魔』のヒロインに近いように見える。そうだとすれば、この小説を、『霞村にいた時』では断片的にしか語られていない日本軍に囚われていた時の貞貞の物語として読むことができるのではないかというのが、わたしが『肉体の悪魔』を再読しようと考えた動機であった。

『肉体の悪魔』については、尾西康充による詳細な研究がある〈3〉。それによると、『肉体の悪魔』に登場する主人公の日本兵佐田は田村泰次郎の分身であり、捕虜となった女性兵士をはじめ登場人物にはみな実在のモデルが特定できる。また、主人公が属した部隊の作戦行動や劇団の宣伝活動なども、ほぼ事実に沿って書かれているという。

尾西によると、一九四一年、田村一等兵に対して、日本軍の捕虜になった太行山劇団第二分団の団員一〇名を指導して、日本軍のための宣伝劇団に再編する任務が与えられた。劇団は「和平劇団」と名づけられ、同年七月から中国各地を回って公演を行うことになった〈4〉。

『肉体の悪魔』のモデルになる女性兵士は、劇団創設一年後、一九四二年五―七月の「晋察冀辺区粛清作戦」で捕虜になったとされている。尾西は、中国で編纂された太行山劇団の歴史（趙洛方、二〇〇一年）によって、この作戦で八路軍に属する太行山劇団総団が一〇人の死傷者を出し、女優の朱愛春が捕虜になったことを確認している。朱愛春という名は日本側の記録には登場せず、田村は『肉体の悪魔』のタイトルに「張玉芝に贈る」と献辞をよせていることでもわかるように、張玉芝が彼女の本名だと思っていた。しかし、大行劇団史には政治工作に携わっていた団員たちが仮名を使うよう指示されていたという記述もあることから、尾西は朱愛春が最後まで本名を明かさなかったと推測している。朱愛春は太行山劇団が一九三八年に創設されて以来の古参団員であったことからも、抗日や女性解放についての意識が高い、張沢民のモデルにふさわしい女性だっただろうと尾西は考えている。

4、日本兵佐田が語る愛の物語

第二章であらすじを示したように、『肉体の悪魔』は日本人兵士と日本軍の捕虜になった八路軍女性兵士との「恋愛」をテーマにした小説である。尾西康光によれば、この小説のモチーフは「日本人と中国人、男性と女性という民族や性別のちがいをこえて、人間同士お互いに愛し合うことの可能性を極限まで追求しよう」としたものである（尾西、二〇〇八、一三二ページ）。しかし、この小説の主人公たちの間には、民族や性別よりさらに大きい、日本兵と捕虜という絶対的な権力関係が立ちはだかっている。その両者の間に、対等な人間同士の恋愛が成り立ちうるかというのは、この小説に対して誰もが抱く疑問であろう。

そのような絶対的な権力関係の下で「恋愛」の物語を成立させるために、この小説で使われているのが、一人称による語りという手法である。捕虜の群れの中にいる一人の女性兵士に目を止めた冒頭から、日本に帰国して敗戦後の街角で青空の中に彼女の姿を幻視する場面まで、この小説は日本兵である「私」が捕虜である「君」に呼びかける形で書かれている。このような手法は恋愛小説における常套手段のひとつであるが、語り手＝主人公の主観によって物語が構成され、恋愛の相手方は他者として、語り手による解釈を通してのみ読者に紹介されることになる。

主人公佐田の語りによれば、二人の関係は次のように段階を追って進展する。最初は彼女に一目ぼれした佐田の一方的な片思いだが、殴打事件をきっかけに、張は佐田に対して信頼を寄せるようになる。しかし彼女は政治的信念を曲げず、恋愛関係にはなかなか進展しない。二人の関係が変わるのは、佐田が三カ月間の作戦に従事して戻ってきた時で、張は佐田に対する愛情を態度で示し、その夜二人は結ばれる。

二人の関係が始まってからの「私」の述懐には、張に対する思いが綿々とつづられる。佐田の目に映る張沢民は、一方では「官能の陶酔をとおしてすべてを忘れよう」とするかのように情熱的に身をゆだねるが、他方では、敵兵と恋愛関係になったことを思想的な堕落だと考えて悩んでいた。それを佐田は、張の肉体と知性の分裂だと解釈する。「私ははっきりといいきることが出来る、——君の肉体や感情は古い封建の中にあり、君の知性は現代にあったことを」（四四ページ）。そして、男として、苦しむ張を肉体的に支配することに喜びを感じたと告白する。

「君が自分の内部の肉体と知性の断層をどんなに生き抜こうと悩んでいるかという君の誠実さは、男の不実な思い上がりを叩きのめした。君の知性を、男としての勝利の喜びを感じないでいられなかった。君君自身の肉体に負けさせるということに、私は男とを下界へ引きずり降ろすたびに、私の心のなかの男は凱歌をあげたのだ」（四五ページ）。

この小説が発表された一九四六年当時の日本では、主人公＝作者の「男の意識」は、あまり抵抗なく読者に受け入れられたようである。しかし、フェミニズム文学批評が登場した現在では、こういう意識は問い直されざるを得ない。たとえば、池田恵理子は論文「田村泰次郎が描いた戦場の性」で上記の箇所を引用したあとに、次のように批判している。

ここには田村の一方的な思い込みが濃厚に表現されているが、こうした心情は田村に限らず、男性の中に一般的に見られる傾向で、通俗的なドラマや映画でもおなじみである。知性のある女性が肉体関係によって男性から支配されたように感じる屈辱感を想像して、男性は女性への征服感に満たされ、喜びに浸っている（池田、二〇〇四、三〇六ページ）。

じつは池田より早く、さらに徹底して田村の女性観を批判しているのが、彦坂諦による『男性神話』である。彦坂は、前記のくだりを傍点つきで引用した後、「それにしてもなんて独りよがりな!と私はまたしても言わなければならない。それに、なんという陳腐!」と、「肉体」と「知性」との宿命的乖離といった二元論的対立の図式をあざ笑う。「このたぐいの『哲学』をこのように語る男たちに、それを共有しえない者を暗黙のうちに締め出そうとする男たちに、私は、いくたび出会ってきたことか。男たちにとっては、女がこのような存在である――と考える――ことは、望ましく、また、快いことでもあるらしい。ではあるけれども、まさにそのおなじことが、男たちにタンタロスの苦しみをもたらしもするのだ」（彦坂、一九九一、一〇九ページ）。

主人公の佐田もまた、相手を肉体的に征服することに快感を覚える一方で、二人の関係を恋愛として確認したいために悩み苦しむ。ある時は、「君の情熱が純粋で完全なもの」であるのに対して自分は不純だと引け目を感じ、ある時は八路軍にいるという彼女の以前の恋人に嫉妬し、ある時は彼女の忠誠心に対する疑いを消すために惨酷なまでに彼女を求める。こうして「君」に振り回される「私」の、まるで自分の尾を追いかけてぐるぐる回り続ける犬のような果てしない悩みの告白は、この小説の冒頭から結末まで一貫して大きな部分を占めている。「肉体三部作」の筆頭に挙げられるこの小説は、観念的な恋愛文学という側面を強く持っているのである。

5、日本兵と捕虜とのひとときの交流

『肉体の悪魔』には、日本兵佐田と捕虜である張沢民との恋愛関係のほかに、もうひとつ次元の違う交流が描かれている。殴打事件をきっかけに親しくなった佐田と張は、部下である前山上等兵や盂県第二区の区長だった女性捕虜の陸をまじえて、話し合いのひとときを持つようになった。そこでの話題は、昼間の仕事中には話せないような、捕虜になった女性たちが抗日戦争に参加するまでの経緯や、太行山における八路軍の活動、兵士たちの日常についてだった。彼女たちの口からは、拳銃を腰につけ馬に乗る朱徳夫人康克清(こうこくせい)の勇姿や、西北戦地服務団を率いる丁玲の活躍も語られた。

「朝のまだ暗いうちから抗日歌や革命歌を合唱する兵士たちの歌声が、漳河に沿うた川霧に閉ざされたあちらこちらの部落から、また峰々から湧きおこり、それぞれが反響しあって、大行山〔5〕という大自然を舞台とした一大交響楽のように聞かれる、それが大行山軍区の朝の挨拶である」という情景はまるで一編の詩のように語られている。男たちは女性捕虜が語る八路軍の物語に熱心に耳を傾ける。学生時代にマルクス主義の影響を受けた前山上等兵は「ああ、逃げ出したいなあ、――こんな軍隊にいるよりは、どんなに生きがいがあるか知れやしない。どうせ、日本軍にいれば生きて帰れない」とつぶやきさえするのである(三〇ページ)。

田村泰次郎が創作活動を始めた一九三〇年代前半、日本では知識人の間にマルクス主義の影響が強かった。田村自身はプロレタリア文学運動に参加はしなかったが、運動にかかわっていた友人も多かった。そのような時代の影響を受けた知識層出身の日

本兵の多くは、侵略の尖兵となっている自分の立場に矛盾を感じており、田村自身もその一人であった。日本兵佐田が張沢民をかばったのも、異性として惹かれただけではなく、共産党員として、中国人として日本軍を憎む彼女の立場を理解し、むしろ敬意を抱いたからであった。

女性捕虜たちが語る太行山での八路軍の活動は詳細をきわめている。日本兵と中国人捕虜との言語による意思疎通がどの程度自由だったかには疑問が残るので、細かい情報については他の資料で補われているかもしれない。しかし、前山上等兵のモデルは実在の人物で、敗戦間際に中国から沖縄戦線へ送られて戦死したという〈6〉。そのことから考えても、日本兵と中国人捕虜との交流の場面が実在したことは疑えない。戦闘の合間での敵味方を越えた交流の一瞬は、息苦しい小説の中での清涼剤というべきものだ。しかし、同時にそれが、日本兵佐田の張沢民に対する気持が単なる肉欲ではないと弁護する役割を果たしていることも見落とせない。

6、張沢民の言葉と行動

『肉体の悪魔』の物語は、日本兵佐田の「私」という第一人称で語られる。したがって、張沢民に対する佐田の思いが切々と語られるだけでなく、張の佐田に対する感情もまた、佐田の口を通して語られる。佐田は張の目に「私を待ち焦れた情熱」を読み取り、彼女が悩みながらも自分を避けようとせず、むしろ「官能の陶酔をとおして、すべてを忘れよう」としていたと語る。しかし、それはあくまで佐田の主観を通したものであり、実際に彼女がそう語ったわけではない。

そこで、この物語から「私」による語りの部分を極力除いて、張自身が発した言葉と行動だけを洗い出してみたい。もちろん、張の言葉も語り手による捏造だと切り捨ててしまえばそれまでだが、とりあえず語りの部分と切り離してみることにする。

張の言葉として記されているのは会話の断片で、

佐田の語りに比べるとごく少ない。その中で、佐田に対する愛情を表現したものといえば、佐田が三カ月の従軍から帰って二人が初めて結ばれる場面での「待ったわ、待ったわ、百日も待ったわ、苦しかったわ」くらいである。そのあとの田村の行為に対して、張は「噯呀(アイヤ)——幹甚麼(カンシエンモ)?・」(あら、——どうするの)と応じる。中国語のまま文中に出てくるところをみると、実際に田村が耳にした言葉である可能性が強い。これは文字通りにとれば、相手の行為をいぶかる、あるいはとがめる言葉だ。作者もそのことは承知していて、「その言葉が強い拒絶のように聞えたので、はっとして瞬間、私は君の身体から離れた。けれども、君は私を離さなかった」と彼女の無言による合意を強調している(三八ページ)。

もうひとつ、佐田への好意を表す言葉は、別れの場面で発せられる。「どうして、あなたを最初好きになったかって? それはあなたが中国人を馬鹿にしないからだわ、私が来た頃、あなたが老百姓と何かのことで話しているのを見ていて、とても感じよく思ったことがあったのを覚えているわ」(五八ページ)。

友人の回想による田村泰次郎は、人懐こくて相手を分け隔てせず、誰とでもすぐ仲良くなったという〈7〉。中国人を蔑視する日本兵が多い中では、田村のような人柄は稀少であったにちがいない。そのような田村に捕虜となった女性が好意を持ったのはありうることだが、それが恋愛感情だったのか、もっと広い意味の好意だったのかは断定しにくい。

愛情を表わす張の言葉が少ないのに対して、日本に対する怒りの言葉は何度も記録されている。日本兵に殴られた張は、「日本人は中国人を殴る、中国人は黙る、——けれども、中国人の腹のなかでは、日本人は一層悪者になる、——そして日本人はますます中国人を殴らねばならぬし、中国人はますます日本人を憎まなければならないの」と白熱した炎のような怒りの言葉を発する(二五ページ)。二人が肉体的に結ばれた後も、日本軍への批判はおさまらず、別れの場面に至ってさえも、「日本をどう思うかって？　日本帝国主義は私たちの永遠の敵に決まっているじゃないの」と断言し、日本兵として死ぬ運命にある佐田を哀れんでいる（五九ページ）。

さらに、言葉よりはっきりと張の意思を示しているのは、具体的な行動である。その中で、特に重要なエピソードが二つある。

ひとつは、張が中国側とひそかに連絡を取ろうとしたことだ。佐田が張を愛人として信頼するようになったある日、中共地区から脱出してきた陳という男が、日本軍に雇ってほしいとやってきた。佐田が陳と話している時、張が部屋に入ってきて口笛を吹いた。じつはそのメロディは「黄河大合唱」の「儞（ニー）家在那里（ジャザイナーリ）　儞打那児来（ニーダーナールライ）」（あんたの家はどこ？　あんたはどこから来たの？）という一節で、中国人同士が相手の立場を確かめるための秘密の合図だった。そのことを陳に知らされた佐田は、ショックを受け、張を許せないと怒る（五二ページ）。小説中の佐田は、張の行為をもっぱら愛人としての裏切りと捉えて怒っているが、日本軍の立場からみれば、張の行為は明らかな通敵行為である。捕虜であり日本兵の愛人である張沢民は、日本軍人の現地妻にされた貞貞がそうであったように、中国側のために情報工作をしていたか、それをする機会をうかがっていたにちがいない。佐田がそのことを追及しなかったのは、張の身にふりかかる結果を恐れて見て見ぬふりをしたのかもしれない。

もうひとつのエピソードは、張沢民の逃亡未遂である。ある日彼らは調査のために、山すその部落に派遣された。ふと気がつくと張の姿がない。外に出た佐田は、裏山を登っていく張の姿を目にして、おもわず拳銃をとりだして張に向かってねらいを定める。その気配に張は振り返ると、向きを変えて佐田のもとに駆けもどり、大声で泣き出した（五六―五七ページ）。

じつはこの場面は、田村の自筆草稿では違った展開になっていたという。佐田が銃の引金を引き、彼女は腕に傷を負って倒れるのだ。「私はありったけの愛情で、君を憎んだ。――そういう私を、君は見た。君はそして、かすかに軽蔑したような影を唇のあたりに浮かべて、微笑んだ。私はぞっとした」。ここでは、張沢民の逃亡の意思は明瞭であり、自分を撃った男に軽蔑の笑いで対している。

この草稿を紹介した尾西康充は、裏切られたと思った佐田が拳銃を発射するほうが小説としては自然な展開だが、民族や性別の違いをこえて愛し合うことの可能性を追求しようとしたモチーフに従えば、引き金を引く寸前で思いとどまる方がふさわしいと、田村の最終的な選択を肯定する（尾西、二〇〇八、一五五―一五六ページ）。わたしは尾西ほどこの小説に好意的になれないので、二人の緊張関係がはっきり出ている草稿のほうが面白いし、実際に逃亡事件があったとしたら、事実はそれに近い展開だったのではないかと思う。いずれにせよ、張沢民が逃亡の機会を狙っていたこと、佐田に気づかれなければ目的を果たしただろうことは動かせない。

このように、語り手の解釈をできるだけ排除して、張沢民の言動を具体的に見ていくと、彼女が一貫して日本軍を憎み、抵抗し脱出するためにあらゆる機会を利用しようとしたことがはっきりと見えてくる。それに対して日本兵佐田は、その主観的な意図がどうであれ、日本軍という大きな暴力構造の一部として彼女の前に立ちはだかる存在だった。彼女にとって彼の行為は、戦場強姦のような直接の暴力ではないが、絶対的な権力関係を背景に性的関係を強要したという点において、現在ならば広義の性暴力の範疇に含められるといわざるを得ないものであった。

じつは、池田恵理子の論文の中に、張を殴打した日本兵のモデルであった犬飼光男の証言が記録されている。彼の証言によると、田村は殴打事件の直後に張に強引に接吻し、その夜ふたりは肉体関係を持ったという。犬飼証言が事実だとすれば、二人が接近するまでに長い過程を設定している小説に比べて、田村の張に対する関係は性暴力の様相がさらに強くあらわれてくる（池田、二〇〇八、二六一ページ）。

7、張沢民、貞貞、そして丁玲の体験

以上、『肉体の悪魔』という小説の中で、日本兵である「私」の語りと、捕虜である張沢民の言動とのあいだにある大きな乖離を見た。その結果この小説には、「民族や性別のちがいをこえて、人間同士お互いに愛し合うことの可能性」を追求して挫折した男の物語と、構造的な暴力に屈従しながらも抵抗と脱出の志を捨てなかった女の物語とが、かみ合わぬままに読者の前に提示されることになった。

作者の田村泰次郎自身、この乖離に無自覚であったわけではない。彼にとって乖離した二つの物語をつなぐものは「肉体」であり、「肉体こそが真実」であった。苛酷な戦場で「思想」がいかに弱いものかを体験した彼にとって、肉体による実感のみが信じられるものとして残ったという。彼の「肉体三部作」は、そこから出発した作品だった〈8〉。その立場からすれば、張沢民と佐田にとっての真実とは、二人が肉体的に結ばれた瞬間にあることになる。たしかにそこでは、佐田の語りを通して、彼に劣らず情熱的で積極的な張の姿が読者に印象づけられる。佐田の語りには、池田や彦坂が批判したような独りよがりな男の意識が随所に見られ、読んでいて辟易させられる部分も多い。ただ、それを一方的な男の側の妄想と全否定するのをためらわされるものが、この小説のどこかにある。張の側にも佐田を求めた瞬間が存在したことが、ある種のリアリティを持って伝わってくる部分があるからだ。

そうだとすれば、張沢民が佐田に求めていたのは何だったのか。田村自身はおそらく、それは「肉体」、すなわち純粋に性的な欲望と答えるだろう。それに対抗する「政治的に正しい」答えとしては、すべては生き延びるための張の演技だったということもできる。何しろ彼女は、ベテランの女優だったのだから。

わたしはここで、そのどちらでもない、もうひとつの解釈を提示してみたい。そのための鍵として、ここで二つの引用をしよう。

「人里離れた暗い高山の冷気は、……日用の品を硬く凍らせたばかりでなく、私の心も麻痺させつつあった。ほんの少しでもいい、暖かさが欲しかった。わずかのぬくもりが、寒さでこわばった私の足を暖め、凍え死んだ私の心を生き返らせてくれるだろう。……この冷たく、生気というものがない小宇宙にあって、私の麻痺し、凍えた心の中では、××への憎しみはしだいにうすらいで行った。この山の中では、彼のほかに誰がいよう?」

もうひとつの引用は、この独白に呼応するかのようにみえる。「それは突然、奇蹟が現われたように思えた。あのときの君の魂が、いいようもない激しい孤独に啜り泣いていたことを、——そして、そのために、ちょっとした親切でも君が素直に受け入れる気持になっていたことを、そのときまだ私はわからないで、私は急に思いがけず演ずるようになった自分の役割に、夢の中でいるような気持だった」。

後者の引用は、『肉体の悪魔』の中の佐田の言葉(二三—二四ページ)で、日本兵に殴打されてうつぶせに倒れている張をなだめて抱き起こそうとした時、反抗するだろうという予測に反して、彼女が素直に身をゆだねたことに驚きと喜びを覚えた場面である。

前者はじつは丁玲の、それも山西省や戦争とは関係のない『魍魎世界』からの引用(田畑訳、七三ページ)である。××には馮達という名が入るといえば思い当たる人も多いだろう。馮達は、丁玲が最初の夫である胡也頻を国民党に銃殺されたあと同棲した相手で、地下活動の連絡ミスにより二人は国民党に捕われ、南京に拉致監禁される。前の引用は、囚われの身であった丁玲が、自分を国民党に売った裏切り者と誤解して許せないと思っていた馮達を、孤独のあまり受け入れてしまう心境を綴った場面である。この場面が読む者の胸を打つのは、丁玲があくまで誠実に真実を語ろうとしているからだ。丁玲は馮達に性関係を強要されたと書くこともできたし、それに対して反証できる人は存在しない。それでもなお、自分の心の奥を見つめ、弱さをさらけ出したところに、丁玲の作家としての誠実さがあった。

逃れることができない孤立無援の状況の中で、自分に差し伸べられる手があったとき、理性では受け入れるべきではないとわかっている相手でも、思わずその手にすがってしまう。自分に寄せられるわずかな好意、わずかなぬくもりにすがらなければ生き続けることができない状況がある。丁玲がそうであったと同じように、張沢民もまた、敵であってもその中では人柄がよく、自分を強く求めた佐田に、すがらずにはいられなかったのではないだろうか。

南京での丁玲も、日本軍捕虜となった張沢民も、そしておそらく同じような境遇におかれた貞貞も、直接の暴力よりもさらに複雑で悲惨な状況の中で生き延びなければならなかった。貞貞は、日本軍時代は苦しかっただろうと質問されて、「苦しかったかって、今でもうまくいえません。あのころ辛かった事が、いま思い出すと何でもなかったり、逆にぼんやり過ぎてしまったことが、思い出すと本当に心が痛んだり」と答えている。貞貞の形象に丁玲自身が反映されているということは、多くの批評が示唆している。日本軍から解放された張沢民も、当時のことを尋ねられたら、同じような答えをしたかもしれない。

尾西康充は「『肉体の悪魔』研究」の結びに張沢民のモデルであった朱愛春に触れ、「苦難の時代に彼女がひたむきに生きた姿は、彼女と真剣に向き合おうとした泰次郎の小説の中に印象的に残され、今もなお読者の心に感動を与え続けている」と結んでいる。この小説にはいろいろ批判すべき問題点があるにせよ、張沢民という女性像を書き残してくれたという点においては、わたしも尾西の評価に同意する。丁玲が『霞村にいた時』を書き残すことで、後のわれわれに多くのことを伝えてくれたのと同じように、田村もまた、矛盾をはらみながら、多くのことを伝えてくれた。

最後に付け加えると、田村は戦後一〇年を経た頃から、中国における日本軍の性暴力を含む残虐行為や朝鮮人従軍慰安婦に対する苛酷な扱いを、よりリアルな筆致で描くようになる。『裸女のいる隊列』（一九五四）『蝗』（一九六四）などの短編は、貴重な歴史の証言であり、池田恵理子も前掲の論文の後半で、これらの作品を評価している。

参考文献

池田恵理子「田村泰次郎が描いた戦場の性――山西省・日本軍支配下の買春と強姦」『黄土の村の性暴力』所収
石田米子・内田知行編『黄土の村の性暴力――大娘たちの戦争は終わらない』創土社、二〇〇四年
尾西康充『田村泰次郎の戦争文学――中国山西省での従軍体験から』笠間書院、二〇〇八年
田村泰次郎『肉体の悪魔・失われた男』講談社文芸文庫、二〇〇六年
丁玲《我在霞村的時候》《丁玲全集　第一巻》河北人民出版社、二〇〇一年（江上幸子訳「霞村にいた時」『中国現代文学珠玉選　小説1』二玄社、二〇〇〇年）
丁玲《魍魎世界》《丁玲全集　第十巻》河北人民出版社、二〇〇一年（田畑佐和子訳「暗黒の世界で――南京捕囚の記」『丁玲自伝』東方書店、二〇〇四年）
彦坂諦『男性神話』径書房、一九九一年
趙洛方主編《太行風雨　太行山劇団団史》山西人民出版社、二〇〇一年

註

〔1〕『肉体の悪魔』は『世界文化』一九四六年八月号に発表され、四七年四月に実業之日本社から単行本として刊行された。本稿では、講談社文芸文庫『肉体の悪魔・失われた男』（二〇〇六）をテキストとした。

〔2〕『霞村にいた時』には、貞貞が日本軍に囚われていたときのことは直接語られていないが、村人の会話や貞貞の断片的な語りから、本文のような状況が推測される。

〔3〕尾西康充「『肉体の悪魔』研究」（尾西、二〇〇八所収）。

〔4〕田村は一九四一年六月二三日から九月一六日まで「和平劇団日記」を書き、劇団員の名簿、練習、汽車での移動、公演の風景などの記録を残している。そこには、劇団員たちが列車での移動中に「松花江のほとり」など抗日歌を歌う光景や、劇団員が書き下ろした戯曲が村の娘が中国の軍隊に強姦される物語だった（観客が中国軍を日本軍と読み替えていたことは想像に難くな

い）など、興味深いエピソードが語られている。また、日本軍と中国側の遊撃隊が交互に支配している村で公演し、「さっきまで、敵が工作していた部落民に、こんどはこちらがはたらきかけにいく。まったく、執拗な民衆獲得戦である」という感慨も記されている。「資料紹介　田村泰次郎『和平劇団日記』」（尾西、二〇〇八所収）。

〔5〕中国語の地名は太行山であるが、田村は大行山としている。

〔6〕田村泰次郎「私と彼との間にあるもの」『洲之内徹小説全集』第一巻、東京白河書院、一九八三年所収。

〔7〕たとえば、奥野健男「人と文学　田村泰次郎」『筑摩現代文学大系六二　田村泰次郎　金達寿　大原富枝集』筑摩書房、一九七八年。

〔8〕奥野健男、註7に同じ。

［初出・「中国女性史研究」一九号、二〇〇九年］

洲之内徹の書いた日中戦争

Ⅰ　はじめに

本論のねらいは、洲之内徹（すのうち とおる）が日中戦争時期の中国を舞台に書いた小説を題材に、彼が晩年に書いた一連のエッセイを補足資料として、ひとりの作者の眼を通した日中戦争とその中で生きた人間について考察することである。

洲之内徹という名前は、一般には美術エッセイの書き手として、あるいは絵画コレクターとして知られている。「気まぐれ美術館」というタイトルで『芸術新潮』に一九七三年から一九八七年の急逝まで書きつづけられた美術エッセイは五冊の単行本にまとめられ、それに先立つ『絵のなかの散歩』とともに多くの愛読者を得ている。銀座で小さな画廊を経営しながら、どうしても売る気になれず手元に残していった絵画は、「洲之内コレクション」となって、現在は宮城県美術館に収蔵されている(1)。

しかし、彼が日中戦争時に中国山西省太原で洲之内公館と呼ばれる諜報機関を運営していたこと、戦争直後は作家になることを志してその体験を小説に書いたことはあまり知られていない。わたしがそれを知ったのも最近のことで、日本軍の山西省における性暴力調査にたずさわっている「中国における日本軍の性暴力の実態を明らかにし、賠償請求裁判を支援する会」を通じてであった。同会の活動の集大成である『黄土の村の性暴力』（二〇〇四、本書一二〇ページ参照）には、池田恵理子による論文「田村泰次郎が描いた戦場の性――山西省・日本軍支配下の買春と強姦」が収録され、また、二〇〇九年三月にはそれを発展させたシンポジウム「中国山西省・戦場での日本兵——田村泰次郎の戦争文学から」が開催された(2)。これらの資料の中に、田村が兵士として山西省に滞在していた時期に親交を持った洲之内徹が登場する。田村は、日本軍の拠点であった太原の洲之内(小説では須田)の家には、「いつも香り高いコーヒイがあり、名曲のレコードが鳴っていた」と書いている(3)。

田村と洲之内の交流は戦後の日本に引揚げてからも続き、田村は一九五九年に「現代画廊」を開設し、洲之内に支配人として経営をゆだねた。これに先立つ戦後期、洲之内は三度芥川賞の候補になりながら受賞を果たせず、友人と始めた事業にも失敗して生活に困っていたという。田村からの画廊経営の誘いは、文学の道に挫折した洲之内の後半生に、画廊経営者・コレクター・美術エッセイストという独自の道を開く転機となったのである。

本論では、日中戦争を扱った洲之内の作品をとりあげるが、文学として論じることを主眼とはしない(4)。ここで試みたいのは、日中戦争がもっとも熾烈に戦われた場所のひとつに身をおいた洲之内徹が、そこで何を見たのかを、中国文学・歴史に関心を持つ立場から探ってみることである。そのなかでも、日本軍諜報機関で働く中国人の横顔が描かれている洲之内公館を舞台にした連作と、戦場における犯罪を加害者の側から描いた「砂」とを、それぞれとりあげて論じてみたい。

II 洲之内公館三連作
「鳶」「流氓」「棗の木の下」

1、中国における洲之内徹

洲之内徹は一九一三年に松山市に生まれた。松山中学を卒業、一九三〇年東京美術学校建築科に合格して上京し、学生生活を始める。翌年プロレタリア美術家同盟に参加して実践活動にかかわるが、一九三二年七月に逮捕され、退学処分になる。釈放されて松山に戻り活動を続けるが、三三年再逮捕、松山刑務所で一五カ月の獄中生活を送り、実践活動はしないと誓約して、懲役二年執行猶予五年の判決を受け釈放された。左翼活動と「準転向」の体験は、洲之内にとって生涯にわたる傷跡となっている〔5〕。

釈放された洲之内は、松山で同人誌『記録』に依って文筆活動をしていたが、一九三八年秋、北支派遣軍宣撫官に応募して中国にわたった。釈放後の洲之内には特高警察の監視が続いており、いずれ召集されれば軍隊内で過酷な扱いを受けることは目に見えていたので、いっそ軍の懐中に活路をみいだそうという選択だった。宣撫官というのは占領地の民衆工作にあたる軍属で、現地の治安に目を光らせる憲兵が「ムチ」であるとすれば、宣撫官は民衆を懐柔する「アメ」の役割といえる。アメとムチが一体となって日本軍の占領政策を支えていたことはいうまでもない〔6〕。

「宣撫班が一年あまり、特務機関にいた時代が約一年あって、その後は参謀本部の対共産軍情報が仕事であった。初め北京の方面軍参謀部へ呼ばれて対共調査班に入り、やがて、隷下の軍や兵団にも調査班を設置することになったとき、保定、石家荘と順次に私が調査班を作っていって、最後に山西省の太原に第一軍司令部の対共調査班を作ると、自分でそこへ腰を据えて、最後までそこにいた。昭和十九年の秋、教育召集で運城の輜重隊に入っていたときだけが本物の兵隊で、あとは軍属である」〔7〕。

この太原に作られた調査班が、田村泰次郎が描写している洲之内公館である。田村のような一兵卒にとっては、前線にありながら文化の香りがする洲之内公館はオアシスのような場所だった。しかし、主人である洲之内の心境は暗澹としていた。

昭和十八年といえば、現地軍が「十八春大行作戦」「十八夏大行作戦」というふうに、続けざまに、大行山脈の共産軍の根拠地に対する、いわゆる燼滅作戦を強行していた年で、共産軍が日本軍の「三光作戦(サンゴワン)――殺光(シャアゴワン)、焼光(ショウウゴワン)、滅光(ミエゴワン)（殺し尽し、焼き尽くし、滅ぼし尽す）」(8)と呼んだ作戦であるが、その作戦のための作戦資料を作るのも私の任務のひとつで、それは憂鬱とも何とも言いようのない、厭な仕事であった(9)。

このような日々の中で、唯一の救いだったのが、知人の新聞記者が持っていた画集の中の「ポワソニエール」という絵であった。魚を入れた篭を頭に載せたフランスの漁婦を描いたこの小品は、全体が青いトーンでまとめられ、見るものを吸い込むような静けさをたたえている。洲之内にとってこの絵を見ることは、失われた良き日々への郷愁をかきたてられると同時に、そのような本源的な日々への確信を取り戻させてくれることでもあった。「頭に魚を載せたこの美しい女が、周章てることはない、こんな偽りの時代はいつかは終わる、そう囁きかけて、私を安心させてくれるのであった」(10)。

引用したエッセイには、終戦後さまざまな経緯をたどって「画廊の番頭」になった洲之内が、偶然この絵の実物にめぐり合い、持主との長期にわたる駆け引きの末やっと譲り受けて大雨の中をかかえて帰るまでの顛末が語られている。こうして「ポワソニエール」は洲之内コレクションの代表作となり、中国時代の洲之内と美術エッセイストとしての洲之内をむすぶ環として存在することになったのである。

太原における洲之内の調査活動は終戦まで続いた。戦局が悪化した一九四四年になると、左翼活動歴を持つ人物を使ってはいけないという軍の通達が出されて形の上では民間の調査所となるが、スタッフは公館時代から引継がれ、費用も引き続き軍から供給されていた。

一九四五年の敗戦により、調査所は太原に進駐した閻錫山(えんしゃくざん)系国民党軍に接収され、洲之内も国民革命軍第二戦区政治部下将参議という肩書きで中国軍に編入された。翌四六年春、辞表を出して妻子と共に日本へ引揚げた(11)。

2、洲之内公館の中国人調査員

美術エッセイ以外の洲之内徹の作品は、長く絶版になっていたが、二〇〇八年『洲之内徹文学集成』として集大成された〔12〕。そのうち日中戦争期を背景にしたものは五編〔13〕あり、その中の三編が洲之内公館を舞台にしている。このうち、執筆順序とは逆に、「棗の木の下」では軍直属の洲之内公館時代、「鳶」「流氓」では形の上では軍から離れて独立した一九四四年から終戦にかけての時期が語られている。

三編を通しての主人公／語り手は、前者では古賀、後二者では野島となっているが、軍直属機関の長であると同時に、左翼活動歴のために憲兵隊の監視対象でもあるという、洲之内自身と同じ立場に設定されている。戦争に対する批判を持ちながら、軍の機構の中に居場所を見つけた矛盾を生きる彼の口癖は「どこに行ったっておんなじさ」であった。

矛盾と言い、偽りと言ったところで、この戦争を批判しながら、その中で生きて行くためにはどうしようもなかった。それぞれが、それぞれのしかたで、その苦しみに耐えようとしていた。狂信的な、大仰な身振りで軍人に迎合したり、高飛車に、神がかりの信念を振りかざしたりしている連中にしても、そうして自分の内部の痛みから逃れようとしているのだと見られないこともない。しかし、そういうことは野島の柄ではなかった。軍人たちが要求するだけのものを黙って果すと、野島は、あとは彼自身のひそかな生活の中へひっこんで暮した。街の楽器店で古典物のレコードを買い揃えたり、本屋をまわって新刊書を集めたりした。彼の部屋へ行けば、いつでも本物の洋酒や、匂いのいい珈琲が飲めた。ぎっしり詰まった本棚や、レコードのキャビネットに囲まれて過ごす時間が、仮初の、脆いものだということを承知の上で、野島はその生活に執着した。この生活もまた、偽りの上に架けられているにはちがいなかったが、それでも、この生活を失っては、身を落ちつける場所は他にない(「鳶」『洲之内徹文学集成』三〇ページ。以下、洲之内作品のページは同書による)。

この転向左翼知識人の自画像も分析の対象として興味あるものだが、本論では深く触れない。ここでは、洲之内公館で働く人々、とりわけ中国人調査員に注目したい。

洲之内公館は軍司令部直属の諜報機関であるが、その仕事は文書資料や統計などを扱って、共産軍の動きを総合的に把握する地道な作業が中心である。したがって中国語を読む能力が必要であり、調査員はほとんど中国人だった。かれらは日本軍の捕虜の中から引き抜かれてきた者で、共産党や国民党の党員も少なくなかった。そんな過去を持つ調査員と主人公との交流が、連作のひとつの柱となっている。

中でも、洲之内がもっとも愛情を持って描き、読者の印象に残るのは、「鳶」から「流氓」に続いて登場する馮英だろう。彼は山西省南部で共産党の県委員をしていた男で、憲兵隊につかまって銃殺されるところを、出張で来ていた野島に貰い受けられた。公館に来た当初は陰気に押し黙って、押収された八路軍の図書に読みふけっているばかりだったが、三カ月後、突然、家族の安否を確かめるために帰郷したいと申し出る。もう戻ってはこないだろうと予想しながら野島は許可を与えるが、馮は意外にも二週間後に戻ってくる。「馮英がほんとうに家族の安否を尋ねるために帰ったのか、それとも、党活動に復帰するつもりで帰ってみたものの、既に留保期間が過ぎて、党籍が抹消されていたというような事情でもあったのか、そういうこともあると聞いていたが」(「鳶」一三ページ)、野島は黙って迎え入れた。それから三年を経て、いまや馮英は野島の片腕として調査所の運営に欠かせない存在になっている。

日本軍の諜報機関で働くのは、日本人にとっては少なくとも国のためという名分があるが、中国共産党員や国民党員にとっては、思想と国とを同時に裏切る行為である。彼らがその一線を越えるきっかけとして、前記のように、ひとたび党との連絡が絶えた者にとって復帰が困難な事情があった。それと同時に「激しく働くことに慣れた彼等は、なんにもしないでいることはいちばんの苦痛なのである。逃亡しない限り、かれらはいつかは働きはじめる」(「棗の木の下」一五〇ページ)と洲之内は見通してもいた。

日本軍の情報工作という、自分の思想信念に背く仕事に従事している野島と馮英の間には、言葉に出さないが互いに通じるものがあった。「二人のあいだには、共犯者が、お互に知っていて触れようとしない犯罪の記憶のようなものがあった。あからさまに追求されるとすれば言い逃れのできないうしろ暗さがあり、そのうしろ暗さのために親しみあっている。そういう関係が二人のあいだにでき上がっていた」(「鳶」一四ページ)。

野島は、諜報機関の責任者としての自分の仕事を、情報よりも調査の面に限ることで気持に救いを得ようとしていたし、馮英のほうでも、彼が協力させられる調査という仕事の客観的な性格、間接的な、非政治的な性格に言いわけを見出しているようだった。「鳶」の冒頭には、それを象徴するエピソードが置かれている。山西省の土地制度実態調査の項目作りを終えた馮英が、日本軍が討伐で押収してきたレーニンの『ロシヤに於ける資本主義の発展』の読みかけのページに手をはさみながら、野島に向かって、レーニンはこの本を書く資料として、ツアー政府の地方組織であるゼムストヴォの統計を利用した、自分たちが今やっている調査も、将来そんな役割が果たせないだろうか、と言う。これを受けて野島も「そうだよ、だから、そいつをやろうじゃないか」と調子よく答える。

自分の思想を裏切る仕事であるとわかっていながら、統計調査という仕事の面白さにそれなりにのめりこみ、まわり回ってそれが自分の理想とする方向への礎石のひとつになることに、一筋の藁をつかむような希望を託す。戦争の終わりも見えてきた一九四四年、日本と中国の青年（洲之内もまだ三〇代に入ったばかりである）のこんな姿もたしかにあったのだろう。

　調査員の中には、転向を装いつつ元の組織と連絡を保ち、秘密活動を続ける者もいた。「鳶」に登場する温迪泉は、馮英とは対照的に描かれている。在米華僑の二世である温は、父の故郷である広東に戻って抗日運動に身を投じ、延安の軍政大学を経て八路軍で偵諜参謀を務めていた。激戦の中で捕虜となり、熱病にかかって病院に送られ、中国人新聞記者に引き取られて、現地知識人のサロンとなっていた調査所に出入りすることになる。彼を調査員に推薦したのは馮英だが、同僚になってみると、外国生まれで金に不自由なく育った温と、農民出身で地道な地方工作を担ってきた馮とは肌合いがあわず、野島を悩ませることになった。

　「鳶」の物語は、この温をめぐって展開される。温の秘密活動は軍に露見し、野島は彼の身柄の引渡しを求められるのだが、それに反発して温夫婦を脱出させる計画を練る。さいわい親しくしていた新聞社の支局長が北京転勤になると知り、社の使用人として同行してくれるよう頼み込む。侠気のある支局長は、事情は詮索せずに温夫婦の身柄を引き受けた。こうして、野島は軍の鼻を明かし、温は無事太原を脱出した（14）。

　別れぎわに、温は野島に「戦争が終わったら広東へ来てください、案内します」という。

> もう二度と逢うことはないだろう、お互に言っておきたいこと、話しておかねばならぬことは他にあると思いながら、却って他愛もない話題ばかりが続いたが、のんびりした会話の中から、打完戦以後（ダワンジャンイーホウ）（戦争が終ったら）――その言葉だけがとびだしてきて野島の胸に響いた。その言葉は、ちかごろ事務所の連中のあいだでも、なにかにつけてよく使われるようになっていた。誰もが戦争の終末の近いこと、終らずにはいないことを漠然と感じていたが、それがどんなふ

うにやってくるかは想像できないでいる（「鳶」四三ページ）。

洲之内配下の調査員たちが迎える終戦は、「鳶」の続編というべき「流氓」の中に描かれている。日本のポツダム宣言受諾のニュースを野島に伝えたのは、延安の新華社から前線の支局に発する通信を短波受信機で傍受していた鄭だった。野島はその足で軍司令部へ報告に行くが、主任参謀は会議で不在、上官だった大尉の反応も鈍い。事務所に戻った野島は、馮英と相談して銀行預金を全部おろし、事務所にある現金と共に所員に分けた。

その晩から、調査員は二人、三人とひっそり去ってゆき、数日後には車夫やボーイたちが残るだけになった。去るべきものはみんな去った後で、馮英が別れを告げにきた。馮英が去って行ったのは終戦の放送が行われる前日とされている。日本がポツダム宣言受諾を決めたのは八月九日の御前会議、中立国を経て受諾を伝えたのは一〇日である。洲之内事務所の情報入手と撤退とは、さすがというべき手際のよさで行われた。去って行く調査員たちは何も言わず、野島もまた何も聞かない。先行きのわからぬ情勢の中で、聞いたところで意味がないのは互いにわかっていることだった。

馮英や温廸泉が野島と再会することはなかったが、「流氓」には別の部下との再会が語られている。康林と呼ばれるその男は、もと晋察冀辺区の国民党書記で、捕虜収容所にいたところを野島がもらい受け、民間調査所になってからもついて来たが、あるとき郷里に帰るといって出て行った。「郷里へ帰るというのは表向きで、戦区へ帰ることはわかっていたが、それを承知で野島は帰した」（「流氓」一〇九ページ）。この康林は終戦後、国民党軍の将校として野島の前に姿をあらわす。国民党軍は野島の調査所を接収し、野島は国民党軍に半強制的に編入されるが、戦犯や捕虜としてではなく、将校待遇で迎えられる。その陰には、調査員であった康林の意向が働いていたことが伺える。

さらに、小説には登場しないが、洲之内公館では中国人ばかりでなく、朝鮮人も働いていた。

戦争中、日大出の李君という青年と、北京から保定、石家荘、太原と、数年に亙って起居を共にしながら、いっしょに仕事をして歩いた。もうひとり、これは太原に落着いてからだが、柳君という青年が加わった。この青年は満洲生まれで、間島ソビエートが潰されたとき、両親に連れられて、黒竜江を渡ってソ連に逃れ、ソ連で成長した。モスコーのクウトベエ（植民地共産大学）で教育を受けた後、延安に派遣され、更に東北（満洲）の工作に赴く途中、日本軍の捕虜になって私のところへ送られてきたのだったが、私とはよく気があって、いい相棒であった(15)。

植民地朝鮮にルーツを持つ二人の青年が、一人は宗主国日本で、一人は「革命の祖国」ソ連で教育を受け、中国の太原で出会って日本軍諜報機関で共に働いた。洲之内の伝聞では、その後二人は北朝鮮の政府要人になったというが、その間にはさらに国共内戦、朝鮮戦争という戦乱がある。ドラマの筋書きにしても波乱万丈にすぎる物語である。一方は物静かで、他方は明朗闊達だが、議論になると譲らなかったという二人を、洲之内は懐かしげに回想している。

二人の名が登場するエッセイは、画家曹良圭（チョヤンギュ）についての回想である。曹良圭は植民地時代の朝鮮に生まれ、李承晩政権下の韓国の政治的弾圧を逃れて日本に密航し、マンホールや倉庫などを好んで描いた画家だが、一九六〇年に帰還事業で北朝鮮へ去った。画廊に立ち寄っては独占資本主義体制批判から議論を始めたという曹の、日本の画家にはない骨太な人柄を愛していた洲之内は、帰還後消息の絶えた彼の身を案じている。曹が残していった「マンホール　B」は、小品の多い洲之内コレクションの中では違和感をおぼえさせるほどの大作であり、それがかえって曹に対する洲之内の思いの強さを感じさせる。そこには、議論好きの気質を曹と共有する太原時代の部下たちへの思いも重ねられているのだろう。

このように、洲之内公館をめぐる三連作には、心ならずも自らの思想を裏切り、その重さに耐えつつなお生きようとする人々が、民族の隔てを超えて心を通わす情景が描き出されている。日本の側からも中国の側からもほとんど描かれたことのない、しかしその時その現実を生きた人々の姿は、洲之内徹でなければ書き残せなかったものである。

Ⅲ　戦場の犯罪を描く「砂」

1、日本兵による略奪、殺人、強姦

洲之内徹の戦争文学の中で、発表順では四作目となる「砂」は、洲之内公館を舞台にした連作とはかなり趣が異なっている。おなじく日中戦争を描いてはいるが、時期は少しさかのぼって一九三九年、場所も山西省ではなく河北省D県となっている。洲之内の経歴をみると、一九三七年に中国に渡り、宣撫官として一年勤めた後、河北省大名県で特務機関員をしたとあり、この時期が「砂」の背景と符合する。

主人公はD県に駐屯するW大隊本部直属の工作隊の班長である世古軍曹で、洲之内の経歴と重なるが、大連生まれの満州育ちと、経歴にはフィクションが加えてある。工作隊というのは現地情報収集のための「中国人の密偵の集まり」で、作戦中には民間人を装った便衣隊として偵察などの任務を与えられる。

「砂」は、W大隊による「討伐作戦」〈16〉の一部始終が、工作隊の隊長として従軍した世古の目を通して描かれている小説で、筋というほどの筋はない。そこで具体的に語られているのは、討伐作戦の中で行われる略奪、民間人殺戮、強姦といった、戦時国際法や日本軍の軍規でも許されない数々の不法残虐行為である。それらの事件を通じて見え隠れするのが、工作隊に配属された憲兵である蛭子兵長に対す

る、世古軍曹の怖れと敵意の混った心理であり、それが「砂」のモチーフとなっている。

それを具体的に見ていこう。日本軍による不法行為の中で、罪の意識もなく日常的に行われるのが略奪である。現地住民からの情報収集が仕事である工作隊は、住民が逃亡して無人になった地域ではすることがないので、本来なら討伐に加わる必要はない。それなのに常に討伐作戦に加わるのは、「自分の食い扶持を稼ぐ」ためであった。

この地方はもともと豊かな農村であり、日本軍の進駐後まだ二年と経っていない当時、物資はかなり豊富にあった。農民が穴倉や土の下に隠している物資を、中国人の工作隊員たちは独特の勘で発見し、これも略奪した馬や車に積んで持ち帰る。県城に戻ると、余分な品物は、それを積んできた馬や騾馬もろとも売り払う。収益の一部は隊員に分配され、残りは工作隊の経費という名目で、世古の手を経て直属上官の懐に入る仕組みだ。

日本軍の戦場での略奪は耳新しい話ではないが、ここには本国からの補給が可能だったはずの時期から、組織的に行われていた略奪行為がつぶさに描かれている。主人公の世古自身も、その恩恵の享受者である。

「隊長」として、そしてまた隊の中のただひとりの日本人として、彼は、少なくとも表面は忠実この上もない隊員たちにかしずかれ、宿営地に入ればまっ先に格好な家屋を捜させ、炕に火を焚かせ、お手のものの鶏や豚で汁を作らせて飯を食い、ときには大鍋に湯を沸かさせて「入浴」をする。隊員たちの略奪を許し、彼等の着服を大目に見てさえおれば、そうした他愛のない愉悦は、いつでもよろこんで提供された（「砂」一九二ページ）。

現地民間人に対する殺戮も、戦地の日常的な風景として語られる。殺人者には、主人公の世古自身も含まれる。偵察にでた工作隊は、中国軍に糧秣を届けて帰る途中の農民たちを荷馬車ごと捕獲する。かれらに荷馬車を追わせて戻る途中、老いた農夫が追っている最後尾の馬車が遅れがちになり、指揮をしていた世古はいらだつ。よろけながら目の前を走っている老人の惨めさに、世古は腹が立ってくる。相手の惨めさが、惨めさゆえに憎悪を掻き立て、憎悪はやがて殺意に変わる。世古は引き金を引き、老人は襤褸のように地面にくずおれた。

本部に戻った後、炕の上に横になった世古は、自分自身が突然射殺され、闇の中に横たわっている農夫であるような気がしてくる。そこでさらに、自分が以前目撃した、若い兵隊が家の門口に腰かけていた老婆に歩み寄り、だしぬけに撃ち殺した情景を思い出す。それを目にしたときの世古は、途方もなくいやらしいものを見たようにぞっとした。しかし、「自分はあのとき、動機のない殺人に竦っとしながら、その陋劣なものに誘われたのではなかったか。そして俺自身、その機会が来たとき、全く無意味にあの老人を撃ち殺した。殺す必要はなかったが、必要がないから俺は殺したのだ」(「砂」二一八ページ)。

殺人よりもさらに紙数を費やして書き込まれているのは強姦である。「砂」の中には、三件の強姦が、そのうち二件は世古の回想として、最後の一件は小説の時間内での世古自身の行為として描かれる。

最初の回想は、世古にとって初めての強姦体験である。場所は討伐に出て駐屯した村、被害者は纏足をした若妻らしい農婦である。ここでは、牛を追って逃げていく二人の女を目にした場面から、二人を呼び止め保護するかそれとも……とためらう一瞬があり、年配の女の逃走をきっかけに強姦に踏み切るまでの経緯、さらにその体験によって世古の欲望が呼び醒まされる状況までが、こと細かに描写されている。

この経験をきっかけに、世古は宿営地に入ると女をあさる、常習的な強姦者になった。第二の回想は、他に女が見つからなくて「兵隊たちの欲望の対象となる年齢をすぎた」炊事婦を犯すが、無抵抗で無反応な相手の肉体に自分の欲情がさめていくのを感じ、相手を陵辱しているという想念によって欲望をかきたてようとする。ここでは、性的欲望を満たすための強姦のはずが、逆に強姦という犯罪行為を意識することによって性的欲望をかきたてるという倒錯の過程が描かれている。

第三の、小説の時間の中で行われる強姦には、この小説のモチーフである世古軍曹と蛭子兵長との微妙な関係がからんでいる。工作隊が捕えてきた農民の中に、農会主任とその妻がいた。夫は一行の中心人物とにらまれて中国軍の動静について尋問され、答えられず拷問を受けて息絶える。夫が死んだ以上は妻も処分せよという命令を受けた世古は、どうせ殺すならその前に自分が犯そうと考える。夫の死を知らない妻は世古に向かって夫の命乞いをし、彼の欲望に気づくと、夫の生命を買い戻す代価を支払うつもりで要求に応じる。ことをすませた世古は、自分を捜しにきた蛭子の呼び声にうろたえ、女を殺せと命じる。

そのあと世古は、自分の強姦を蛭子に知られたのではないかと気にする。「女を犯したあの夜の、ちょっとした時間の手違いが、とりかえしのつかぬ後悔になって世古の脳裏に喰いこんでいる」(「砂」二二五ページ)。ここで注目すべきなのは、彼が後悔しているのは、「女を犯した」ことではなく、「ちょっとした時間の手違い」によって憲兵に弱みを握られたことだということだ。

結局、蛭子兵長は最後の戦闘で戦死し、世古の不安は解消する。のどかな春日和の中を討伐隊が県城に帰還するところで物語は終わる。

2、戦場犯罪者の心理と作者の位置

以上でわかるように、「砂」は、中国における日本軍の戦時暴力を、加害者の側から詳細に、具体的に語る小説である。日本軍による暴力、とりわけ戦時性暴力の問題は、ここ二〇年ほどの間に被害者による告発や、被害者からの聞き取りなどが行われ、その実態が明らかにされつつある。しかし、加害者側の証言は限られており、その意味でこの小説は、貴重な資料のひとつである。

しかし、この小説は、向き合うことをたじろがせるような、おぞましさ、後味の悪さを持っている。もちろん、描かれている内容が殺人や強姦である以上、爽やかな読後感など期待できるわけはない。しかし、この小説の後味の悪さは、書かれている内容そのものもさることながら、むしろ語り方そのものにある。その原因は、主人公世古の設定のしかた、彼のモノローグとして語られることの内容にある。

たとえば、前節で引用した最初の強姦は、次のように語られる。

> その後、世古はなんどもそのようにして女を犯したが、最初のその女の躰のうちに、彼はもう長い間忘れていた、あの兵隊相手の慰安婦たちの手摺れた肉体にはない、ある感覚を探りだした。その感覚は、その瞬間に、唐突に彼に甦った。女とはこういうものだった。恐怖と敵意に硬ばり、屍体のように彼の下に投げ出されているが、やはりこの肉体は新鮮であった（「砂」一九五ページ）。

ここでは、世古が強姦の常習者となったきっかけを説明している。これまで相手にしていた「兵隊相手の慰安婦」の肉体と、強姦の被害者である若い人妻の肉体とを対比して、後者が世古に忘れていた感覚を甦らせたというのだ。自分たち兵士の性の対象として存在させられている「慰安婦」の肉体を「手摺れた」と侮蔑する感覚は、ひるがえって兵士たち自身の精神の荒廃を映し出している。その感覚を許しがたいと怒ってみても空しいが、それでもまだこの部分は、女を母と娼婦に分断して一方を崇め他方を侮蔑してきた近代文学の流れの末につらなるものとして、とりあえずの理解は不可能ではない。しかし、それと対照されて、世古の官能を呼び醒ましたのが、被害者の「恐怖と敵意に硬ばった肉体」であったとなると、そういう理解さえ不可能になり、倒錯した性犯罪者の心理としか読むことができない。

その世古の感覚が異常なものとして析出されているのではなく、作者の目からは自然なものと容認されているように読めることが不気味である。

洲之内は強姦の動機について、もう少し違った角度からも説明している。


自分の手の中に、その生命が握られていると思うものに対する心の働きかたには、どこかで性の衝動に通じるものがあるのだった。ひとりの生きている人間に対して、どんなことでもできるという残酷な思想が、性的な衝動を誘発する。討伐隊の兵隊が女を陵辱するとき、彼の疲労しきった肉体を駆り立てるものは、渇いた生理の必要ではなくて、むしろその思想なのだ(「棗の木の下」一三五―一三六ページ)。


これは「棗の木の下」で、八路軍の女性捕虜を性の対象として意識した古賀が、自分の気持を分析するくだりである。ここでは強姦を誘発するのは生理ではなく、相手の生命に対する絶対的な支配意識であるとしている。また別な箇所には「古賀のような男にとっては、女を抱くためには、憎悪が必要なのだ」ともあるが、これも言葉を変えた同じ説明といえるだろう。このように、強姦が主人公の頭の中で語られている「棗の木の下」では、強姦者の心理について、まだしも理解可能な説明がされている。

それが、主人公の世古が強姦者である「砂」になると、言葉によっての説明が空回りし、その隙間から奇妙な実感が露呈する。その混乱は、洲之内公館の連作と異なり、「砂」では作者と主人公である世古との距離が定まっていないところにあるのではないだろうか。作者の意図が、自分の分身として設定した世古に悪行をつくさせることにより、戦争の真の姿を暴きだすことにあったのか、それとも戦場の悪に身を委ねてゆく世古の内面の闇をつきつめることにあるのか、いずれにしても世古に対する位置どりが、どこか中途半端で、無責任なのだ。

作者は世古に「女を陵辱するのに何をこだわる

ことがあろう。人間そのものが気紛れに、くだらなく浪費されているときに、その中のひとりが、他のひとりを辱めるとか、辱められるとかいうことに果して意味があるだろうか」(「砂」一九五―一九六ページ)とつぶやかせる。そして、自己を含めて人間を辱めることが世古の偏執的な動機となり、それがさらに興奮と快感を増進したと説明する。

人間の命が無意味に浪費されている戦場において、正義や倫理に何の意味があるかという世古の問いかけはもっともである。しかし、「その中のひとりが、他のひとりを辱めるとか、辱められるとか」というときに、日本兵である自分はつねに辱める側にいることがすっぽり抜け落ちている。さらに、「自己を含めて人間を辱める」と同じ言葉でひっくくってしまうことで、卑劣な犯罪を犯す自分とその犠牲者とを、人間の卑小さの中に一律に落し込む。そのような弁解を自分に許すことで、世古は、そして作者も、中国の戦場を生き延びたのであったかもしれない。

しかし、ひとたび戦場を離れてその体験を文学にするとき、そのような世古の論理は検証され、批判される必要がある。それには、世古を自分の分身としてその悪行を共に生ききるのか、あるいは突き放して描くのか、作者の位置を決める必要がある。そのどちらにも徹し切れない半端さが「砂」の後味の悪さとなったのではないか。

農会主任の妻を犯した翌日、世古は昨夜のことを思い出す。

部屋の中の闇と、窓に射す弦月の薄明りの融けあう夜の底で演じられたあの場面と、いまの彼の眼に映っている、早春の陽光に煙っている平野の風光とは、いっぽうを現実とすれば、他のいっぽうは到底現実とは信じられない、隔絶した二つの世界であったが、彼の掌や下腹部に残っている感触の生なましさは、あの夜の場面こそ彼にとっての現実なのだということを、否応なしに彼に認めさせせないではおかない。あれが地獄なら、彼は確実に地獄の眷属なのだ。俺は地獄へ堕ちた、二度と後返りはできない、と世古は思った（「砂」二二三ページ）。

地獄へ堕ちたという言葉は厳しいが、この言葉は十分な重みを持っていない。むしろ、性犯罪者であり殺人者である世古を許してしまう甘さを含んでいる。

3、「砂」への批判と分析

洲之内徹は、「棗の木の下」で第二三回（一九五〇年上半期）芥川賞の候補になったが落選し、次回の二四回では「砂」が候補に選ばれた。『文藝春秋』一九五〇年一〇月号の選者評で、これに対して選者の一人である宇野浩二は、「世古という主人公だけをよい子にした、独りよがりの小説」と厳しい批評をしている。選者の中には作者の力量を評価する者もいたのだが、結局受賞作なしとなったのは、この作品の底にある作者のモラルに対する違和感が、かなりの選者に共有されていたからではなかったか。

洲之内徹の小説は、長いあいだ無視されてきた。再読され、批評が書かれるようになったのは、エッセイストとして洲之内の名が知られるようになってからである。代表的な批評としては、『絵のなかの散歩』文庫版に付された車谷長吉の「洲之内徹の狷介」がある。車谷は、洲之内徹が再三芥川賞の候補となりながら受賞を果たさなかった理由として、小説というのは虚実皮膜の間に成立するものであるが、洲之内の小説には「実」だけがあって「虚」がない、すなわち作者の「命懸けの嘘」が欠けているとする。そして、日本皇軍の悪の限りを尽くす生態を容赦なく描いた「砂」を重要な作品としてとりあげるが、その描写については厳しい批判を投げかける。

通常はここまで「悪」の姿を突き詰めて行けば、その文章の彼方に、彼岸の「浄土の光」が射して来るものだが、併し洲之内の「砂」では射して来なかった。（中略）そこには「悪」の自覚によって当然生ずるであろう、人間内面の倫理的・宗教的葛藤が皆無なのである。いや、戦争とはそのような倫理的・宗教的葛藤を、底浚い麻痺させてしまうものだ、と洲之内は言いたかったのかも知れない。そうであるならば、その謎を主題（テーマ）とすべきではなかったか（17）。

車谷は、洲之内が「人が人であることの謎」を「砂」という小説で突き詰めることができなかったとする。しかし、小説を断念し、絵画に向きあったときに、彼はその謎と本気で取り組むようになった。その意味で「砂」において人間の悪を見据えたことが、美術エッセイにおける独特の文章と方法とを生んだというのが車谷の洲之内論の結論である。

「砂」の小説としての失敗の原因を、「悪」を徹底して突き詰めることができなかったことにあるとする車谷の論は明快である。ただ、車谷の説明は「悪」全般の説明としては十分だが、わたしが特にこだわりを感じた性暴力の描き方については、まだ納得できないものが残る。それを解き明かしてくれるものとして、大原富枝による洲之内徹の評伝がある。これは、長年にわたる友人としての理解と、厳しい批判とがバランスを保った、見事な評伝文学である。

大原は、戦前から松山で洲之内徹と共に同人誌『記録』に依った文学仲間であり、彼の死までの友人であった。それと同時に、文学者としてだけでなく、性犯罪の被害者の側にある女としての眼で、洲之内の内面にひそむ人間的な欠陥――ある種の残虐性、サディズムのようなもの――を見抜いていた。美術や工芸なら、作者がアン・ヒューマンであろうとも、作品は作者の人格とは独立して万人に受入れられる。しかし、文学の場合は作者の頭脳の直接の営為であり、それがあまりにもアン・ヒューマンであることは読者に許されない、洲之内の文学が受入れられなかったのはそのためなのだと大原は考える。

洲之内の非人間性は「瞬時性とも、発作的とも言える場合も多かったかもしれない。しかし、永続的な点線であり、確実に相手を傷つけた。／相手だけではない。それは両刃の剣であり、彼自身をも傷つけた。彼があれほど愛好し、執着しつづけた彼の文学をさえ虐殺した」(18)。

私生活における洲之内は、中国からともに引揚げてきた妻子をおいて恋愛遍歴をつづけ、生涯すくなくとも四人の女性に子を産ませている。「こと、女に関しては、洲之内徹のなかには、悪魔的と言っていい、救いようのない地獄があった、とわたしは思う」(大原、一八五ページ)。

「砂」の強姦描写の中に見え隠れする不気味さ、おぞましさは、この救いのない地獄が顔を見せていたものだとすれば、なるほどとうなずくことができる。

作者の中に生来潜む女性に対する残虐さが、戦争の残虐さと共鳴してしまったことが、小説「砂」を大原のいうアン・ヒューマンなものに、読者に受け入れ難いものにした。車谷が「実」だけあって「虚」がないといったのは、その共鳴を作者が認識し分析して文学として昇華することができなかったという意味かもしれない。とはいえ、これが小説としてあきらかに失敗であるとしても、中国戦線における日本軍の残虐、とりわけ加害者の側から書かれることの少なかった戦場強姦の「実」を詳述した記録として、やはり貴重なものである。

また、洲之内が複数の女性と世間の常識から逸脱した関わりをもち、妻を含めた多くの女性を傷つけたことは、本人も小説においてはあからさまに、エッセイではさらりと語っている。ただそれらの関係は、結果的に相手を深く傷つけたにしても、高揚期にあっては相手の女性にも恋愛と意識されていたもので、戦場における一方的な強姦とは次元を異にしている。その意味では洲之内も、平時には善良な息子や夫であった他の皇軍兵士たちと同じく、戦争に駆り出されたために己のうちに潜む残虐さを抑えるすべを失い、残りの生涯をその結果を負いつつ生きなければならなかったという点では被害者であったといえる。

洲之内が、結果としては自分を文壇から遠ざけることになった「砂」のような作品を書いたのは、偶然ではなく、復讐されたのではなかったかと大原は示唆している。

「復讐するのは、虫けらのように踏みにじられた人間の怨念ではない。踏みにじり、虐殺した人間の地獄である。それを文学として書き綴った、その同じ手である」(大原、九五ページ)。

Ⅳ　おわりに

八年にわたる中国生活の中で、洲之内徹は異なる顔を使い分けて生き、その体験をいくつかの小説に結実させた。洲之内公館三連作の中には、左翼活動による逮捕歴という傷を抱いて自らの思想とは相反する日本軍のために情報収集をする主人公と、心ならずも国と思想とを裏切って日本のために働くことになった中国人との心のふれあいがこまやかに描かれている。「砂」では同じ作者の分身が、戦場の殺戮者、強姦者として、その悪行の数々をおこなうさまが、そのまま投げ出すように描かれている。そして、どの作品にも、日中戦争期の中国西北部の、日常生活と戦争とが境界なく入り混った様相が、具体的にきめ細かく語られていて、中国に関心を持つものにとっては貴重な資料となっている。

洲之内徹と中国との関係については、興味深いエピソードは他にもいろいろある。ここでは紙数もないので、簡単に列挙するにとどめよう。

まだ中国に渡る前、左翼活動をしていた一九三一年ごろ、洲之内は上海から来ていた女性の共産青年同盟員を部屋に泊めたことがあり、彼女が池田幸子だと後で知ったという。池田幸子は中国研究者には知られた名で、上海で作家鹿地亘と結婚し、魯迅や東北出身作家の蕭軍・蕭紅夫妻と親しくつきあった。日中戦争勃発後は、重慶で日本人反戦同盟を組織した鹿地と行動を共にした。池田と洲之内は同じ時期の中国で、戦線の反対側にいたことになる。洲之内は、「私のベッドをその女性に提供して、私は床で寝ているのだが、夜更けにアパートの前の道路で支那そばのチャルメラの音が聞こえると、その人はベッドの上から、『ダンナ、そば食いに行こうか』と私に声を掛けて、二人で四階から階段を降りて行ったりした」と、当時の日本女性としては桁外れな池田の個性を巧みにスケッチしている〔19〕。

中国文学とのかかわりも、興味深い。北京の参謀本部勤務時代の洲之内は、作家丁玲が青春時代に住んでいた北京大学のそばの学生向けアパートに暮らしたことがあり、それを「丁玲の家」というエッセイにして、郷里松山の同人誌『記録』に送っている。

洲之内公館では中国共産党側の資料を手にする機会も多く、日中双方の文学に関心のある人の出入りもあった。「鳶」には、中国文学に造詣の深い新聞社の支局長から、蕭軍の小説を記念に贈られる場面がある。日本軍が占領した当時の山西省臨汾からの脱出記だというその小説は『側面——臨汾から延安へ』にちがいない。

共産党解放区から登場し、新中国の代表的作家となった趙樹理についても、洲之内は太原時代に存在を知り、作品も読んでいたということだ。そんなことが縁になったのか、竹内好や武田泰淳によって戦後まもなく再開された中国文学研究会の例会にも顔を出している。

「私がなぜそんなところへ行くようになったかはよくわからないし、私なんか行ってもしょうがないのだったが、小野忍氏がちょうど、あちらの誰か新しい作家の小説の翻訳をしていて、抗日戦中の華北の行政単位だの、共産軍の給与制度などで、小野氏が判らなくて困っていることを、私が教えてあげられるというようなことはあった」〔20〕。

小野忍は一九六〇年代東大中国文学科の主任教授で、じつはわたしの指導教官である。趙樹理作・小野忍訳『結婚登記』は一九五三年岩波新書として刊行されている。

しかし、中国文学者らとの交流は戦後の一時期だけだったようで、その後の洲之内は中国とはほとんどかかわりなく過ごしている。

「季節の変わり目、たとえば夏の終わりのある日、膚に触れる風がさらりとかわいて冷たいのに気がついて、もう秋がきているのを感じるときだとか、まだ強い北風が吹いているのに、ふと太陽の光線が明るく、まぶしく見えて、春の近いのを知らされるときなど、私はふしぎに中国のことを思いだす」と、「私の身うちにしみとおっている中国への根強い郷愁」に触れた文章はある〈21〉。

あるいは、文化大革命の時期には、「老舎が自殺し、巴金も、丁玲も、趙樹理も、その他、新中国の担い手のように見えていた誰彼がいちどに姿を消してしまい、生死の程も判らないということになると、これはもう本当に、私には理解できない」と、ごくまっとうな感想を述べ、日中友好活動に入れこんで絵のほうがお留守になってしまった画家高良真木の才能を惜しんだりしている〈22〉。

しかし、中国へ行かないかと誘われたとき、洲之内はきっぱりと断ったという。中国への郷愁がいかに身のうちにしみとおっていようとも、その地に足を踏み入れることを彼は自分自身に許すことができなかったにちがいない。

洲之内徹の著作

『洲之内徹文学集成』月曜社、二〇〇八年
『絵のなかの散歩』新潮社、一九七三年（新潮文庫、一九九八年）
『気まぐれ美術館』新潮社、一九七八年（新潮文庫、一九九六年）
『帰りたい風景　気まぐれ美術館』一九八〇年（新潮文庫一九九九年）
『セザンヌの塗り残し　気まぐれ美術館』新潮社、一九八三年
『人魚を見た人　気まぐれ美術館』新潮社、一九八五年
『さらば気まぐれ美術館』新潮社、一九八八年
『芸術随想　おいてけぼり』世界文化社、二〇〇四年
洲之内徹・関川夏央・丹尾安典・大倉宏ほか『洲之内徹

絵のある一生』新潮社、二〇〇七年

註

〔1〕宮城県美術館パンフレット『美術館散歩II　洲之内コレクション』(一九九五)。筆者は学会で仙台を訪れた際に同館収蔵の洲之内コレクションを見た記憶があるが、パンフレットを購入したことは忘れており、研究室でみつけたときには驚いた。

〔2〕筆者はこれに触発され、研究ノート「田村泰次郎が描いた〈貞貞〉——『肉体の悪魔』再読」(二〇一〇)を書いた。本書所収。

〔3〕田村泰次郎「戦場の顔」『文藝』一九五一年三月号。

〔4〕洲之内徹の戦争文学を正面から論じた論文としては、児玉直起「洲之内徹と戦争——戦争文化論II」『東京国際大学論叢　人間社会学部編』第九号(通巻六〇号)、二〇〇三年九月、二五—三九ページ、がある。

〔5〕基本的な伝記事項は、『洲之内徹文学集成』の「解説ノート」(大倉宏、大西香織)によった。

〔6〕中国における日本軍宣撫官の活動については、青江舜二郎『大日本軍宣撫官——ある青春の記録』芙蓉書房(一九七〇)があり、同書には洲之内徹も登場する。

〔7〕「銃について」『帰りたい風景』(『気まぐれ美術館』シリーズには単行本と文庫本があり、収録エッセイ各編は短いので、ページ数は表記しない)。

〔8〕三光はふつう「殺光、焼光、搶光(チアンゴワン)(奪い尽す)」といわれている。ただ、正式な作戦名というわけではないから、人により記憶に違いがあるかもしれない。

〔9〕「海老原喜之助『ポアソニエール』」『絵の中の散歩』。

〔10〕同右。

〔11〕同右。

〔12〕以前の出版としては、小説集『棗の木の下』現代書房、一九六六年、『洲之内徹小説全集』全二巻、白川書院、一九八三年がある。本論の引用は、『洲之内徹文学集成』によった。

〔13〕『集成』掲載順に「鳶」、「流氓」、「棗の木の下」、「砂」、「瓶の中の魚」である。発表時期は「鳶」の一九四八年から「瓶の中の魚」の一九五五年まで掲載順であるが、執筆から発表まで時間が経っているもの、改稿・改題を経たものなど複雑である。

〔14〕洲之内の「作品ノート 1」（『集成』五〇二ページ）によると、この「A新聞支局長」は、朝日新聞太原支局長であった須田禎一である。須田は中国文学にも造詣が深く、戦後は北海道新聞の論説委員として筋の通った論陣を張ると同時に、郭沫若の翻訳や、『風見章とその時代』などの著作でも知られている。洲之内は実際に起こったこの事件の顛末を須田に報告しようと手紙を書き始めたが、小説にしたらどうかと思いたったのだという。

〔15〕「曹良圭『マンホール B』」『絵の中の散歩』。

〔16〕「討伐」は日本軍の作戦用語で、ゲリラ戦を展開する敵を一掃して占領地域を安定させる目的で行われる。日本軍の立場から使われる用語という意味で初出に「 」をつけた。

〔17〕車谷長吉「洲之内徹の狷介」、『絵の中の散歩』新潮文庫解説、一九九八年。

〔18〕大原富枝『彼もまた神の愛でし子か――洲之内徹の生涯』講談社、一九八九年（ウェッジ文庫、二〇〇八）。引用は文庫版、一二六ページ。

〔19〕「エノケンさんにあげようと思った絵」、『気まぐれ美術館』。

〔20〕「続海辺の墓」、『帰りたい風景』。

〔21〕「新聞版 気まぐれ美術館 梅原龍三郎『姑娘紅楼』」『芸術随想 おいてきぼり』。

〔22〕「小田原と真鶴の間」『気まぐれ美術館』。

［初出・「駿河台大学論叢」四二号、二〇一一年］

個別の記憶から歴史を問いなおす

『黄土の村の性暴力――大娘たちの戦争は終わらない』
石田米子・内田知行 編　創土社・二〇〇四年

本書のタイトルにある「黄土の村」とは、中国山西省の盂県西部にある河東村、南社村などいくつかの村である。黄土高原の東端であるこのあたりは、日中戦争における戦略的重要地点であり、日本軍と八路軍との攻防が繰り返された。そんな状況におかれた村の中で、日本軍による村民女性への性暴力が頻発した。被害女性および遺族の一部は、一九八八年に日本国家に対して謝罪と損害賠償を求める裁判を起こした(1)。

本書の編者である石田米子と内田知行は「性暴力の視点から見た日中戦争の歴史的性格」研究会を代表している。研究会は、前記の裁判を支援する「中国における日本軍の性暴力の実態を明らかにし、賠償請求裁判を支援する会」とメンバーが重なる。本書はこのように、運動と研究との表裏一体の関係から生み出された。とはいえ、単なる「運動の本」ではない。むしろ、緻密な実証的歴史研究の専門書であり、さらには歴史研究に対して重要な問題提起をしている思想の書でもある。

まず、本書の概要を紹介した上で、それが提起した問題について考えることにしよう。本書は、大きく二部にわかれている。第一部は「証言・資料篇」で、中心をなすのは二〇人にのぼる村人たちの証言である。それに、石田米子による聞き取り調査の概要説明と、加藤修弘による背景の解説などが補足されている。第二部は「論文篇」で、第一部の証言を歴史の中に位置づけるための六編の論文によって構成されている。

本書のハイライトは、第一部の証言である。「大娘（ダーニャン＝おばあさん）」と呼ばれている被害女性九人をはじめとして、被害女性の家族、当時の状況を知る村の古老たちが、自らの体験や目撃した事実を語る。一口には性暴力といっても、その表れは多様である。軍営地への拉致監禁（末端の慰安所）、村に対する女性提供の強要、将官による特定女性の専有、民家へ押し入っての強姦、抗日分子に対する性的な拷問など、狭い地域の中でも、さまざまな性暴力の存在が明らかになる。

これらの証言は、苛酷な内容であるにもかかわらず、むしろ抑制のきいた語り口で、時間の経過を追って簡潔に述べられている。そのため、よどみなく語られたものを、そのまま文章化したかのような印象すら受けるが、じつはこれだけの記録をまとめるには大変な時間と労力がかかっている。著者たちによる現地訪問・調査は一九九六年に始まって、本書執筆の二〇〇三年までに一八回にのぼり、その後もまだ継続中である(2)。山西省の省都から車で数時間かけて現地を訪れ、同じ被害者に何度も会い、共に現場に足を運んで聞き取りをする。文字化したものは時間をかけて集団で検討し、やっと最終稿の完成にいたった。

聞き取り作業における第一の困難は、被害女性のほとんどが読み書きのできないことだった。それは単に文字だけではなく、時間や距離を数字で把握できない、地図のような抽象化された図形が認識できない、などの問題にも及んでくる。聞き書き作業の中心となった石田米子は、研究者としての自らを省みてこう述べている。

「学校教育を受け、読み書きができる人との関係の中でしか生きてこなかった私たちにとって、このことに想像力が及び、自らの聞き方の問題性を自覚することは簡単ではなかった」。

第二の困難は、性的被害は本人にとっても村の共同体にとっても恥とされ、長いあいだ沈黙に覆われていたことにある。現地の盂県では、戦争直後に行われた「抗戦損失調査」記録が残っているが、性的被害についての報告は少ない。実名で登場するのは強姦後に殺された、いわば名誉ある犠牲者のみで、生き延びた被害者は、本人の恥、村の恥として、村全体の合意による沈黙に覆われる。さらにひどい場合には、日本軍の意に従ったことが対敵協力とみなされて、戦後に繰り返された政治運動の中で迫害を受けさえした（その一人である南二僕さんは文革中に自殺し、養女が母の遺志をついで原告になっている）。

「重い沈黙を強いられてきた被害女性たちは、最初から自らの被害を順序だてて語れたわけではない。誰もが自らの被害を恥じ、自分を責め、被害の核心を語ろうとすると気分が悪くなったり失神したりした。とぎれとぎれの記憶の断片を受け止めながら、語る被害女性たちと聞く私たちの過去に向き合おうとする双方向の、苦しいが相互の信頼を築いていく貴重な過程があった」と石田は語る。

このようにして文字化された聞き書きは、これまでマクロの視点から語られてきた戦争を、個人の被害というミクロの視点からとらえなおす。聞き書きには、日本軍による性暴力にとどまらず、日本軍と八路軍に交互に支配された村人が、いかに知恵を絞って生き延びたかについても語られている。なかでも、対日本軍協力組織である維持会の役員として働いた揚時通の証言は、一九九〇年代という時期に、日本人が聞き手になることではじめて引き出された貴重な戦争の裏面史である。

これら個別の被害体験の背景である戦争の状況は、加藤修弘による「証言解説　大娘たちの村を襲った戦争」に詳しい。日中戦争開始以来、山西省は軍閥閻錫山軍・八路軍・日本軍の支配が交錯する場となった。日本軍は一九三七年末から盂県に侵攻したが、四〇年には八路軍が百団大戦という猛反撃を行った。日本軍は晋中作戦によって、再度この地域を奪還しようとする。この段階で、日本軍の文書に「燼滅（じんめつ）」という単語が登場する。加藤によれば、これは敵を殲滅するにとどまらず、「敵性あり」と「判断した」住民の抹殺を意味する言葉であった。本書で明らかにされた性暴力の大部分は、この「燼滅作戦」を背景として引き起こされている。

第二部の論文は、大別すれば二つの問題を扱っている。ひとつは、石田米子・内田知行「山西省の日本軍『慰安所』と盂県の性暴力」、佐藤佳子「天津における娼妓制度と日本軍『慰安婦』」、池田恵理子「田村泰次郎が描いた戦場の性」などで、盂県の村にとどまらず、中国における日本軍性暴力の全体像を明らかにしようという意図を持っている。もうひとつは、堀井弘一郎「山西省における日本軍特務機関と傀儡政権機構」、内田知行「山西省盂県における日本軍占領政治と抗日運動」など、山西省における日本側・中国側の政治的動きをさまざまなレベルで考察したもので、性暴力被害という個の体験と戦争という大文字の歴史とを媒介する試みといえる。これらの論文によって、盂県における性暴力と軍の制度としての「慰安所」とは別個のものではなく、両者は共に「日本軍総体の性暴力の構造の中で発生し、それを構成していた」ことが浮かび上がってくる。

さらに、本書全体の問題提起として書かれたのが、第二部の冒頭に置かれた石田米子「日本軍性暴力に関する記憶・記録・記述」である。ここで石田が頭においているのは、一方は文字で記された「一次資料」の存在であり、他方は人の心の中に深く刻まれながら記録されることのなかった記憶の存在である。なぜ、あることが記録され、あることが記録されなかったのか。石田はそこに、調査というものを成り立たせる関係性の問題、記憶と記録の階層性の問題が存在すると指摘する。大娘たちの被害が記録されなかったのは、彼女たちが村という家父長制社会の底辺にいたからだ。それを石田は、こう説明する。

「初めて証言する女性たちの記憶する場面は、恐怖に硬直していた半径数メートルもない視野の中の断片である。しかしそこから見えたもの、そこで体と心に加えられた暴力の体験は、本人しか語れないものである。それぞれの体験は、一般化や数量化できない個別性を持っており、傷ついたのは彼女自身の尊厳である。彼女たちのほとんどは村の歴史など語れないし、自分を襲った災難がどういう村と日本軍のあいだの個別の事件の中で起こったのかの認識も、長い年月なかった」。

これに対して、村の男性は、誰も自分の村に起こった事件を語れる。村の事件の記憶を共有することで「村びと」を構成している、と石田はつけ加える。同じ村の中でも、男と女のおかれた位置は異なるのだ。ひとつの記録が書かれ、残ったことの背後には、必ず具体的な聞いた人、聞かれた人が存在し、それぞれが固有の階層やジェンダーに属し、固有の思想的方向性や教育レベルをもっている。語られ、記録されたことはさまざまな要因によって選択された事実であり、必ずそこから漏れた、選択されなかった事実が残る。

こう要約してしまえば、いまさら言われなくてもわかっているという反論があるかもしれない。

しかし、一八回にわたる訪問調査と膨大な資料の裏付けをもって石田がそれを語るとき、その言葉のもつ説得力は単に口先だけのそれとは比較にならない力をもっている。それは、文書に記録されていないから性暴力はなかったとか、「慰安婦」の証言はあいまいで信用できないとか、したり顔でいう人々に対する、根底からの反論となっている。

個人の体験とその記憶の個別性に徹底的にこだわるという研究の姿勢は、これまで安易に語られてきた研究の「客観性」という言葉に鋭い疑問を突きつける。このように、本書は新しい角度から日中戦争を検証する優れた実証研究であると同時に、歴史研究の根本にかかわる問いをすべての研究者に投げかけているのだ。

(なお、『黄土の村の性暴力』は二〇〇四年度山川菊栄婦人問題研究奨励金(山川菊栄賞)を受賞した。)

註

〔1〕中国山西省性暴力被害者損害賠償等請求訴訟は、二〇〇五年最高裁で棄却。ただし、地裁と高裁では、暴力被害の状況を、ほぼ原告の主張通りに認定、立法的・行政的な解決が望まれる旨の付言がされた。「慰安婦」関連の他の訴訟もすべて最高裁で棄却された。

〔2〕二〇一五年、最後の生存被害者であった張先兎さん死去の後も、遺族を対象に年二回の訪問は続いている。

[初出・「東方」二八八号、二〇〇五年]

映画『纏足』をめぐって

二〇〇八年一二月、中国女性史研究会の例会で、カナダ在住の中国人であるユーチン・ヤン監督が制作したドキュメンタリー映画『纏足—10センチの黄金蓮花をさがして』（二〇〇四）のDVD上映と、それをめぐっての討論を行った。この例会の提案者はわたしだったが、この映画との出会いには、ちょっとした経緯があったので、それを紹介しながらこの映画をめぐる問題について考えてみたい。

映画『纏足』は、関西の女性たちが開催している二〇〇六年「第三回女たちの映像祭」で紹介され、翌年には東京でも港区の男女平等参画センター・リーブラで上映された。それを見たWさんが、リブ運動系のメールネットに次のような感想を寄せた。

（前略）どれもとても良かったですが、一番印象強いのは『纏足』でした。

第一回の大阪女の映像祭で上映したユーチン・ヤン監督の、『女書』はとても素晴らしかったし、来日したご本人ともその時会って、ダイナミックで面白い女性だなーと思い、この作品も楽しみにしていました。「纏足」の歴史は、現在の中国では、タブーであること、「纏足」をしていた、させられていた女性たちが、足を見せたくないと思っていること、ユーチンさんの実母と養母が最後に見せてくれるシーンは重たかったです。二度と纏足を復活させてはならない、というユーチンさんの強い思いが十分伝わる力作です。

作品の中に、「纏足」を中国の文化だと言って纏足していた足用の靴を収集し、肯定している人たち――医者（台湾の男性）、アメリカの白人女性、中国系アメリカ人の女性研究者も出てきて、ああ、山谷えり子みたいな人たちは、どこにもいるのだとあきれました。

とても素晴らしい作品ですので、一人でも多くの人に見てもらいたいと思います。


このとき、わたしはまだ映画を見ていなかったが、ちょっと気になって返信を投稿した。


『纏足』へのコメント、Wさんの共感が伝わってきました。ただ、纏足が女性の身体に対するひどい虐待だというのはまったく異論がないのですが、纏足を文化だとする考え方は、単純な右翼反動とは少し違います。

映画に出てきた中国系女性研究者は、ドロシー・コウさんだと思いますが、彼女の纏足に対する研究の姿勢は、男から女へ、西欧から中国へ（初期の纏足運動の主導者は、欧米の宣教師と近代化を目指す男性知識人だった）という外からの視線に対して、自ら纏足し、それを母から娘へと伝えてきた女性自身の視線で捉えなおそうというところにあります。その意味で、アフリカ・中近東の女性性器切除に対して、外部にいる私たちがどう向かい合うべきかという問題と重なる、微妙な問題を含んでいます。「文化」というのも、文化だからいいというのではなく、野蛮だからと否定して忘れ去るのではなく、それは何を意味していたのかをもう一度内部から問い直そうということだと思います。

コウさんの纏足に対する見方には、私も疑問はありますが、中国女性史研究の中で、敵対的に排除するのではなく、刺激的な問題提起として受け止めながら議論していければと思っています。

これに対して、さらに山上千恵子さんから返信がきた。山上さんは映像祭のスタッフであると同時に映像監督で、リブ運動にかかわった女たちのドキュメント『三〇年のシスターフッド』を製作し、わたしも取材されて出演者の一人になっている。

映画『纏足』の感想ありがとうございます。
一本の映画をただ見るだけでなく、各々の立場からの見方や感想を語り合うことで、見えて来るものが膨らんで行くことが女たちの映像祭・大阪が映画を上映していく意味だと考えていますので、とてもうれしいです。
映画に出ている中国系女性研究者は秋山さんのご指摘どおりドロシー・コウさんです。『纏足』をどこかで上映する機会があったら、ぜひ秋山さんにトークしていただいて、ドロシー・コウさんの纏足を文化として見る、という大胆な問題提起を話し合えたら、と考えています。

このやり取りのしばらく後、二〇〇八年の三月に北区の女性センターで映画とトークの会を企画しており、『纏足』を上映するので話に来てくれないかと山上さんから頼まれた。

この話がきまって、わたしは初めて『纏足』のビデオを借りて見た。映画は、カナダに住んでいるヤン監督が、故郷の中国に帰っていくところから始まる。ヤン監督は大柄な、日本でいえば田嶋陽子さんに似た人だ。映像にかぶせて、一人称のナレーションが英語ではいる。

母や姉との再会。母の娘時代の写真がクローズアップされる。「母は子どものころ周囲の人から醜いといわれたというが、私には信じられない」とナレーションがかぶさる。自分が醜いと思いこんだ母は、小さな足でそれを補おうと、みずから纏足を望んだという。外見から見ても娘の年齢からも、お母さんはせいぜい七〇代前半だろう。だとすれば、纏足をしたのは一九三〇年前後とずいぶん遅い。さいわい、小学校の先生に見咎められて短い期間でほどいたので、変形はそれほど進まなかった。「それでも母は、纏足した女性のように外またで歩く」。

つぎに訪ねた養母＝母の姉は年齢もかなり上に見えるだけあって、完全な纏足だ。監督は母と叔母に足を見せてほしいと頼むが、二人とも「醜いから」と拒む。そこで監督は、纏足の女性をさがす旅に出る。

映画は、理想の足とされた「三寸蓮花」をさがす監督の旅を追いながら、そのあいだに纏足の歴史や纏足についてのコメントをはさんでいく。小さい足でゆらゆら歩くのは女らしくていいとほめる農村の老人、いまさら過去を掘り返してどうすると咎める姉。政府は外国人が纏足を取材することを警戒しているという情報もはさまれる。母や叔母は、糊を煮て、布を貼り合わせ、昔やった布靴つくりを再現してくれる。

東奔西走した監督は、母や叔母を含めて一〇人近い纏足の女性に接触する。取材自体を拒否してカメラから身を隠す人もいれば、纏足の経験をポツリポツリと話してくれる人もいる。しかし、「足を見せて」という要求に応じてくれる人はなかなかいない。ついに、娘の奮闘を見るに見かねてか、母と叔母が足を見せるのを承知する。クローズアップで捉える纏足の足。短期間でほどいた母の足は、ちょっとひどい外反母趾という程度ですんでいる。叔母のほうは、親指を残して四本の指が完全に内側に巻き込まれ、尖った三角形にかたまっている。古い写真では見たことがあるが、カラーの映像は生々しい。

最後にもう一人、足を見せた人がいる。そのおばあさんは、母親が正しい纏足のやり方を知らなかったために、醜い足になってしまったと怒っている。インタビューを受けるあいだも、硬い表情を変えることはない。足を見せるのは「醜いからいやだ」と一度は断った彼女だが、説得されたのか、結局見せてくれる。その足がクローズアップされたとき、一瞬ハッと息を呑んだ。典型的な纏足ではそろって曲げられている指が、バラバラの方向に折り曲げられて固まっているのだ。纏足そのものをグロテスクで醜いとする私の感性にとってさえ、その失敗した纏足はさらに醜いと感じられ、そう感じてしまう自分にまた混乱した。終始硬い表情を変えなかったおばあさんは、醜い纏足をした母に怒り、その纏足をさげすむ世間に怒り、その足を見せろと迫った監督に対しても怒っているように見えた。

映像のもつ迫力は大きい。クローズアップされた足は、多くの言葉以上に纏足の残酷さを語っている。取材を手伝った監督の姉は、最後になって妹に抗議する。「お母さんたちの足を写して、映画にして見せるなんて、やるべきことじゃない」。そういい終わった彼女は、ベッドに身を横たえ、カメラに背を向けたまま動かない。

それでもひるまず監督は映画を撮り続ける。最後は、「纏足はいまもさまざまな形で続いているのではないだろうか」という問いかけで終わる。

映画の後味はすっきりしなかった。纏足の残酷さをまざまざと見せつけられたことの重苦しさはもちろんある。でも、それだけでない、もっと複雑な後味の悪さが残った。それを整理していけば、なぜ監督はいやがるおばあさんたちに無理に迫ってまで、足を写さなければならなかったのか、という問いにもどっていく。

中国では日本と違って、足を見せることに対する抵抗感は大きいといわれている。たとえば、抗日戦争に従軍した女性兵士の回想の中に、男性に素足を見られないようにするために苦労した体験が語られている。彼女たちの意識の中で、裸の足は用便や生理と同じレベルで男性の目を避けなければならないものだった。そのために、行軍で疲れた足を靴から解放して空気にさらすことさえ自由にはできなかった。参戦というジェンダー役割逆転の最先端にいた女性兵士でさえそうだったとしたら、纏足の記憶を心とからだに刻み込まれたおばあさんたちにとって、足をカメラにさらすという行為は、裸身をカメラにさらすことに近いのではないだろうか。それは彼女たちにとって、纏足の苦痛を再現させる、セカンド・レイプに似た体験ではなかったのか。

その足をあえて写すことで、纏足がいかに残酷なものだったかを明らかにするというのが、写す側にとっての大義名分なのだろう。映画祭でヤン監督のトークを聞いた山上さんによると、彼女は戦闘的なフェミニストだということだから、姉の抗議の声を聞きつつも、大義のために突き進んだのだろう。それを、映像作家としての野心のために母親をさらしものにした、というような咎め方をしようとは思わない。ただ、写された側のおばあさんたちは、写されたことによって何を得、何を失ったのかが気にかかる。

そんなふうに問いかけたかったのは、日本軍の性暴力被害者への聞き取りを思い浮かべたからだ。たとえば、韓国のビョン・ヨンジュ監督による『ナヌムの家』(一九九五)、あるいは、山西省の日本軍性暴力被害者を支援している石田米子さんたちのグループが作った『大娘たちの戦争は終わらない』(撮影・編集　池田恵理子、二〇〇四)という記録映画がある。これもつらい経験を再現させる作業だが、聞き手がおばあさんたちに寄り添って、その声に耳を傾けていくことで、彼女たちが人としての尊厳をとりもどしていく姿が描かれている。ヤン監督も、『纏足』の前に女性たちだけが伝えてきた文字にまつわる『女書』(二〇〇〇)という作品を作っているが、ここでは女同士のつながりが共感をもって描かれている。それとはテーマが違うといえばそれまでだが、纏足の足はその持ち主と切り離されて、モノとしてクローズアップされただけという印象が、どうしてもぬぐいきれない。

三月八日の国際女性デー、北区の女性センターで開かれた映画とトークの会は一〇〇人を越す盛況だった。わたしは「伝統文化と抑圧——纏足へのまなざし」というタイトルで、纏足の歴史について話し、最後に、アリス・ウォーカーがアフリカ・アラブで行われている女性性器切除を批判して作った映画『戦士の刻印』とそれに対する批判をひいて、欧米フェミニズムからの伝統文化批判が陥りやすい問題について問いかけた。纏足を女性文化の伝承という視点で内側から捉えなおそうとするドロシー・コウの研究についても補足した。

会場からはさまざまな感想・質問が寄せられたが、観客の一人だった映画評論家の斉藤綾子さんからは、「この映画は『戦士の刻印』とたしかに似ているが、監督が中国人で母親たちとのつながりの中で撮っているところに違いを感じる。とりわけ、姉の批判の言葉を入れたところに、この映画の意味がある」とコメントがあった。わたしも、「あのお姉さんの言葉があることで、この映画が単純な告発映画に終わらなかったと思う」と答えた。

今回の中国女性史研究会の例会でも、纏足を告発する監督の情熱に共感する声がある一方で、善と悪とがあまりに明快に分けられていること（たとえば、ドロシー・コウさんの発言と映像は明らかに悪役として編集されている）、母娘の関係でありながら視線が一方的で相互の交流がみられないこと（たとえば、写す側の監督の語りはあるが、足を写されたことについての母親の感情は語られない）、カナダ在住の監督は西側からの視点で中国に対しているのではないか、などの問題が指摘された。

その一方で、二〇世紀末という時期に、文化の中心でなく辺境だからこそ残存した最後の纏足を映像記録にとどめたことの意味を評価し、監督もそれを意識したからこそ強引に撮影を求めたのだろうと監督を弁護する意見もあった。

映画『纏足』をめぐる議論では、纏足そのものをどう捉えるかという問題と、映像の制作における監督の対象への視線という問題とがからみあって、簡単に整理することはできなかった。しかし、その議論は、私たち自身が研究の対象である中国（の女性）にどう向かうかということと重なってもいるのではないだろうか。その意味で、この映画も、それをめぐる話し合いも、刺激的で興味深いものだった。

［初出・「中国女性史研究」一八号、二〇〇九年］

アジアへの視線、アジアからの視線

ふたつの展覧会「描かれたチャイナドレス」と「官展にみる近代美術」

二〇一四年、東アジアとジェンダーにかかわる二つの展覧会が開催された。ブリヂストン美術館の「描かれたチャイナドレス――藤島武二から梅原龍三郎まで」（4／26―7／21）と、府中市美術館の「東京・ソウル・台北・長春――官展にみる近代美術」（5／14―6／8）である。

「描かれたチャイナドレス」展は、藤島武二の描く《女の横顔》を大きく配したポスターが駅や新聞紙上で人目をひいていた。刺繍やカットワークで飾られた清朝風の服を着たこの女性は、じつは竹久夢二のモデルとして知られた日本人であり、また、横顔の構図や背景には、ルネサンス絵画の影響がみられるという。この絵だけを例にとっても、「チャイナドレス」というテーマが、意外に複雑なものをはらんでいることがわかる。

「チャイナドレス」展には、藤島武二をはじめ、安井曾太郎、梅原龍三郎、児島虎次郎、岸田劉生、藤田嗣治、小出楢重、三岸好太郎など、一九一〇―四〇年代の日本画壇のそうそうたるメンバー一七人（すべて男性）、二九点の作品が出展されていた。

同展を企画した貝塚健がカタログに寄せた解説によれば、チャイナドレス（当時の呼び方では支那服）は一九一〇―三〇年代に日本でも流行し、画家たちは好んでチャイナドレスの女性を題材にしたという。その背後には一九世紀末の西欧で流行したオリエンタリズムがあり、日本の画家たちはアジアに向けられた西欧の視線を意識しながら、帝国日本の植民地／半植民地の女性たちに視線を向けたということができる。チャイナドレスの女性像を「帝国日本の肥大する欲望の象徴」(池田、二〇〇二、一二ページ)とする解釈はすでになされているが、他方では、当時の画家や作家の中国文化に対する憧憬がチャイナドレスへの傾倒の一因となっていることも否定できない。展覧会は双方を視野に入れつつも、歴史的・社会的背景よりは絵そのものを前面に出す姿勢を貫いていた。歴史研究という立場からは物足りなさも感じたが、それを論じるほどの字数もないので、とりあえず絵を見ての感想を記したい。

最初に驚いたのは、チャイナドレスを着たモデルの半分が日本人だったことだ。プロのモデルだけでなく、妻や妹、娘に着せてモデルにした画家もいる。正宗徳三郎などは妻にチャイナドレスを手作りさせ、それを着た姿を何枚も描いている。そこまでして、なぜチャイナドレスなのかという疑問は、前述のような解釈を踏まえた上でもなお残る。

モデルになった女性の民族を意識して絵を見直すと、面白いことに気がつく。見る者をたじろがせるような強い視線で見返してくるのは、中国人のモデルなのだ。例えば、梅原龍三郎が描く《玉鈴と三鈴》の姉妹は、まさに画家をハッタとにらみつけている。梅原は《北京秋天》などの風景と同時に中国女性も好んで描き、「日本の女はそう描きたくないが、北京の女は非常に描きたくなるのが多い」(カタログ七〇ページ)と語っている。ほかにも、藤島武二《台湾の女》の先住民ツォウ族の女性、児島虎次郎《中国の少女》の旧劇女優、胡弓を手にした三岸好太郎《支那の少女》、小出楢重が描く《周秋蘭》など、いずれも強い眼差しが印象的だ。これに対して日本人のモデルは、伏し目がちだったり、微笑を浮かべていたりと、服を生かすために個性を殺しているかにも見える。その中では安井曾太郎の《金容》の個性が際立つのは、モデルの女性が日本人ではあるが中国に住み父からもらった中国名を持っているという、境界の人だからかもしれない。

「官展にみる近代美術」は、帝国日本の支配下にあった東アジア各地で開催された「官展」に出品された作品を集めた展覧会である。官展とは、日本で一九〇七年から開催された文部省美術展覧会（文展）、これを継承した帝国美術院展（帝展）をピラミッドの頂点として、植民地／半植民地で次々に組織された朝鮮美術展覧会（一九二二―）、台湾総督府美術展覧会（一九二七―）、満洲国美術展覧会（一九三八―）などを総称したものである。一連の官展は、各地において唯一の大規模な公募展であり、帝展をモデルとして授賞制度、審査制度（日本画壇の重鎮を審査員として派遣）などが整えられた。官展は、各地の画家の登龍門となって「近代的」絵画の発展を促すと同時に、その発展を方向づけ、枠をはめる役割も担った。各地の官展に共通した方針は、写生にもとづいたアカデミックな様式（前衛的な試みの排除）と、地方色、郷土色の指向であったという（ラワンチャイクン、北原編、二〇一三）。

各地における官展の研究は、各国の美術史においても、さらに東アジア各国美術史の比較においても不可欠であるにもかかわらず、植民地支配やその後の国内政治における敏感な問題と絡むため、長い間タブーとなっていた。ましてや、その出展作を一堂に集める展覧会の開催は大事業で、戦後半世紀を過ぎた現在、はじめて実現したのだった。

この企画を中心となって推進したのは、福岡アジア美術館の学芸員・ラワンチャイクン寿子である。彼女はジェンダー視点による美術研究者であり、二〇一三年に栃木・三重・福岡で開催された「アジアをつなぐ――境界を生きる女たち　1984―2012」のような優れた展覧会の企画者である。本展も、福岡アジア美術館・府中市美術館・兵庫県立美術館の共同企画として三館を巡回して展示された。「官展」の展覧会が、日本の中心東京からでなく、地理的にいえば周縁の、アジアと女性という視点を持つ研究者のイニシアティブで実現したということは意味深い。ただ残念なことに、「中央」主導でなかったためか、会期が短く会場の知名度も今ひとつで、質量ともにこれだけ大きな展覧会にもかかわらず、内容に値するだけの注目を浴びることがなかったように思われる。むしろこの展覧会の歴史的な意義は、もう少し時間が経ってから評価されるのかもしれない。

この展覧会は国内三美術館の協力にとどまらず、国際的な協力によって実現した。その協力の規模は、東京展出品作四五点に対して、ソウル展四一点、台北展三九点とほぼ同数、これに長春展一一点（「満州国」の崩壊によって出展作品は散逸したため、日本人画家による再現や下画などが中心）を加え、総数一三六点という数字を見ただけでわかる。多くが日本初公開であるソウル・台北展からの作品は、わたしの期待した以上の水準の高さと多彩さで、近隣諸国の文化への自分の無知をあらためて思い知らされた。さらに、三〇〇ページを超えるカタログは、日・漢・中三カ国語が併記され、それぞれの国の研究者・美術館員による論説やエッセイ、出展画家と絵の解説、年表や資料が収められており、今後の研究に欠くことのできない礎石である。

これだけの展覧会を総合的に評価、紹介することはここでは無理なので、女性の肖像に焦点を絞ってみよう。「官展」出品作にも、チャイナドレスやチマチョゴリなど民族衣装の女性像は多い。前述のように、植民地における官展の特徴のひとつに地方色があるが、民族衣装の女性像はそれを代表するものだった。近代と前近代、文明と自然が対比されるとき、女性は常に後者に位置づけられ、その対比はしばしば洋服姿の男性と民族衣装の女性として表象される。さらにその背後に、宗主国に男性性、植民地に女性性を割りあてる帝国の眼差しが存在する。ラワンチャイクン寿子は、「そうした女性性の側に置かれた植民地の作家が、その立場に立たされながらも主体的に自己表現をしていく点、言い換えればジェンダー構造を越えていく点」に注目したいという（北原編、一三三ページ）。

民族衣装の女性像は、日本人画家も多く描いている。複数の官展で審査にかかわった藤島武二の絵は、清朝の衣装を着た《麻姑献壽》とチマチョゴリ姿《花籠》の二作が展示されている。チマチョゴリは実際の写生というより様式化され、頭に花を載せた女性のポーズは彼が師事したイタリア画家の《薔薇の花売》と類似しているという（児島、一八一ページ）。有島生馬《江南の春》は、チーパオ姿の女性二人に白馬に乗った日本人兵士を配した露骨な国策絵画だが、おそらく意図的に今回の出展作に選ばれたのだろう。帝展出品後、朝鮮美展にも特別出品された土田麦僊の《平牀》は、横長の画面に白い衣装の妓生二人を配した静謐な美しい日本画で、モデルたちは人形のように画家の視線に身をさらしている。中沢弘光、石井柏亭らの帝展出品作も、妓生をモデルとした静的な座像だ。

これに対して韓国画家の絵は、幼子を抱く母を囲んで思い思いのポーズで座る女性群像《或日》（キム・ギチャン）や、グラビア雑誌を読む妻とパイプ片手に一休みする画家自身を描いた《画室》（チャン・ウソン）など、生活のひとこまが切り取られており、女性たちの存在感が伝わってくる。代表的な女性画家であるパク・レヒョンの《女人》は、後姿の半身像だけではあるが、女性の胸に秘めた思いが伝わってくるようだ。

チャイナドレスにしても、台湾初の女性画家として知られる陳進が姉をモデルにした《アコーデオン》は、様式的な構成の中にも、ドレスの色柄やアクセサリー、外来の楽器などの組み合わせによって、同時代に生きるモダンな女性の雰囲気を伝えている。陳植棋の《夫人像》は、壁に広げた紅い中国服を背景に正面から画家を見すえる女性を描いて、夫のよき理解者・協力者だったという強く積極的な妻の個性を伝えている。

また、陳進が台湾先住民族の母子を描いた《サンティモン社の女》は、植民地の住民がさらにその中のマイノリティに向かうという複雑な入れ子の関係を反映した絵であるが、モデルになった母と娘の背筋を伸ばした姿勢と強い眼差しとは、上からの視線をはねかえすだけの力強さを持つものとして表現されている。

文字で書かれた史料に比べて、絵画の持つ意味を読み取るのは難しい。ここでは簡単な紹介にとどまったが、両展から受けた印象を時間をかけて発酵させてゆきたいと思う。

［初出・「中国女性史研究」二四号、二〇一五年］

参考資料

池田忍「『支那服の女』という誘惑」『歴史学研究』七六五号、二〇〇二年八月
北原恵編著『アジアの女性身体はいかに描かれたか』青弓社、二〇一三年〈第二部　植民地と／の女性表象の政治性を問う〉ラワンチャイクン寿子「日本統治下の植民地の美術活動」、金恵信「植民地期韓国のモダンガールと遊女」、児島薫「近代化のための女性表象——『モデル』としての身体」
カタログ『東京・ソウル・台北・長春——官展にみる近代美術』福岡アジア美術館・府中市美術館・兵庫県立美術館発行、二〇一四年
カタログ『描かれたチャイナドレス——藤島武二から梅原龍三郎まで』石橋財団ブリヂストン美術館、二〇一四年

張潔の『無字』とその批評をめぐって

ジェンダーからの読み、歴史からの読み

I

張潔（ちょうけつ）の『無字』は、二〇〇二年一月に出版された。全三部、八〇万字をこえる大長編である。中国新時期文学のさきがけとして文革直後の一九七〇年代末に登場した張潔は、中国を代表する女性作家として、現在に至るまで話題作をつぎつぎに発表している。なかでも、『愛、忘れがたきもの』、『方舟』などの作品は、中国の社会における女性の生き難さを深くえぐり、中国フェミニズム文学の代表とみなされてきた。

八〇年代は旺盛に作品を発表していた張潔は、一九九一年に母を失って、翌九二年『この世でいちばん愛してくれた人が逝った』を発表した。その後しばらく活動を休止しているようにみえたが、じつはその間、黙々と『無字』を書きつづけていたのである。この長編の末尾には、「一九八九――二〇〇一年九月二十八日　北京」と記されている。さらに、七行からなる詩のような後記が付され、「二〇〇一年秋　まもなく母逝去十周年を迎える時に」とある。この小説の筆を取ったのが、中国の知識人に大きな挫折感を与えた「天安門事件」の年であり、筆をおいたのが作者の母の逝去一〇周

年であったと、書き記さずにはいられなかったところに、張潔にとってこの小説と苦闘した歳月の重さがおしはかられる〔1〕。

『無字』は発表から三年後の二〇〇五年、長編小説に贈られる第六回茅盾文学賞を受賞した。一九八五年に『重い翼』で第二回の同賞を受賞した張潔は、初の再受賞者となった。

本論は、中国で発表された『無字』に対するいくつかの批評を紹介することを通して、この物語が中国でどのように評価されたかを分析するとともに、中国におけるフェミニズム批評のいまを一瞥することを意図している。

II

小説『無字』に対する批評を検討する前提として、まず物語を概観しよう。私事になるが、わたしは『無字』が茅盾賞を受賞した二〇〇五年に在外研究で中国に滞在していた。現地の研究者たちに、現在注目されている女性作家の作品はと聞くと、『無字』をあげる人が多かったので手にとったのだが、在外研究という時間の余裕に恵まれていた時でなければ、この長くて重い物語を読みきることはできなかったかもしれない。

この小説は長いだけでなく、ヒロインの意識に沿って話が行きつ戻りつする複雑な構造になっている。それを歴史の流れに沿ってまとめなおすと、二〇世紀の初めの中国東北を出発点に、九〇年代の北京に至る四代の女たちの物語が浮かび上がってくる。とりわけ、四世代の中間にある葉蓮子（イエリエンズ）

と呉為（ウウェイ）の母娘が、それぞれ愛した男によって傷つけられ、捨てられる経緯が、物語の中核をなしている。

母である葉蓮子は、張学良のひきいる東北軍の軍人顧秋水（グチウシュイ）と結婚するが、満州国の成立によって東北軍は根拠地を失う。北京で所帯を持った夫婦には娘の呉為が生まれ、つかの間新婚らしい時をすごすが、北京が日本の占領下に入ると、顧秋水は旧東北軍の上官に従って新天地を求めて去ってゆく。置きざりにされた母と娘は、他家で女中同然の居候暮らしをする。「呉為がどんなに奴隷になることを避けようとしても、二歳のときから、彼女の背骨は曲がり始め、それ以後けっしてまっすぐにならなかった」（第二部四章四、二一三ページ）。

その後、顧秋水が香港にいることを知った母娘は、戦乱の中をたずねていくが、顧は現地の女性と同棲していた。仮住まいの部屋に妻妾同居を余儀なくされた状況の中で、顧は妻に暴力をふるい、幼い呉為もとばっちりを受ける。この暴力は、呉為にとっての原体験として描かれている。


このとき以来、呉為は手に寸鉄も持たない反抗能力のない弱者への暴力を、人性の卑劣無恥の極端、極致であり、ひいては男性の極端、極致——彼らが人性に直面できない時だと見るようになった。

とりわけ、顧秋水の股のあいだにあって、彼が跳びはねたり殴ったり蹴ったりするにつけ、クルクル、ブラブラする、赤色とも紫色ともいいがたい代物はいったい何なのだ。

呉為にはまったくわけがわからず、最後に自分で暴力と結論づけた——それが顧秋水の暴力といっしょに来るものならば、暴力の一部であるにちがいない。

後になって呉為が男との性愛をあんなにも重苦しく考えたのも無理ないことで、まず心に刻まれたこの上なく醜い形象に遮られ、それからやっと男との愛に踏み入ることができたのだから（第二部七章一、三一九ページ）。

張潔は、呉為の体験を小説のエピソードにとどめず、続く地の文で「この世でどれだけの女がこんな経歴を持っているのだろう」と問いかける。そして、母に対する父の暴力が、幼い娘に暴力への恨みと同時に、暴力への迷信と崇拝をも植えつけたとつけ加える。

さらに、幼い呉為は、小学校の教師からも暴力を受ける。ひいきの生徒への試験問題漏洩を指摘された教師は、栄養不良で小柄な呉為を板切れで殴りつける。「父から受けた男性の暴力の経験が、まだ一人の男だけの問題だったとしても、趙先生の猛打は、男性の暴力についての全般的結論を彼女にもたらした」（第一部七章一、三三七ページ）。

幼いときに暴力を刻印された呉為は、長い物語の中でそれを背負って生きていく運命を担わされる。大人になって恋愛を体験するときも、彼女はそのトラウマから逃れられない。暴力の記憶が次の世代にまで被害を及ぼす状況を描くことが、この小説の底に流れるテーマのひとつであることがわかるだろう。

香港から戻った葉蓮子は必死で働いて娘を育て、呉為は大学に進学する。北京に残るための手段として北京戸籍のある同級生と結婚し、二人の娘を出産するが、下の娘は婚外子だったため、夫との間がこじれて離婚に至る。

おりあしく文化大革命が始まっていた時期、「私生児」（原文でも、差別をこめた言葉としてこの語が使われている）を産んだ呉為は「黒五類」に属する不良分子として住民大会で糾弾され、近所の人々にツバを吐きかけられ、職場の男たちの性的なからかいの対象となる。女三代が身を寄せ合って貧しさと周囲の冷たい目に耐えるなかで、呉為は小説を書いて投稿し、作家として認められる。

こうして、生活のうえではやっと落ち着いたところで、呉為は二〇歳も年上で妻子ある胡秉宸（フビンチェン）と恋におち、そこでまたもや男と女の長い物語が始まる。『無字』の物語の中心をなす呉為と胡秉宸との恋愛関係には、母の世代のような直接的な暴力はあまり登場しない。しかし胡秉宸は、前妻との離婚、呉為との結婚、そしてまたもや離婚と、ふたりの関係の節目ごとに呉為を欺き、責任を逃れ、暴言を吐き、性関係を強要し、呉為の献身を当然のこととして受けるなど、相手の心を深く傷つける態度をとり続ける。張潔の筆は、胡の利己的な言動を克明に暴くと同時に、傷つきながらも、胡との関係に依存し、そこから逃れられない呉為の言動をも執拗に描写し続ける。

呉為が発狂する場面から語りだされた物語は、百年の時空を行きつ戻りつしたあげく、精神病院での呉為の死によって幕を閉じる。暴力的で絶望的な愛の物語は、ヒロインの死という形でしか完結することができなかった。

III

『無字』が発表されてまもなく、総合評論誌『読書』に、王蒙による批評「極限の創作と無辺のリアリズム」が掲載された（王蒙、二〇〇二）。これは本格的な評論というよりはエッセイ風の短いものだが、『無字』という小説に対する違和感、さらに強くいえば嫌悪感を率直に表明しているという点で異色のものであった。王蒙といえば共産党の中央委員であり文化部長（大臣）や作家協会副主席などを歴任した中国文壇の権威であるから、その発言はそれなりの影響力を持っている。

王蒙は冒頭で、『無字』は作者が全身全霊をこめた画期的な作品であり、「比類なく率直で、比類なく誠実で、比類なく大胆な」極限の創作だと評価する。しかし、同時にこれは、作者の血と涙で満腔の恨みをぶちまけた小説、作者の憤懣と怒声が所を得た小説だとつけ加える。

若いときは激烈だった作家でも、多くは年をとれば恬淡になり、周囲の人や環境と和解してゆく。しかし中には、魯迅や張潔のように、老いてますます不寛容になり、恨みを抱き続ける者もいる。自分は友人として、張潔にもうすこし心穏やかになってほしいと思う。とはいえ、人々がみな穏やかになってしまう中で、このような議論を呼び、人を苛立たせたり不安にさせたり、ひいては狂気に追いやるような文学と、平穏な文学とどちらが文学史上の価値があるかと問えば、答はいうまでもない……と王蒙はいう。

論評の最後でもまた、言葉をかえて同様の評価がくりかえされる。

> しかしながら、いかに一山二山の欠陥をあげつらっても、この本の非凡と独特、この本の力量、この本の一読にあたいする価値を否定するすべはない。それは火のように灼熱し、氷のように冷たく、剣のように鋭く、蛇のように纏いつく。（中略）いかにこの本が粗野で気侭で天邪鬼であっ

ても、多くの典雅で穏和な本に比べて華があり涙があり人生がある。(中略)いかにその言語と知識が生硬であっても、独自の言語風格を持った本である(王蒙、二〇〇二、五四―五五ページ)。

このように、「しかし」、「いかに……ても」と逆説の修辞を重ねながら、王蒙はこの小説の持つ力を肯定する。そして、後世からふりかえれば『無字』の登場は二〇〇二年中国文壇をマークするものになるだろうと予測することでこの論評をしめくくっている。

論評の最初と最後に記されたこの高い評価は、その中間で展開される厳しい批判を和らげるための緩衝材というわけではない。王蒙が好悪の念を抑えて誠実にこの評価をしていることは文章自体から読みとることができる。しかしながら、この文章の重点が「一山二山の欠陥」を指摘することにおかれているのもまた明らかだ。

まず、王蒙が指摘するのは、ヒロインである呉為母娘に対する作者の思い入れが強すぎて、母娘と周囲の人々との関係が「一かゼロか」という単純な対比になってしまっているということだ。「作品全体が、呉為の感受、恨み、それに取り留めのない――時として天才的な、時として未熟な(失礼)――『思考』の上に成りたっている。私は時折、もし作中の他の人物が書く能力をもっていたら、彼らはどんな小説を書いただろうと妄想した」(同上、四九ページ)。

そのうえで、書くというのは権力の行使であり、作者はその権力の行使に責任を負わねばならないとする。書くことの権力性は、抽象的に論じればまた限りなく大きなテーマとなるが、卑近な例では小説のモデル問題で争われる場合が多い。ただ、その場合は実在のモデルの側から訴えるのが一般の例で、作中の登場人物の側から作者の権力性を問うというのは珍しい。

王蒙は権力性の問題には深入りせず、問題をずらして問いなおす。「結局のところ、洗いざらい書くべきか、あるところで筆を控えるべきか、ということだ。（中略）もし洗いざらい書くとなれば、プライバシーと尊厳、文章の徳性と文章の品格への配慮はなくなるのか」（同上、四九ページ）。

王蒙は、書く権力の行き過ぎた行使であり、品性を欠く描写の例として、妻の裸体に対して夫がその衰えを指摘し、ショックを受けた妻はそのあと夫との性関係を拒むようになるくだりをあげる（第一部第五章五）。このようなベッドの中での些事をあげつらうことを小説の品格にかかわるとしたうえで、性関係におけるヒロインの、そして作者の被害者意識が一方的だと指摘する。

もしも愛情と結婚において女が男に多くを差し出さなければならなかったというなら、男は女のために、何も差し出さなかったのか？ 自分がこのうえない恥辱をこうむったという結論は、分析の結果というよりは、とっくの昔から不倶戴天の仇討ちの心を抱いていたからではないか。この種の反駁の非論理性は、年ごとに運動が繰り返される社会環境に身を置いてきた私たちの世代にとってはなじみのものだ（同上、五〇ページ）。

王蒙の批判を読み進めると、彼が違和感、嫌悪感をいだくのは、ヒロイン＝作者の男性に対する被害者意識、とりわけ性愛にからまる場面であることがみえてくる。前節で要約したように、『無字』において繰り返し語られるテーマのひとつは、性と分かちがたく結びついた女性に対する暴力である。その執拗な語りに男性である王蒙の神経が逆撫でされたことは想像に難くない。では、女性が読む場合はどうなのだろう。わたし自身も王蒙の指摘を意識して上記の場面を読み返してみたが、前後の部分で二人の性的・心理的な関係の歴史がたどられているので、呉為の心の動きにさほど違和感なくついていくことができた。あるいはここに、読解におけるジェンダーの溝がはっきりと横たわっているのかもしれない。ただ、王蒙がヒロイン＝作者の男性に対する糾弾を、中国で繰り返されてきた政治運動における糾弾の方法と共通するものだと感じたということは、必ずしもそれに同意しないとしても、きちんと受け止めて考えるべきことであり、わたし自身の課題として残しておきたい。

王蒙はその一方で、この小説が、女と男の曲折した物語の背景として、中国百年の歴史を確かな筆で描ききっていると高く評価する。「あるいはヒロインは、彼女にとって限りない不満の対象である父や後に夫になる相手に対して感謝すべきかもしれない。彼らは彼女にこの百年来、少なくとも数十年来の中国で起きた大事に接し、多少なりとも理解するようにしむけ、彼女のとりとめない、時には天才的で時には無邪気な頭脳に、個人的なことだけでなく、国家の大事にも手をだす機会を与えたのだから」（同上、五二ページ）。

この一文は、国家の大事を描ききったのが張潔の筆であることを承知のうえで、作者が形象したヒロインである呉為に、同じく作者が形象した男たちへの感謝を求めるという、奇妙にねじれた構造を持っている。国家の大事のために奔走し、挫折した男たちに対する王蒙の強い思い入れがここにある。さらに注目すべきことは、国家の大事と個人の小事には価値の差があるという王蒙の意識が、はっきり表れていることだ。このような公と私、大事と小事を分ける価値観に対して、「個人的なことは政治的だ」と対抗したのがフェミニズム批評であったことを考えれば、ここにもまたジェンダーの大きな溝があるということもできそうだ。

王蒙に代表されるような男性からの批判に対して、張潔は「なぜ一部の男の人があんなに怒るのか理解できません。（中略）私は自分が正常だと思っているので、私を正常でないと思う人がいても気にならないし、反駁しようとも思いません。猿とキリンが対話できるでしょうか」と荒林との対話の中で軽くいなしている（荒林・張潔、二〇〇五、九三ページ）。

さかのぼれば、女性学・フェミニズム批評は、男性作家の視点を一方的だとする女性の側の批判から始まった。中国においても、一九八〇年代に話題を呼んだ張賢亮の自伝的小説『男の半分は女』に対して、著者の分身とみられる主人公が相手の女性を性の対象としてのみ捉えていると女性の側から批判があがったことがある。これは『無字』に対する王蒙の批判と、ちょうど裏表の関係だったといえるかもしれない（秋山、一九九二）。

また、若手の研究者董炳月は、自らを「男権批評」と揶揄的に規定しながら女性作家丁玲の描いた男性像の偏りを指摘し、それを通じて当時の女性作家がおかれた困難な立場を分析するという、興味深い試みをしている（董炳月、一九九三）。

王蒙が本能的に不快に感じたのは、『無字』が一方的にヒロインである呉為母娘の視点から、彼女たちを被害者、父や夫たちを加害者として描いたことであった。董炳月の造語を借りるなら、作者のフェミニズム(女性主義/女権主義)に触発された男権主義批評といってもいい。では、王蒙の「男権主義批評」に対して、フェミニズム批評の側は『無字』をどうとらえているのだろうか。

中国の新時期文学とフェミニズム批評との関係は、中国独特のねじれをみせている。文化大革命終了の直後である七〇年代の終わりから、女性作家たちは旺盛な創作を開始し、その中にはフェミニズムの視点から評価すべき作品が多く書かれた。しかし、中国におけるフェミニズム批評は女性文学の開花に遅れて始まった。フェミニズム文学史の先駆とされる孟悦・戴錦華による『歴史の地表に浮かび出る』が婦女研究叢書の一冊として出版されたのは一九八九年のことである(偶然の一致ではあるが、『無字』が書き始められたのと同じ年であり、「天安門事件」の年でもある)。女性学という辺境から生まれたフェミニズム批評が文学研究・批評界で市民権を得るのは、さらに遅れて一九九五年に開催された第四回国連世界女性会議を経てのことである。八〇年代新時期に登場した女性作家たちは、一九二〇、三〇年代に登場した丁玲や蕭紅といった祖母の世代にあたる女性作家と同時に、フェミニズム批評によって再発見、再定義されたのである(江上、一九九三、一九九六)。

なかでも、一九八二年に発表された張潔の『方舟』は、中国におけるフェミニズム文学として再発見された代表的な作品である。都市のアパートに身を寄せあって暮らす三人の女性を描いたこの中篇は、たとえ学歴があり専門職を持っていても、単身(離婚・別居を含む)であるということだけで女たちがどんな差別や嫌がらせにあうかを如実に描き出した。当時はまだ、セクシュアル・ハラスメントや女性に対する暴力という概念は、日本においてさえ明確に定義されていない時期だったが、具体的に描かれている内容は、中国社会における構造的な女性差別と女性に対する暴力であった。

冒頭に「おまえは不幸になるだろう、なぜなら女だから」という箴言をかかげ、「女たちに乾杯!」という言葉で結ばれるこの物語は、まず外国の女性たちに注目され、中国のフェミニズム文学として翻訳紹介された。しかし、一九七九年に発表された張潔の『愛、忘れがたきもの』が、生涯をかけたプラトニックな婚外の愛を胸に秘めたまま逝ったヒロインをめぐって、婚外の愛の是非について、いまから省みればナイーブな熱い論争を引きおこしたのとは対照的に、『方舟』による女性差別の告発は黙殺された。前述の『歴史の地表に浮かび出る』とおなじ婦女研究叢書の一冊である新時期女性文学論『遅れてきた潮流』は、『方舟』を「新時期の最初の一〇年でもっとも激烈な女性小説」と評価したうえで、発表当時の情況を次のように語っている。

『方舟』が殴殺されなかったのは、まさに僥倖だった。一九八二年の前後二、三年、まだ人は階級矛盾という観念になじんでおり、『方舟』が提起したジェンダーの矛盾は多くの人になじみがなかったので、さわれば火傷をする、捉えようのない本だが捨てるわけにもいかない、調子が低い、観点が偏っている、などという感想にとどまった。当時の張潔は売れっ子で、四、五編の作品が国家の賞を受賞したが、重要な『方舟』だけは冷遇された(楽鑠、一九八九、一一七ページ)。

張潔の多彩な作品世界の中で、『無字』は女性への暴力というテーマにおいて、明らかに『方舟』の系譜をひいている。ただ、中篇である『方舟』がアパートに同居する三人の日常に時間と空間を限定したのに対して、大長編である『無字』のほうは、百年に近い現代史を背景に四代にわたる女たちの運命をたどり、とりわけ葉蓮子と呉為の母娘の受けた暴力の被害を委曲をつくして描ききっているという大きな違いはもちろんある。

『無字』が発表されて以来多くの批評が書かれており、なかでもフェミニズム批評を標榜するものは多い。じっさいに、『無字』は女性に対する暴力、母娘の絆〈2〉など、フェミニズム的な読みを誘いやすいテキストである。また、『方舟』が発表された八〇年代とは対照的に、現在はフェミニズム批評がむしろ流行で、「女性主義」という文字が大学の紀要論文などに氾濫している傾向も見うけられる（劉棟、二〇〇七、呉淑芳、高修志、二〇〇八）。

そのなかで、『無字』について最も精力的に論評をしているのは、雑誌『中国女性主義』の編集者であり、中国においてフェミニストであると公言している数少ない批評家・研究者の一人である荒林（こうりん）である〈3〉。

荒林は、王蒙が寄稿した同じ『読書』に、「再び『無字』から話そう」を発表した。王蒙を意識したこの文章で、彼女は『無字』を中国女性の物語であると同時に、中国男性の物語でもあると読み解いている。

張潔の『無字』は中国女性の物語を述べているだけではなく、中国男性の物語をも述べている。ただ、二つの物語は噛み合わず、両者をつらぬく赤い愛の糸は存在しない。男と女は向き合って共に歩もうとするが、予想外の危機に直面したため、男は自分のことで手一杯になり、女は子供という荷までも負った。事態は終わりを告げることなく、恐慌をきたした男たちは、切実に女を求めていたにもかかわらず、女が何を体験し何を考えているか知ろうとはしなかった。女は自分にしかわからぬ痛みを体験し、当然ながら理解と愛に飢えていた。女は強く深く愛を伝えたが、男には聞こえなかった。彼はとても疲れていたのだ。彼の体験を知っているのは彼だけだった。彼は歴史を書きたいと思った。女は独り言をいった。男もそうした。彼らには共通の体験がなかった。共通の体験なしに、共通の言語を持つことができるだろうか？（荒林、二〇〇四、一一一ページ）

このように、荒林は『無字』を、女の物語としてだけではなく、女と男の物語として読み解こうとする。王蒙が一方的な「女の物語」として拒絶したテキストを、荒林は共感を持って受け入れつつも、そこからはじき出された「男の物語」をも読み取ろうとする。そこから彼女が読み取るのは、歴史の激動に翻弄され、自己の志を貫徹することもできなければ、妻子への責任を果たすこともできなかった「大男子主義」者たちの挫折である。

大男子主義は『無字』の中では、曹禺の『雷雨』や『原野』に表れたように力にあふれ独断的で非情ではない。『無字』に登場する男たちはみな、かつてなかったほど無責任で、疲弊し、場当たり的で無能である。おそらくこれこそが真の中国式の女性の経験の表現であり、同時に中国式の男性の経験の表現なのかもしれない（荒林、同上）。

このように読み直してみると、張潔の筆は、登場する男たちの暴力性や傲岸さを徹底的に暴きながらも、軍人として、革命家としては有能で果敢であり、歴史の中で自己の役割を果たそうとしながら挫折した生涯を丹念に跡付けていることがわかる。愛における男たちの酷薄さと、政治的行動における果敢さとは、順接でも逆接でもなく、淡々と併記されている。ヒロインの呉為についてもまた、王蒙が「時として天才的、時として未熟」と評したその思考の道筋は、まさにそのような読みが成り立つだけの距離をおいて描かれている。そこに、『無字』が『方舟』のひとつの発展でありながら、単なる量的、時間的な拡大ではなく、はるかに複雑な内的発展をとげていることが示されている。そして、それを解読する荒林に、女の被害意識にのみ引きずられるのではない、中国におけるフェミニズム批評の成熟を見ることができる。

V

『無字』に対する批評としては、王蒙のような反論を含めたジェンダー視点からのもののほかに、歴史小説として評価するものも見られる。たとえば張学敏は、『無字』においては「過去には意識的無意識的になおざりにされたもの」、「変動激しい革命中のあいまいなままの細部」が問い直されており、政治や倫理における二項対立を脱した多角的な視点からの思索がなされていると評価する（張学敏、二〇〇八）。

張は婉曲な表現を使っているが、言わんとするのは『無字』の中に従来の共産党お墨付きの革命史に登場しなかった事実やその解釈が含まれているということだ。たとえば、胡秉宸の延安時代のエピソードとして、「延安搶救運動」が登場する。これは、日中戦争当時の共産党解放区における反革命批判・摘発運動で、革命の聖地延安を目指してやってきた多くの青年がこの運動に巻き込まれ、反革命・スパイの疑いで粛清された。旧家の出身で学生だった胡秉宸は、用心深く来歴を隠したために嫌疑を逃れたが、正直に報告した友人は犠牲になった（井上、一九九九）。

延安搶救運動は毛沢東が発動したために、いまだ政治的にはデリケートな問題である。しかし、張潔がこの問題を取り上げた意味は、単に政治のタブーに踏み込んだということではなく、その体験を胡秉宸の人間を形成した契機として描いていることである。保身、虚栄、横暴など呉為との恋愛に影を落とす彼の欠点の数々は、呉為が惹かれた知識や、彼女に対する情熱とあわせて、共産党員であるにもかかわらず、ではなく、共産党員であることと一体化した彼の人格として捉えられている。最近の中国の批評では、フェミニズムと並んで脱構築（解構）という語も流行しているが、『無字』の歴史叙述がきわだっているとすれば、革命の正史を脱構築したにとどまらず、革命の闘士＝共産党員像を脱構築したところにあるといえるだろう。

さらに、革命後の社会で、呉為と恋に落ちた胡秉宸が離婚騒ぎを起こすくだりでは、妻の延安時代の同志たちによる「結婚防衛団」の活躍ぶりが描かれる。それは戯画化されているが、中国社会の中に深く根を張った党員のつながり（関係（グワンシ））という網の目が裏の権力機構を形成して、そこから疎外された存在、この場合は呉為をいかに傷つけるかがリアルに示されている。同志たちが胡秉宸の妻に加担したのは、「歴史が彼らを忘れようとしているだけでなく、この時代も彼らを忘れようとしていた」（第三部第六章三、四一六ページ）ことへの焦燥感によるものだったとされている。

一九三四年生まれの王蒙は、一〇代のころ共産党の地下活動に加わった経歴を持つという。その後官僚主義を批判する作品を発表して右派として労働改造を受けるという体験を経ているが、それでも革命運動にかかわった男たちをあまりにも卑小に描く張潔にいらだちを禁じえなかったのかもしれない。顧秋水や胡秉宸の歴史とのかかわりを彼らの視点から描いたならば、別な「男の物語」が成立しただろうというのは、王蒙の素直な感慨なのだろう（4）。

しかし、大きな歴史に正面から挑むのではなく、それにかかわった個々の人間の卑小さを積み重ねることによって脱構築する『無字』の手法は、意識的に選ばれたものであり、王蒙が示唆するように別の視点からの歴史を書き損なったわけではない。あるいは、フェミニズムの方法と歴史批判という二つの方法を二元的に並立したのでもない。これは、大文字で書かれるべき革命の歴史と、個々の男女のあいだで起こる性愛と暴力の絡みあいという二つのこと、フェミニズムの用語を使うなら「政治的なこと」と「個人的なこと」とを同じ次元で併記していくことによって、同時に解体していこうという戦略のもとに選ばれた手法なのである。

こうして、解体された物語は、そのまま読者の前にさらされる。「八〇万言の長編『無字』は、男女二人の伝記の書き手である主人公の別々の死によって、細切れにされた時代の細切れの伝記として提示される。すべては頭から始めなければならず、死の否定は最大の新生の呼びかけをはらんでいる」（荒林、二〇〇六、八ページ）。

張潔は荒林との対談で、長編を書く体力のあるうちにと、『無字』に続く長編を執筆中だと語っている。それは荒林が示唆するような新生の物語になるのだろうか。

引用・参考文献

秋山洋子「八〇年代中国文学に見る性と愛」『季刊中国研究』第一九号、一九九一年
井上久士「延安搶救運動」『駿河台大学論叢』第一九号、一九九一年
董炳月〈男権与丁玲早期小説創作〉《中国現代文学叢刊》一九九三年第四期（田畑佐和子訳「男権と丁玲の初期小説創作」『中国研究月報』一九九三年一一月号）
荒林〈再従《無字》説開〉、《読書》、二〇〇四年第一一期
荒林（主持人）〈文本内外的闡釈——関於張潔及《無字》的討論〉《南京師範大学文学院報》二〇〇四年一二月、四号
荒林〈重構自我与歴史：一九九五年以後中国女性主義写作的詩学貢献——論《無字》、《長恨歌》、《婦女閑聊録》〉《文芸研究》二〇〇六年五期
荒林・張潔〈存在与性別、写作与超越——張潔訪談録〉《文芸争鳴》二〇〇五年五期
孟悦・戴錦華《浮出歴史地表》、河南人民出版社、一九八九年
劉棟〈近年張潔研究述評（一九九五—二〇〇五）〉《蘇州大学学報》三五巻一号、二〇〇七年六期

王蒙〈極限写作与無辺的現実主義〉、《読書》、二〇〇二年第六期
呉淑芳・高修志〈近十年張潔研究述評〉《安徽文学》二〇〇八年三期
楽鑠《遅到的潮流》、河南人民出版社、一九八九年
張学敏〈被転覆的歴史与沈重的人性——《無字》的多角度思考〉《新学術》二〇〇八年一期

註

〔1〕ただし、『無字』を書き始めた一九八九年は米国に滞在していて、執筆の動機と天安門事件と直接のかかわりはなかったと語っている（荒林・張潔、二〇〇五）。

〔2〕母と娘の絆も、フェミニズムの立場から『無字』を論ずる場合の大きなテーマであり、荒林も論じているが、ここでは紙数の関係で触れないことにする。

〔3〕中国では、フェミニズム＝女権主義／女性主義という語に対して、左右両側からの反発が根強く、張潔をはじめフェミニズム批評から高く評価される女性作家も、自らフェミニストを名乗ることはほとんどない。中国女性学の提唱者である李小江なども、フェミニズムを西欧由来の思想と定義しており、そのため自らをフェミニストとは認めていない。

〔4〕王蒙は張潔と交友があり、彼女の母の死に際しては、親身になって世話をしている（張潔『この世でいちばん愛してくれた人が逝った』）。したがって、『無字』の男性形象に対する批判の背後には、モデルとされた人物に心当たりがあり、そのため納得できない思いがあることも考えられる。しかし、彼自身が言及していない以上、本論ではそれ以上の詮索は控え、張潔の評伝研究者に委ねることにする。

〔初出・「駿河台大学論叢」三八号、二〇〇九年〕

第3章　水に流された性革命

『赤い恋』の衝撃
コロンタイの受容と誤解

1、「性欲と恋愛のルツボの炎」

コロンタイの『赤い恋』が松尾四郎の訳で世界社から出版されたのは、昭和二年、一九二七年の一一月である。翌年四月の新聞紙上に、「果然！　大反響!!　忽ち十版」という三段抜きの広告が掲載されている。

赤い恋！　それは赤露の新社会に燃えつゝある性欲と恋愛のルツボの炎だ。偏狭固陋な伝統的性道徳抹殺の喊声だ。見よ！　本書の主人公ワッシリッサ女史の性的に解放された姿容を！　彼女は恋愛、結婚、三角関係、離婚、貞操、妊娠、避妊、育児、職業、家庭、社会等の諸問題をいかに解決したか？　失恋、破鏡、恋愛悲劇、性の抑圧苦悩、等々の文字は本書の索引には到底見当らない。本書こそは新恋愛の実際と理論との教科書、新らしい性道徳への標識、新時代の「女大学」だ。

（東京朝日新聞、四月一九日）

この広告に惹かれて『赤い恋』を買った読者は、拍子抜けしたことだろう。「赤露の新社会」と「性的に解放された」女を賞賛するかに見えて、じつは偏見がむき出しになっているこの広告コピーは、性の解放という問題――とりわけ女にとってのそれが、当時の日本でどういう次元で扱われていたかを如実に物語っている。広告を見る限りでは、コロンタイの作品は、最初から誤解さるべく売り出されたといえるだろう。

二カ月後の「大反響忽十五版‼」の広告では、コロンタイの私生活までが引き合いに出されている。ロシア語のほかに英仏独語を使いこなしたコロンタイに、日本語が読めなくて幸いだった。

> 婦人解放は須く婦人の性的解放より！といふのがコロンタイの主張だ。美貌と頴知の持主たる女史は、ロシア革命の父レニンと共に二大雄弁家と讃えられ、つねに多数男性の追随者に囲繞され、私的には百人もの男を愛撫したと耳語され乍らも、公的には顕然一国の大使として時めく世界職業婦人最高の座席を占む
>
> （同前、六月三〇日）

引用のついでに、コロンタイの経歴を簡単に補足しておこう〔1〕。アレクサンドラ・コロンタイ（一八七二―一九五二）。地主で軍人である豊かな家庭に生まれ、二一歳で結婚して息子を産むが、マルクス主義労働運動に身を投じ、夫のもとを去ってスイスに留学、その後もスイス、フランス、ドイツ、アメリカなどの国外で革命活動に従事し、特に女性問題に力を入れる。ただし、参政権運動を中心としていた第一波フェミニズムに対しては、「ブルジョア・フェミニスト」として対決の姿勢をとっ

ている。

一九一七年、二月革命勃発とともにロシアに帰国、ソヴィエト政権樹立によって国家保護人民委員(社会保障大臣)となった(~一八年三月)。在任中、母性保護課を設置し、夫婦の同権を規定した結婚についての法令や、婚外子に平等の権利を与える法令、産前産後の有給休暇や若い母親への手当支給などについての規定を作る。一九年には共産党中央委員会婦人部長、二一年にはコミンテルンの執行委員・国際婦人局の次長となり、局長クララ・ツェトキンを補佐する。

しかしこの年三月に開かれた共産党第十回大会で、コロンタイは党内グループ「労働者反対派」をひきいてレーニンが主導する多数派と対決した。この党大会以後、党内の分派活動は禁止されたので、「労働者反対派」は最後の公然たる党内分派として名をとどめることになる。このためコロンタイは党を除名され、一時期党活動から離れる。労働組合の自主権を重視し、新経済政策(ネップ)に批判的だった労働者反対派の主張は、コロンタイがいかなる革命の理想を抱いていたかという点で女性解放論ともかかわるのだが、本論ではそこまで力が及ばない。ただ、コロンタイの小説がこの時期の直後に書かれており、党内闘争の苦悩や、ネップによる共産党員のモラル低下・買売春復活への批判など、当時の状況が反映されていることを指摘するにとどめる。

この挫折によって国内政治と党活動から離れたコロンタイに、外交官としての転身を認めたのは、党書記長であったスターリンだったという。一九二二年一一月にノルウェーに赴任し、二四年には正式な外交関係の樹立に伴って全権大使に任命された。こうしてコロンタイは後半生を外交官として生き、八〇歳で死去した。レーニンに公然と反対した経歴のある古参党員で、粛清に巻き込まれることなく天寿を全うした稀有な例である。

コロンタイは政治活動と並行して精力的に著述活動をおこなったが、小説は本人も認めるように余技で、政治・社会問題を扱った論文や著作、演説原稿が中心である。女性問題の理論的著作として『社会と母性』(一九一六)、『経済の発展における女性労働』(一九二三)、また、革命政権樹立の前後に新しい性のモラルを論じた文章をいくつか書いている(2)。

日本で早い時期にコロンタイを紹介した文章としては、山川菊栄による「アレキサンドラ・コロンタイ女史」(『女性』、一九二四年一〇月号)がある。山川の文は、革命家としてのコロンタイの経歴を紹介するにとどまらず、「彼女と会見した全ての人の語る所では、彼女は優婉な容姿の持主であつて、幾多の外国語をあやつること自国語と毫も異ならず、才気溌剌たる中に毅然たる意志と思ひやりの深い、行き届いた温情を蔵した、愉快な、親しみ易い人物だとのことである」と、伝聞ではあるがその人となりをいきいきと伝えている。日本からの訪問者が日本の婦人運動の不振を訴えたところ、「あなた方男子が婦人を余り圧迫するから、日本の婦人がいぢけるのです」と切り返されたという痛快なエピソードも紹介されている。

日本でのコロンタイ紹介は、『赤い恋』につづいて、翌二八年四月には『恋愛の道』が、さらに九月には論文集『恋愛と新道徳』が、いずれも林房雄訳、世界社から出版された。これらの本を通じて紹介されたコロンタイの恋愛論はさまざまな論議を巻き起こし、「コロンタイズム」として左翼運動やプロレタリア文学にも影響を与えた。

本論の目的は、当時の日本の中で、コロンタイがどう紹介され受容されたか、あるいは誤解されたか、また、コロンタイの問いかけの中で受けとめられず、その後の女性解放論の課題として残されたものは何だったのかを探るところにある(3)。

2、新しい女の古い恋

まず、コロンタイの代表作であり、最初に紹介された『赤い恋』をみてみよう。この小説の原題は主人公の名「ワシリッサ・マルイギナ」であり、「三代の恋」「姉妹」とともに『働き蜂の恋』というタイトルで一九二三年モスクワで出版されている。日本語版は英語からの重訳で、『赤い恋』という題も英語版 Red Love の直訳であるが、革命と恋愛というテーマを一語にまとめた卓抜なネーミングが、ベストセラーになった要因のひとつであることはまちがいない。

日本語版の冒頭に掲げられたコロンタイの序文の中には、彼女の〈恋愛私事論〉の出所としてしばしば引用される有名な箇所がある。

私達は、人の恋愛関係に於ける行為を基礎として、彼れの人としての価値判断をするものであらうか? 否、私はかう思う。一般的に見て、彼れが比較的融通自在な一定の範囲をとび越えぬかぎりに於て、彼の性生活と云ふものは、彼自身の『私事』に属するものだ。従つて、或る個人の真価は其の人の家庭道徳上の行為によつて価値づけられるものではなくして、彼の仕事、彼の才能、彼の意志及び彼の国家社会に於ける有用性によって決せらるべきものである。

コロンタイの、〈恋愛私事論〉は、女も男と同じ社会的活動の場を持ち、それによって評価されるべきだという主張と、女性の私生活が男性と違った基準で非難の対象となる二重道徳規範に対する批判とからなっている。ところがこれは「恋愛の微小化」〈4〉と解釈され、さまざまな誤解を招くことになる。

『赤い恋』は、平林たい子が素人の作とあなどれないと誉めているように〈5〉、一九世紀ロシア文学の影響を感じさせる長編小説である。物語は、二八歳の織物労働者で党の活動家であるワッシリツサ〈6〉を中心に展開する。「美人という方ではなかつたけれど、鳶色の、なつかし味のある、しかも注意深さうな、美しい眼」をもち、情熱的で、雄弁で、妥協を知らず、他人の悲しみを見過すことのできないワッシリツサは、コロンタイの自画像であろう。

彼女はとりわけ女性労働者の利益を守る活動に力を入れ、その重要さを理解しない男の同志に対しては、「私共は婦人なしに革命を遂行することは出来ません。婦人こそ問題のすべてゞす」と啖呵を切ってみせる。

とりわけ、ワッシリツサの献身している活動が、共同住宅の建設というプロジェクトであるところに、コロンタイの女性解放のイメージがうかがえる。共同炊事場、洗濯場、子供部屋、窓にカーテンがかかりゼラニウムの鉢がおかれた食堂、立派な図書室……「新しい時代の精神のたゞよつてゐる、模範共同住宅」は、社会主義に寄せる女たちの夢そのものである。しかし、現実の共同住宅は、住民たちの静いやルール違反で運営に支障をきたし、ネップによる独立採算・現金支払い政策によって決定的な打撃を受ける。

革命家・社会活動家としてのワツシリツサのいきいきとした姿は、現在読んでも魅力的である。当時の日本の女性たちが、ワツシリツサの形象を、「私共が当来の最も健康な婦人として考へてゐる婦人」（神近市子）〔7〕として受けとめ、「ワツシリツサ女史に会つて、力強い指示を受けた」（平林たい子）〔8〕のは当然の反応だったろう。

しかし、この本の主題である「赤い恋」――革命時代の恋愛は、広告コピーの過激さとは裏腹に、むしろ古風な、「ありふれた恋愛の三角関係」〔9〕なのだ。

ワツシリツサの愛する男ヴラヂミルは、アナーキスト出身の革命家だが、ネップによって工場支配人の地位につき、ブルジョア的に生活にどっぷりつかってしまう。しかも彼は、ニナという若い女を妾のように囲いながら、ワツシリツサにはシラを切り通し、追いつめられると自殺未遂までやってのける甘ったれぶりである。

ワツシリツサはコミュニストとしての生き方を主張して忠告し、議論し、彼を革命の道に引き戻そうと努力するが、二人が平行線をたどっていることを確認するや、きっぱりと別れる決心をする。法律や制度に縛られない自由な結びつきを至上のものとするワツシリツサにとっては、たとえどんなに苦しくても、心変わりした相手を責め、しがみつくことはプライドが許さないのだ。そして、男が去ったあとで妊娠したことを知ると、生まれてくる子供は保育所をつくり仲間と共同で育てていこうと決意する。

恋愛を捨てて革命を選ぶワッシリッサの選択に対して、細田民樹は興味深いコメントをしている。「歌舞伎などにも、忠義のイデイオロギーの為に、哀切な恋愛を捨てる女がある。ワッシリッサは、コンミュニストとしてのイデイオロギーに、恋愛と家庭を脱するのだ。まさに、イデイオロギーの進化である」〈10〉。

細田はもちろん革命イデオロギーの優越を説くために対比してみせたのだが、ここで歌舞伎の忠義の観念が出てくるのは興味深い。コロンタイはワッシリッサの選択を、革命が自分が打ち込める仕事、自分を生き生きさせてくれる仕事を与えてくれるからで、観念的な忠義のためではないことを説得力をもって描写している。ところが、のちの日本のプロレタリア文学では、「コロンタイズム」は一方では無制限な性的自由の許容、他方では恋愛と革命の二者択一と単純化されて受けとめられ、革命への献身は限りなく忠義の観念に近くなってゆく。

恋愛の悩みを革命への献身によって昇華するワッシリッサを肯定する批評が多い中で、この恋愛の「古さ」に敏感に反応しているのは神近市子である。彼女は「新しき恋愛の理論について」〈11〉で、革命前のロシアで愛読されたチェルヌイシェフスキーの『何を為すべきか』に描かれた自由恋愛に比べて、『赤い恋』は「空想に貧しい」だけでなく、「恋愛の様式についても寧ろ余りに旧套的」だと批判している。

神近は、「恋愛受難の中から婦人を拾ひ上げて、彼女に社会的の地位と活動とを与へて彼女の個人的苦痛を消さうとする」コロンタイの企図は、今日多くの女性を救い、将来も救うだろうと肯定する。そのうえで、ひとことこうつけ加える。

「けれど世界の女性の最先頭にあるロシヤの共産党の女性の地位が、まだ一篇の『女性受難史』に終つてゐるのを見ると、私共は過去と未来とを通じて婦人に当がはれているパートが、何時も余りにも無残なのに面をそむけたい気持がして来ます」。神近の直観は、コロンタイよりむしろはっきりと、ロシア共産党の中に根を張っている家父長制構造を見抜いたといえるだろう。

3、「三代の恋」と〈恋愛遊戯〉

ベストセラーになった『赤い恋』から五カ月後、『働き蜂の恋』にともに収録されていた短編「三代の恋」と「姉妹」が『恋愛の道』というタイトルで発行された（三〇年には『三代の恋』と改題）。「三代の恋」は、一九世紀末から革命に至るロシアを背景に、ナロードニキで近代的恋愛の確信者である祖母、同志的な愛と官能的な愛に引き裂かれる母、性の解放を実践する娘の三世代を描いたもの、「姉妹」は、ネップの時期に復活した買売春をテーマにしたもので、妻と売春婦が最後には理解しあい、ネップによって堕落した夫を批判するという構成がいかにもコロンタイらしい。

「三代の恋」は、三代目の娘ゲニアの恋愛観によって、大きな反響を巻き起こした。革命活動に没頭しているゲニアは、心を許した何人かの男たちと性関係を持つ。彼女にとって性関係は、身も心も捧げている革命活動の息抜きであり、「偶然二人が出会って幸福を感じた時に、その時間を尊重する」ことにすぎない。彼女は相手を恋しているわけでも愛しているわけでもないという。なぜなら、恋をするには多くの時間と精力が必要であり、いまはそんなことに時間を割いていられないからだ。

深刻な恋愛感情なしに好意をもった男たちと性的な関係を結ぶゲニアは、母の若い愛人とも関係を持つ。べつに母から奪う気はないのだから、母を傷つけるとは思っていない。とがめを受けた娘は、逆に母の気持はブルジョア的な「汚い所有欲」だと批判する。

「あなたは、そんなことは賤しいことだ、人は恋愛なしに身をまかすべきではない、といはれます。……だが、お母さん、仮に私があなたの二十歳になる息子で、それが戦線に出て、独り身で暮らしてゐるとします。その場合、彼が気に入った女と関係したからといって、やはりあなたはこんなにびつくりするかどうか、正直にいって下さいな。淫売を買つたとか、娘をだましたとか(それは賤しむべきことです、それには私も異議はありません)そんなことではなしに、自分が気に入り、向ふも気に入つた女と関係したのです。それでもあなたは彼の「不検末」に絶望なさるのです?」

ゲニアの母への反論は、性の二重規範を正面から問いなおしている点で正論である。革命の道を歩んだ母自身、同志である夫が追放されている間に妻子ある男と恋に落ち、二人の間で苦しんだ過去を持っており、単に娘の「ふしだら」を咎めているのではない。ただ、ゲニアには自分の行為が母に与えるショックへの配慮に欠けていたこと、そして「愛も、苦悩も、悔恨も」ないことが、母にとってはなによりも許しがたいことだった。

語り手である「私」(コロンタイ)は、友人として「母」の訴えを聞き、ゲニアとも話しあう。ゲニアを見送った「私」が、新しい階級の真理はどちらにあるのかと思いめぐらすところで三代の物語は幕を閉じる。この結末を、「私」のゲニアへの全面肯定、コロンタイ＝ゲニアと読んで論を進めるものが多いが、筆者の印象では、コロンタイの視線は同世代の「母」と同じ位置にあり、ゲニアに対しては異質なものを好意を持って観察しているように思われる。

ゲニアの行動の理論的裏付けは、コロンタイの恋愛論集『恋愛と新道徳』に収録された同名の論文の中に見られる[12]。コロンタイがドイツの作家グレーテ・マイゼル・ヘスから借りた〈恋愛遊戯〉という概念がそれである。〈恋愛遊戯〉とは、階級社会における否定されるべき男女関係（現行の結婚制度と、その裏返しである買売春）と、究極の理想である〈偉大なる恋愛〉との橋渡しとして提起された過渡的な性愛関係である。それは自立した男女の自由な関係であるが、「極めて洗練された精神と注意深い思遣り」とを必要とし、相手の全人格を所有したり、他人の自我に暴力的に侵入したりすることは許されない。このような「美しい、輝かしい、煩はしくない」経験によって、人は恋愛能力を高め、偉大なる恋愛を受け入れる準備をするのだという。

簡単に要約するならば、コロンタイの恋愛論は、トルストイに由来する〈偉大なる恋愛〉と、性をともなう友愛というべき〈恋愛遊戯〉という二つの性愛のレベルを設定する「二段階恋愛論」ともいうべきものである。コロンタイは、性が罪悪感やタブーから解放されることを肯定する一方で、性と愛とがおのずから一致する至高の対関係を信じてもいたのだ。その期待は、失望に終わるのが常だったけれど、と彼女は自伝で告白している。

われわれの世代の女性の誤りは、次の点、すなわち、男性を愛した場合、自分の魂を相手の魂と一体にさせることができて、精神的にも肉体的にもわれわれ女性の力を完全に認めてくれるような唯一無二の存在をその男性の中に見出せるものと信じた点にあるのである。だが事実はいつも予想とは違った。というのは男性は常に、自分の自我をわれわれに押しつけ、われわれが完全に彼に適応せねばならないようにしようとするのである。そういう訳で、どの恋愛の場合でも、避け難い内心の拒否が起り、愛は鎖と転ずるのであった。われわれは自分が奴隷と化したように感じ、愛の束縛をゆるめようとする。こうして愛する男性との、永遠に繰り返される闘争の後で、われわれは自己を解放して自由へと急ぐのであった(13)。

「三代の恋」の語り手である「私」が、さっそうと去ってゆくゲニアを見送ったとき、胸中を去来したのは、こんな徒労とは無縁な世代が育ちつつあることへの感慨だったのだろう。

『赤い恋』のワツシリツサが読者から好意的に受け取られたのに対して、ゲニアには反発の声が強かった。林房雄は、『恋愛と新道徳』の訳者解説というべき「新『恋愛の道』——コロンタイ夫人の恋愛観」(『中央公論』一九二八年七月号)を、「あまりに隔つた思想の中に、あまりに急激に歩みこまされたために、頭の中がすっかり混乱してしまひました」という女性読者からの手紙の引用から始めている。この女性は社会主義的立場も理解する若い職業婦人だというが、貞操が婦徳の第一とされていた当時の日本では、彼女の戸惑いは当然だろう。

そんな中で、珍しい好意的なコメントが、社会主義とは縁のなさそうな人の口から出たことが記録されている。

現ロシア最左派たる娘の多角恋愛『こんな風に罪悪観念がなくつて、明るくのびのびとこんな風に出来るのなら、ねえ、一寸……ロシアへ行ってくらしたい気がするぢゃないこと……』と吉屋氏がヘウキンにいつたつけが、しかし山田わか子氏は『退歩です』ときつぱりいはれるのだ。平林氏、神近氏は『大事の前には小事とすべきでせう』といふ意見と私のきいたのはききちがいではないとおもふ。つまり、そんなには重く見ない、それはやむを得ず、時代に生きる人間のそうある姿なのだ。でも、社会が整頓してきたら、そこから新しいものが芽を吹くのでせうという風に、ロシアの男女生活を想望させた。

（「『恋愛の道』各人各語側聞記」）(14)

マルクス主義の立場に立つ神近や平林が、ソ連のイメージを損なわないように慎重に言葉を選んでいるのに対して、吉屋信子が性規範からの自由への憧れをケロリと口にしたことが対照的でおもしろい。

4、コロンタイの恋愛論の紹介と批判

林房雄は『恋愛と新道徳』の序文でこう述べている。

これまで、多くの恋愛論がなされて来た。が、それは殆んど男子の恋愛論であつた。でなければ単なる「女」の恋愛論であった。しかるにこの本は、「働く婦人」——無産婦人の恋愛論である。従つてそれは、あらゆるブルジョア的な恋愛論と異なつて「現代の社会秩序の外」にその解決を指示してゐる。だから根本的(ラディカル)たらざらんとしても得ないのである。

また、林は出版に先立って発表した「新『恋愛の道』——コロンタイ夫人の恋愛観」では、「三代の恋」と「恋愛と新道徳」を中心に、コロンタイの主張を〈恋愛私事説〉と〈恋愛遊戯〉＝友愛を基盤にした自由な性関係の提唱として紹介している。このような恋愛論が成立しうる社会的条件として、職業を持つ自立した新しいタイプの女性の誕生をあげているが、単行本の序文と少しニュアンスが違うのは、そういう女性が日本にも誕生したとして「現代の婦人は——自らの能力によって労働しつつある婦人は——すでに、恋愛の分野に於てもまた、男子によつて演ぜられる悲劇又は喜劇の単なるわき役であることを止めた。今や彼女は、彼女自ら演じなければならぬ新しい精神悲劇の勇敢な主人公である」と挑発的とも読める言葉で締めくくっていることだ。

林が紹介したコロンタイの恋愛論に、最初にかみついたのは高群逸枝だった。そもそもの発端は、高群が東京朝日新聞の「新刊良書推奨」欄（一九二八年五月一八日）でゲニアの恋愛観を評して、伊藤博文のような艶福家の男性権力者と同じではないかと批判したことによる。林は『中央公論』で高群の発言に触れ、コロンタイは男女の立場が同等になることを前提にしているので、女性を享楽の対象とする伊藤とは根本的に違うと反論した。高群はこれに対して、「官僚的恋愛論を排す——コロンタイ夫人の恋愛観について」(「中央公論」一九二八年八月)で再反論する(15)。

高群は、コロンタイの恋愛観は権力を持った男たちの恋愛観と変わらないという主張をくりかえし、恋愛が私事だとするのは、公を高く私を低く位置づける官僚思想だと批判する。また、「道徳感は婦人を一夫に釘づけた人為的な意識に基づく」として、コロンタイがゲニアの行為にいろいろ理屈をつけるのは、なお道徳に囚われているからだと指摘する。

公事と私事の分離と優劣付けという指摘は、コロンタイが男女平等を達成する方向として、女の男並みへの押し上げ、それによる二重道徳規範の解消をめざしていたという問題点をついている。また、道徳観に関する指摘は、ワッシリッサに反映されているような革命的意識と古風な恋愛感情とのズレを直感していたのかもしれない。ただ、高群の文章は、部分的な指摘は鋭いのだが、そこから論旨が展開されず、散漫でいまひとつ主旨が読みとれず、マルクス主義者であるコロンタイへの敵意ばかりが先立っている感がある。また、コロンタイが恋愛と共に母性も私事だと考えているという、明らかな誤解もしている(16)。

ただ、八つ当たりとも見える高群の指摘のひとつに、コロンタイの小説に対するなかなか鋭い批評がある。それは、登場する男の型が、「美貌の若い男とか、感情的な肌合の持主といったやうな、被玩弄的な男」だとしていることだ。これは裏返せば、従来の理想の男性ジェンダーモデル――生涯を託すべき頼れる男――にとらわれないということだ。高群はコロンタイが理想の男を描かず、「愚劣な、やくざな」男を好むとこきおろすが、男の長い睫毛に惹かれたり(『赤い恋』のワッシリッサ)、思想的に矛盾する相手と官能的な恋に陥ったり(「三代の恋」の母)しながらも、自己を見失わないところが、コロンタイのヒロインたちの魅力なのである。

アナーキスト高群はコロンタイに敵意を燃やしたが、そもそもコロンタイの本当の敵は、むしろマルクス主義の中にいた。コロンタイ批判の決定打となったのは、ゲニアが母の次に「愛している」と告白したレーニンその人である。レーニンは一九二〇年にクララ・ツェトキンと交わした会話の中で、マルクス主義者の間で性的衝動と恋愛要求の満足は一杯の水を飲むように些細で簡単なことだという理論が流行していると嘆く。そして、このような性的無節操は、ブルジョア社会の悪影響で、革命とはなんの関わりもないと断定する。

コロンタイの口から出たわけではない〈水一杯論〉というレッテルは、レーニンによってコロンタイに貼り付けられた。そのうえレーニンは、水を飲むという即物的な表現ではあきたらず、さらに「どぶにはいつくばって泥水を飲む」「幾人もの唇でぬらぬらにされたコップで水を飲む」と、ことさら汚れたイメージを押しつけたうえで否定している。この手口は、いかにも論争慣れしたレーニンらしい。

ツェトキンとの会話の初めに、レーニンはツェトキンらの指導する女性の政治学習の場で、おもなテーマが性と結婚の問題であることに対する驚きを口にする。それだけを見ても、偉大な革命建設に対して性は些細なことであり、革命活動の妨げにならないよう抑制すべきことだという彼の考えがうかがえる。性愛＝女と男の相対関係の変革を、革命をになう階級にとって不可分な要素だと考え、その方向を模索していたコロンタイとはまったく接点をもっていない。このレーニンの、著作でさえない会話の断片が「一般に性の問題に関する正統共産主義者の見解の最上の言説(17)」とされたことによって、コロンタイの問いかけが封殺される運命は定まった。「コロンタイズム」を批判するレーニン談話は、コロンタイの紹介とほぼ同時期に日本に紹介されている[18]。

日本においてレーニンを引きついだ代表者は、マルクス主義の優等生、山川菊栄である。「今日の恋愛をどう見る?」として『婦人公論』二九年一月号に掲載された論文は、単行本収録に際して「コロンタイの誤謬」という断定的な題に改められた[19]。山川は、コロンタイの主張を、一対の男女の独占的な結合に反対していることと、恋愛と性欲とを分離して、人格的交渉の伴わぬ単なる性欲衝動の満足が現下の女性の採るべき唯一の道だと主張していることだと断定している。山川が断定の根拠にしているのは、「三代の恋」のゲニアの主張のみで、『恋愛と新道徳』への言及はないが、たとえゲニアの主張だけによるにしても、彼女が相手に選んだのは、「自分が気に入り、相手も気に入った」同志であって、「人格的交渉を伴わぬ機械的な性欲の満足」ではないことは、素直に読めばわかるはずだ。

ところが山川は前記の断定を出発点にコロンタイ批判を展開し、エンゲルスをひいて独占的性愛を擁護する。そして、性的放縦は小ブルジョアの遺産だというレーニンの語で締めくくっている。結論は最初から出ているのだ。八方破れの高群と違い、理路整然としているだけに、最初の前提に疑問をさしはさむ人は多くないだろう。こうしてコロンタイの日本への紹介者だった山川の手で、彼女の恋愛論に引導が渡された。

マルクス主義の立場に立つが山川よりは好意的な総括として、平林たい子が二年後に書いた「コロンタイズム」[20]がある。平林は、コロンタイの小説と論文を丹念にたどり、両性問題を真剣に考えることが革命にとって重要だとするコロンタイの考えを確認する。そのうえで、彼女が「恋愛と新道徳」で提起した〈恋愛遊戯〉は、革命過渡期の変則的な男女関係を合理化しようとした結果であり、コロンタイ自身もその後「有翼のキューピットに道を与へよ」では恋愛に対する考えを変えたととらえ、こう結論づけている。

コロンタイズム。
さういふイズムは実在したか。私は否と答へざるを得ない。革命時代の変態的な男女関係の形式が、終始一貫、コロンタイの主張する形式だと思はれてゐるのは誤りである。それは、彼女の主張を終りまで熟読せずに、いつのまにか、「コロンタイズム」なる名称をつくりあげてしまった好奇的な知識階級の責に帰されるべきである。（中略）
我々は、世俗の概念に害されることなく、彼女の主張を読みかへさねばならぬ。それが誤りなく、コロンタイの「個人的な生活はあます所なく社会の利害に従属させねばならぬ」といふコンミュニスト的見地の普及のために書かれたものであることを知るために。

平林によるコロンタイの読みは、当時としては最も好意的なものといえよう。しかし、コロンタイが模索していた束縛されない性関係は過渡期の変態的男女関係として片づけられ、私生活は社会の利害に従属させるべきだという忠義イデオロギーだけが強調される結論になっている。
平林の文が書かれたときには、女性労働と母性の社会的保護を論じたコロンタイの理論的大著の翻訳、『婦人労働革命』、『母性と社会』が相次いで出版され、彼女の仕事の全貌が明らかになりつつあった。しかしすでにこの時期、ジャーナリズムは「誤謬と歪曲とのうちに、やうやくコロンタイを忘れ去」ろうとしていたのだ(21)。

5、日本における「プロレタリア恋愛」

コロンタイが話題をまいた年の暮れ、神近市子は「『新しき女』の二つのタイプ」(東京朝日新聞、二八年一二月二二、二三日)として、当時の若い女性を分析している。

神近によると、勃興期の資本主義を背景に『青鞜』(一九一一年創刊)によって名乗りを上げた「新しい女」は、現在の帝国主義的資本主義の時代には、二つの階級に分裂した。第一のタイプは、ブルジョア文化の落とし子である「断髪、厚化粧」のいわゆるモダンガール。神近はモガたちが旧来の婦徳や貞操を未練なく捨て去ったというだけで、コロンタイとの関係については言及していないが、本論冒頭に紹介した『赤い恋』の広告コピーでは、引用に続く部分で「自由軽妙に、科学的に、性行を処理しつゝある日本のモガさん達にとつては、彼女達の行為を最も屈強に、勇敢に、正当化する新理論が輸入されたわけだ!」と、彼女たちを読者に想定している。

第二のタイプは、神近が「プロ的婦人」と名付けた女性たちで、素顔にひっつめ髪、質素な着物と外見は従来の女と変わらないが、家庭を捨て、工場や組合を活動の場としている。「そして彼女たちも旧来の貞操とか婦徳とかには縁なき衆生である。否、縁なき衆生であるだけでなく、彼女たちはそれらのものを意識的に侮べつしさへもする」。今日の経済組織の下では自由で幸福な結婚は不可能だと知っている彼女たちは、その結果、あるものは修道僧を凌ぐ禁欲生活を、あるものは「ゲニヤ」式の生活を選ぶという。

彼女たちは僚友として男を愛しこれとベッドを分つことを少しも憚らないが、しかし相手の男性に自分たちを独占してれい属せしめようとする意思があることを見破った瞬間に、恋愛のきづなをたつことは平気なのである。未練とかしつととか執着とか、前世代までの恋人たちの特質であった感情とは、彼女たちは奇麗に絶縁してゐる。

この描写が、さきに引用したコロンタイの自伝とよく似ているのは興味深い。ただ、神近自身は、この時期、激しい恋愛は過去となり、子育てをしながら筆を取る生活をしている(22)。第二世代の「新しき女」に向ける目は、コロンタイがゲニアに対するのと同じように好意的だが距離があり、当事者たちの内面がそれほど割り切れたものだったのかには疑問が残る。

自らが第二世代に属する平林たい子は、「無産婦人と恋愛」(『改造』、三〇年二月)の中で、封建的残滓を抱擁している日本の資本主義のもとでは、真に自由な男女の結合は不可能だと口をつくして説いている。そして、いわゆる「プロレタリヤの恋愛」の実施者は、じっさいにはプロレタリアではなく、高い教育を受けた職業婦人や生活費を親に依存できる娘たちであるか、さもなければ、「エロチックな結合」が「階級闘争へ進展」することのない(神近のいう第一のタイプの)娘たちだと指摘した。

しかし、プロレタリアではないと平林に一蹴された女性たちも、自分の階級を捨てて革命の同伴者たらんと真剣に革命運動に参加していた。そんな女性たちがはまった落とし穴のひとつに、「コロンタイズム」を標榜する同志であるはずの男たちがあった。

その問題を革命運動への疑問と重ねて女性の立場から批判的に描いた作品としては、野上弥生子の『真知子』（一九二八―三〇）が有名だが、男性作家によるプロレタリア文学にも、江馬修の『きよ子の体験』（『ナップ』一九三一年二月号）のように、コロンタイがいかに逆利用されたか具体的に描いたものがある。

お茶の水高等師範時代に革命思想に触れて退学させられたきよ子は、消費組合勤務を経て、共産党員である原田のハウスキーパーを命じられる。

> 或る晩彼は恋愛論をやり出して、コロンタイ女史の『三代の恋』なぞを引用しながら、性愛の自由を強調した。そして性欲に関して随分際どい事まで口にした。聞きながらきよ子は不安になり不愉快になった。（中略）しかしその晩、彼女はどうにもならないやうな風で、とうとう彼と肉体的交渉を持たされてしまった。
>
> 彼女は煩悶した。なぜなら、きよ子は彼を尊敬はしたが、恋愛を感じてはゐなかつたし、完全な階級的な同志として以外の関係を考へても見なかつたからである。ましてコロンタイズムを小ブル的な恋愛観としてかねてから排撃し、階級的な仕事に恋愛を絡ませるものを極度に軽

蔑してゐた彼女だつた。

この小説では、コロンタイズムはすでに「小ブル的恋愛観」と位置づけられており、原田の行為が肯定されているわけではない。しかし、その一方でこの体験に傷ついて党不信に陥ったきよ子に対しても、「あなた自身も多少の責任を分つべき個人的な問題に躓ついたからと云って、どうして我々の左翼運動全般にまで懐疑的にならなくてはならないんでせうか」と先輩活動家の口を借りて「小ブル的態度」を批判している。

党活動が相次ぐ弾圧を受けていたこの時期には、革命への「忠義」がすべてに優先された。女性活動家の口からも、「我々にとつて必要なものは、我々の解放するに役立つ一切のものである。道徳の問題、殊に両性の問題も、たゞこの一点からのみ考へられねばならぬ。仕事のために有利なら結婚するのもよからう。活動のために不便なら恋愛を捨てるのもよからう」（松井圭子「プロレタリアートと両性問題」『戦旗』二九年一二月号）と、解放の中味から性愛の問題を捨象してしまう意見が述べられている。女性活動家をハウスキーパーという形で利用した家父長的な党活動の本質そのものが問いなおされるのは、戦後の政治と文学論争を待たねばならなかった。

プロレタリア文学の中で、犠牲者としての女性像とは別に、コロンタイを意識して自立した女を形象しようとした作品に、徳永直の「『赤い恋』以上」（『新潮』一九三一年一月号）がある。この小説が政治的立場の違いから夫とたもとを分かつ妻を主人公に据え、自立した女性革命活動家を好意的に描いている点は評価できる。この小説の問題点については、谷口絹枝が緻密に論じており、「夫婦の性愛の問題が未解決のまま宙づりにされるため、いわば形態だけが先走りした自由結合となってしまった」と批判している(23)。その結論に異論はないが、それ以前に、この小説が『赤い恋』とは似ても似つかないのは、夫の友人である男性作家の目から「矢崎の細君」を語るスタイルをとっており、ヒロインの名が出てくるのは手紙の署名だけという視点の違いが決定的であるように思う。

女にとっての革命と恋愛をほんとうに語れるのは、プロレタリア文学に参加した女性作家たちだが、それについては他の論者に委ねることにする。

6、コロンタイの残したもの

一九七三年、ウーマン・リブと呼ばれていた女たちのミニコミの一冊に、田畑佐和子はこう書いた。

モラルが新しくならなければ「革命」は成らず、「人間の解放」は成らない、とは、革命の時代にはいつでも人々に感じ取られ、また言われることだ(中略)。だが、モラルのうちでも、もっとも人間——ことに女性——をしばりつけてきた性のモラルが新しくならなければ、革命はその名に値しないのではないか、と考えたところに、コロンタイ女史の新しさがあった。女だからこそ、それが見えたのだ(24)。

コロンタイ研究をライフワークのひとつとする杉山秀子は、コロンタイの女性解放論の特徴を、家事育児の社会化と社会的労働参加を基礎とした女性解放論、社会による母性の擁護をめざす母性論、精神的により高い両性関係を求める性愛論が微妙に絡み合って三位一体となったものと総括している(25)。このうち、日本では性愛論のみが歪曲されて受容され、逆にソ連では性愛論は抹殺され、コロンタイは「革命家・雄弁家・外交官」としてのみ名をとどめることになった(26)。

田畑が指摘したように、コロンタイがレーニンを代表とする「正統派」とちがうところは、かれらが性道徳は経済基盤の変化に従って自然に変わる上部構造であるから、ことさら論じるに値しないとしたのに対して、「両性の健全な喜びに充ちた関係を創り出すといふことも亦、疑ひもなく労働者階級に課せられた重要任務の一つなのである」(「性関係と階級闘争」)と考えて、そのために力を注いだところにある。

それではコロンタイは、どんな両性の関係を創り出そうと考えたのだろう。『働き蜂の恋』とおなじ一九二三年に発表された「有翼のキューピットに道を与へよ」で、コロンタイは精神的・霊的情緒と肉体的魅惑との結合である〈有翼のキューピット〉を新しいプロレタリア社会の両性関係に不可欠なものとして熱っぽく語っている。彼女はプロレタリアにおける男女関係が「継続的なまた公式化された同盟の形態」をとるか、「移動的形態」をとるかにはこだわらない。ただ、互いの関係がとるべき根本的立場を、次のように規定する。

㈠相対関係の平等(男性の自己享楽といふことのない、また女性が恋愛において自分の個性を奴隷的に開放するといふことのない)

㈡相手の心と精神とを不可分なものとして支配するといふ要求をもたない、相手の権利の相互的承認（ブルジョア文化によって養はれた私有観念なしの）
㈢親しい、愛する者の心の働きに傾聴し、それを理解しうる僚友的感受性（ブルジョア文化は恋愛におけるこの感受性を女性の側からのみ要求した）。

この三項目は、七〇年を経た現在でも十分に魅力的である。それは性の解放が驚くほどに進んだにもかかわらず、女と男の関係をゆがめているジェンダーの構造はそれほど変わっていないということだろう。

三項目をすこし補足すると、㈠は近代的恋愛イデオロギーの基本原則というべきものだが、コロンタイはとりわけ、「男性の自己享楽」に関して、買売春が男性の心理に及ぼす害を指摘している。「金で買はれた愛撫の心理的不充分性は、男性の心理に特に退廃的に反映する。（中略）自分の意志でない強制された愛撫に馴れた男は、相手の女の心の複雑な動きを感得することが全然出来なくなる」（「恋愛と新道徳」）。この結果起きる「女性の不満足」がさまざまな神経病の原因になるという指摘は、女性の不感症に関するフロイト学説に対する第二波フェミニズムの批判を先取りしている。

㈡の「私有観念の廃棄」は、近代恋愛イデオロギーを超えるものとして提起されたものだろう。コロンタイは男の女に対する経済的な所有関係だけでなく、精神面も含めた男女双方の相手への束縛に強い拒否反応を示す。「恋愛と新道徳」の中では結婚制度を批判して「一人の人間と一人の人間との永続的な同居、所有権の対象に対する不可避的な要求は、火のような恋をさへ興ざめさせ、堪え難い愚劣な衝突を惹起す」とし、「有翼のキューピット……」では、「三代の恋」の母のような複数の相手への愛も、プロレタリア的イデオロギーの見地からは許容しうると示唆している。

「心の多岐性、魂の多辺性は、特に社会的・勤労的共同生活を強固にするところの、心と魂とのきづなの複雑な相交錯した綱の発達と涵養とを容易ならしめる、その契機(モメント)であるのではないだろうか?」

㈢の僚友的感受性、相手に対する共感能力は、長いあいだ女性だけの徳性として押しつけられてきた。そのため、第二波フェミニズムの初期には否定的に扱われたが、のちにはむしろ性別を問わず人間にとって必要な感性として再認識されてきた。

しかしコロンタイの場合にはすこし方向が違い、このような共感能力を、プロレタリア階級の同志愛へつながるものとして考えていたようだ。「ブルジョア道徳はすべてを愛するもののためにと要求した。プロレタリア道徳は、すべてを共同体のために——と命じてゐる」。

共同体への義務的な愛を説く段になると、コロンタイの筆は木に竹を接いだようになる。「三代の恋」のゲニアが、人を愛したことがないのかと問われて「レーニンを愛しています」と答える場面と似た唐突さだ。

搾取から解放され、同志的な友愛に満ちた新社会で、対等で自由な両性関係も実現されるというコロンタイの夢は、夢のままに終った。ソ連の女性は家庭から「解放」されて労働者となる「自由」を得たが、帝制ロシア以来の家父長制は共産党の体質に引き継がれた。コロンタイは外交官に転身し、小説の筆を折る。スターリン体制が強化されてゆく中で、コロンタイが心血を注いだ「婦人部」

も二九年に廃止になった。高群が批判した「官僚」として長い後半生を送ったコロンタイは、若い日の理念と体制との折り合いをどうつけていったのだろう。

コロンタイが投げた問いかけは、一部にはボーヴォワールの実験的な生涯のような形で次代のフェミニストに引き継がれ、一部は六〇年代以降の性解放の中で解決を待たずに解消されてしまった。しかしそれでも、答えきれない問いはまだ残されているように思う。

註

〔1〕コロンタイの伝記資料は、ミハイル・オレーシン著『世界で最初の——コロンタイ評伝』（露文）、モスクワ政治出版社、一九九〇年、ア・エム・イトキナ著、中山一郎訳『革命家・雄弁家・外交官』大月書店、一九七一年、杉山秀子著『もう一つの革命——アレクサンドラ・コロンタイ〈その事業〉』学陽書房、一九九四年を参照した。

〔2〕邦訳は、尾瀬敬止訳『母性と社会』ロゴス書院、一九三一年。大竹博吉訳『婦人労働革命』内外社、一九三〇年、のち、『新婦人論』と改題、ナウカ社、一九三六年。なお、コロンタイの著作の詳細なリストはオレーシン前掲書に掲載されている。

〔3〕このテーマでの先行研究として、ロシア文学研究者杉山秀子による「日本とロシアにおけるアレクサンドラ・コロンタイ——A・M・コロンタイの女性解放論について」『駒澤大学外国学部研究紀要』第二〇号、一九九一年、“The Acceptance of Aleksandra Mikhailovna Kollontay's Literary Works and Ideology in Japan” *Japanese Slavic and East Europian Studies*, Vol・13, 1992 および、日本文学研究者谷口絹枝による「昭和初期に於けるコロンタイの恋愛観の受容」熊本近代文学研究会『熊本の文学　第三』

審美社、一九九六年があり、多くの示唆を受けた。

〔4〕千葉亀雄「恋愛の拡大化と微小化――コロンタイの恋愛観とエレン型の恋愛観の比較批判」『婦人公論』一九二八年一〇月号。

〔5〕平林たい子「コロンタイ女史の『赤い恋』について」『文芸戦線』一九二八年一月号。

〔6〕コロンタイの小説に登場する人物の名は、便宜上当時の訳本の表記に統一する。

〔7〕神近市子「新しき恋愛の理論について――コロンタイの「赤い恋」をよむ」『女性』一九二三年三月号。

〔8〕註5に同じ。

〔9〕細田民樹「読後『赤い恋』」『都新聞』一九二八年一月二七、二八日。

〔10〕同前。

〔11〕註7に同じ。

〔12〕林房雄訳、世界社、一九二八年九月。収録された論文は、「新しい婦人」(一九一三)、「性関係と階級闘争」(原題=「性道徳と社会闘争」、一九一一)、「恋愛と新道徳」(「新しいモラルと労働者階級」、一九一八)、「有翼のキューピットに道を与へよ」(「翼のあるエロスを解放せよ」、一九二三)「共産主義と家族」(一九二〇)。最初の三編はドイツ語からの重訳で「性階級と階級闘争」は川口浩訳、「有翼のキューピット…」はロシア語から広尾猛の訳、「共産主義と家族」は英文パンフレットからの訳だという。

〔13〕瀬戸鞏吉訳「コロンタイ自伝」『情況』一九七一年八月号。訳者解説によれば、コロンタイが一九二六年に執筆した自伝が、一九七〇年西ドイツ・ミュンヘンのロークナー・ベルンハト書店から『性的に解放された女共産党員の自伝』として再刊されたもので、原著者の書き入れによる訂正個所も再現されているという。邦訳はその部分訳。オレーシンの著作リストには一九二六年の項に「自伝」とのみ記載され、ロシア語版は存在せず、一九七二年にロンドンで『性的に解放された女性の手記』として出

版されたとあり、ドイツ語版には触れていない。

〔14〕『女人芸術』創刊号、一九二八年七月。これは六月一八日に朝日新聞社紙型室で開かれた『恋愛の道』の知名婦人合評会の紹介記事で、筆者は「無名指子」となっている。おもな出席者は神近市子、平林たい子、深尾須磨子、新妻伊都子、林芙美子、金子しげり、市川房枝、山田わか子、野上弥生子、今井邦子、吉屋信子、生田花世と、当時の女性言論界の見取り図のような顔ぶれで、コロンタイへの関心の強さがうかがえる。「近頃めづらしい真剣な会だった」。

〔15〕高群逸枝は一九二八年から二九年にかけて、『婦人公論』誌上での山川菊栄との「恋愛論争」、『女人芸術』誌上での「アナ・ボル」論争など多くの論争に参加した。マルクス主義で理論武装した相手に対して、挑戦者である高群は「傍目にはまるで自爆行為とみえる問いかけをつづけた」（西川祐子『森の家の巫女　高群逸枝』新潮社、一九七二）。

〔16〕この時点ではまだ『母性と社会』は翻訳されていなかった。高群の考えでは恋愛と母性愛は母性に属する一対のもので、コロンタイのように恋愛は私事、育児は社会の任務とわける発想はなかった。この点での誤解は、後の「恋愛論」（一九四八）では改められている。

〔17〕ゼシカ・スミス著、神近市子訳「革命と恋愛」『女人芸術』第一巻第二号、一九二八年八月。これは米国ジャーナリストのソ連見聞記の一部であるが、性解放論から極端なピューリタニズムまでが混在する革命初期の情況をリアルに伝えるほとんど唯一の文献として、コロンタイを論ずるときしばしば引用される。一九三二年に神近市子訳「ソヴェート・ロシヤに於ける婦人の生活」として南北書院から単行本になった。

〔18〕レーニン、ツェトキン著、水野正次訳『婦人に与ふ　レーニンは労働婦人になんと呼びかけたか』共生閣（国会図書館『婦人問題文献目録』による）。菊池小夜子「レーニンの恋愛観——レーニンは婦人

になんと教へたか」（『女人芸術』第一巻第六号、一九二八年一二月）には、クララ・ツェトキン『レーニンと婦人問題』という書名が見られる。なお、〈水一杯論〉の引用部分はH・ポリット編、土屋保男訳『マルクス　エンゲルス　レーニン　スターリン　婦人論』大月書店（国民文庫）一九五四年によった。

〔19〕「山川菊栄全集　5」岩波書店、一九八二年六月。鈴木裕子解題。

〔20〕『社会科学講座　二』誠文堂、一九三一年。

〔21〕中島幸子「コロンタイと『婦人労働革命』」『女人芸術』第四巻第一号、一九三一年一月。

〔22〕『女人芸術』第一巻第三号「多方面恋愛座談会」などで、若い世代に対し母としての立場から発言している。

〔23〕註3の谷口論文。

〔24〕ウルフの会『女から女たちへ』第三号、一九七三年。秋山洋子『リブ私史ノート』インパクト出版会、一九九三年に再録。

〔25〕註1、『もう一つの革命』の「むすび」。

〔26〕ソ連では一九七二年に政治出版社から四〇〇ページを超える「コロンタイ論文・演説集」が出版されているが、恋愛や性に関するものはまったく収録されていない。なお、「革命家・雄弁家・外交官」は、コロンタイの墓碑銘であり、イトキナによる伝記の題でもある。この伝記の邦訳が出版されたとき、筆者は題名を目にしながら、コロンタイの伝記とは長い間気づかなかった。

［初出・『文学史を読みかえる②〈大衆〉の登場』池田浩士責任編集、インパクト出版会、一九九八年］

コロンタイの恋愛論の中国への紹介と反響

I はじめに

アレクサンドラ・コロンタイ（一八七二―一九五二）は、ロシア社会主義革命におけるもっとも有名な女性革命家である。帝制下の豊かな家庭に生まれ、結婚して結婚して息子を産むが、マルクス主義労働運動に身を投じて国外で革命運動に参加し、とりわけ女性問題に力をいれた。一九一七年、ロシア革命が成功すると、帰国して国家保護人民委員（社会福祉担当大臣にあたる）に就任し、男女平等にもとづくソ連の女性政策の基本枠を作った。その後、レーニンを中心とする多数派に反対の立場をとり、一九二二年に外交官としてノルウェーに赴任、「世界最初の女性大使」となった。早い時期に国内政治から外交に転じたことが幸いして、スターリンの粛清に巻き込まれることなく党員としての地位を保ち、八〇歳の長寿を全うした。

コロンタイには、女性問題を論じた著作とならんで、「恋愛三部作」と呼ばれる小説群と、社会主義建設の過渡期における恋愛や性道徳について書いたいくつかの評論がある。コロンタイの著作の中でも、性と愛をめぐるこれらの著作は、一九二〇年代末、世界各地で紹介され、論争を巻き起こした。

本稿では、一九二〇年代後半に日本に紹介されたコロンタイの著作が、日本語からの重訳として中国に紹介された経緯をたどり、中国におけるコロンタイ受容の様相を分析紹介するものである。

II　日本におけるコロンタイの紹介とそれをめぐる論争

日本に最初に紹介されたコロンタイの著作は、一九二七年一一月に出版された松尾四郎訳『赤い恋』(世界社)(1)であった。これはコロンタイの「恋愛三部作」のうち『ワシリッサ・マルイギナ』の訳であるが、センセーショナルなタイトルと宣伝によってベストセラーになり、これを手にすることは流行の先端を行く若者たちの風俗にさえなった(2)。しかし、題名とは裏腹に、夫との関係に悩みながら理想の新社会建設のために献身するワシリッサは等身大の女性として描かれており、自立を模索する日本の新しい世代の女性にも共感された。

『赤い恋』についで、一九二八年四月には、林房雄訳『恋愛の道』(世界社)が出版された。これは、「恋愛三部作」のうち残る二作、『三代の恋』と『姉妹』を収録したものだ。

この『三代の恋』こそは、コロンタイの小説の中で論争の焦点となった作品である。祖母・母・娘三代の異なる恋愛観とその実践を描いたこの小説で、三代目として登場するゲニアは、従来のモラルに挑戦する革命時代の落とし子である。革命に献身する自分には手間ひまのかかる恋愛などしている余裕はない、気に入った相手と自由に性交して何が悪いという彼女は、女に課された貞操や母性という規範を軽々と乗り越えている。このゲニア像には、ワシリッサに共感した女性たちも戸惑いを見せた。

小説の翻訳紹介にひき続き、同じ一九二八年九月には、林房雄編訳によるコロンタイの恋愛論、『恋愛と新道徳』(世界社)が出版された。林はこの出版に先立って、『中央公論』一九二八年七月号に「新『恋愛の道』——コロンタイ夫人の恋愛観」を掲載し、『三代の恋』のゲニアの行動の説明として、「恋愛と新道徳」の中でコロンタイが主張する「恋愛遊戯」論を紹介した。

「恋愛遊戯」とは、コロンタイがドイツの女性作家ハイスの理論を借りたもので、真の恋愛に到る前段階としての、友愛を基盤にした自由な性関係を指している。林は、ゲニアと男たちとの関係は、革命という過渡期の社会を背景にした「恋愛遊戯」だと解釈する。さらに林は、コロンタイの恋愛観の重要なポイントは、「恋愛私事」説で、性生活は人間の私事であり、人の真価（とりわけ女性の場合）は仕事、才能、意志、および国家社会における有用性によって決められるべきだと主張しているとする。そして林は、現在はこれまでの歴史にない自立した労働女性が登場した時代であるとして、「今や彼女は、彼女自ら演じなければならぬ新しい精神悲劇の勇敢な主人公である」と、結論を女性たちに委ねている。

林によって紹介されたコロンタイの恋愛論に対して、日本ではさまざまな立場から論争がおこなわれた。女性の側から出た代表的な批判のひとつが、高群逸枝の「官僚的恋愛論を排す――コロンタイ夫人の恋愛論」（『中央公論』一九二八年八月号）である。当時アナーキズムの立場に立っていた高群は、恋愛が私事だとするのは公を高く私を低く位置づける官僚思想であり、ゲニアの恋愛観は権力を持つ男性の恋愛観と変わらないと批判した。公事と私事の分離と優劣付けに対する批判は正論であるが、文章は全体として散漫で論旨がすっきりせず、ソ連の高官であるコロンタイへの反感が先立っている印象を受ける。

逆に、味方であるはずのマルクス主義の立場からコロンタイを批判したのが山川菊栄であった。山川は『改造』一九二八年九月号に「コロンタイの恋愛観」を書いている。山川は、『赤い恋』のワシリッサについては、男性中心の両性関係が破綻したところから出発する新しい女性像として評価するが、『三代の恋』のゲニアは、過渡期の混乱の中で変則的な解決を求めたに過ぎないと批判する。さらに、『婦人公論』一九二九年一月号に掲載された「今日の恋愛をどう見る?」では、コロンタイの主張は恋愛と性欲とを分離して、人格的交渉の伴わぬ性欲衝動の満足が現代の女性の取るべき唯一の道だとしているとしたうえで、エンゲルスを引いて独占的な恋愛を擁護し、性的放縦は小ブルジョアの遺産だというレーニンのことばで締めくくる。マルクス主義の優等生である山川らしい隙のない論の運びだが、ゲニアの恋愛観=コロンタイの恋愛観として全否定する態度には、コロンタイの主張をじっくり検討するというより、政治的な意図が強く働いているようにみえる。この論文のタイトルが単行本所収にあたって「コロンタイの誤謬」(3)と改められたのもそのことの反映であろう。

山川のコロンタイ批判の背後には、クララ・ツェトキンによってまとめられたレーニンの女性問題に関する談話がある(4)。レーニンは、一九二〇年にドイツ社会民主党の指導者クララ・ツェトキンと交わした会話の中で、当時の青年の間で流行していた性的衝動と恋愛要求の満足は一杯の水を飲むように簡単なことだという理論を批判し、このような無節操はブルジョア社会の悪影響で、革命とはかかわりないと断言する。レーニンの談話は『三代の恋』が発表される以前のもので、コロンタイを名指しで批判しているわけではない。しかし、この談話が発表されて以来、コロンタイは「水一杯主義」のレッテルを貼られ、「コロンタイズム」は青年の性的放縦を容認する主義として流布されることになった。

III　日本から中国へ
——《新女性》のコロンタイ特集

日本語に翻訳されたコロンタイの作品は、間髪をおかずというべき早さで中国語に重訳されて紹介された。

一九二八年、上海の開明書店が発行している雑誌《新女性》三三号(第三巻第九期)は、コロンタイの特集号として編集された。この特集は、日本語から翻訳された『三代の恋』(芝葳訳)および、林房雄の「新『恋愛の道』——コロンタイ夫人の恋愛観」(默之訳)、高群逸枝の「官僚的恋愛論を排す——コロンタイ夫人の恋愛論」(芳子訳)の二論文からなっており、巻頭には、「新恋愛問題」と題された編者の序文がおかれている。

編者序文は、コロンタイ紹介の意図を次のように述べている。

> 恋愛の思想については、ほかの思想とまったく同じように、永遠に変動の中にあり、常に新しい発展があるものだ。本誌では最近恋愛か非恋愛かという問題で、にぎやかな論争が行われた。本号では、われわれはさらに新しいロシアの新しい恋愛思想を紹介し、赤化したロシアの青年男女の、恋愛の赤化はどこまで行きついたかをお知らせしよう。（中略）これら数編の文章を発表するのは、なにも鼓吹宣伝するためではなく、完全に客観的な立場に立って、現代の恋愛に関する思想の変転の状況を知っていただくためである（九八五ページ）。

さらに編者は、この問題について中国の思想界の反応を知りたいので読後感を寄せてほしい、追って特集号を発行すると読者に呼びかけている。

この特集が掲載された雑誌《新女性》は、一九二六年に創刊された。編集長は、それまで商務印書館で《婦女雑誌》の編集長をしていた章錫琛（しょうしゃくらん）である。《婦女雑誌》は一九一五年から一九三一年まで発行された中国でも大きな影響を持つ女性雑誌で、章錫琛は一九二一年に同誌の編集を引き受け、従来の良妻賢母路線から、女性解放を目指す論壇へと雑誌の方向を大きく転換させた。しかし、一九二五年一月に「新性道徳」特集号を出したことで商務印書館の保守的な経営者と衝突して編集長を辞任、一九二六年一月に《新女性》を創刊した。その後、雑誌だけでなく女性問題に関する書籍の出版も手がけるため開明書店を創設した。章を助けて《新女性》の編集や執筆にあたったのは、一九二一年に発足した婦女問題研究会の会員たちであった（5）。コロンタイ特集の編者序文に署名はないが、章錫琛によるものと考えていいだろう。

編者序文にもあるように、この雑誌は性や恋愛の問題を大胆に取り上げている。序文で言及されている恋愛か非恋愛かの論争は、二九号（第三巻第五期、一九二八）に掲載された謙弟の「非恋愛と恋愛」をきっかけに始まったもので、コロンタイ特集号の前号には、「非恋愛論と非非恋愛論」というタイトルで、章錫琛、剣波、謙弟の誌上論争が組まれている。この論争の発端となった謙弟の非恋愛論は、性欲は生理的な欲求で心理とは無関係だとして恋愛そのものを否定している。章錫琛をはじめとする婦女研究会のメンバーは、儒教的旧道徳に抗して男女平等・自由恋愛を主張していたが、謙弟の論はさらに過激なものであった。そのような論議が交わされていた《新女性》は、コロンタイについて論じる場として、まったく違和感のないものだった。むしろ違和感のないぶん、コロンタイの及ぼした衝撃力も弱かったといえるかもしれない。

それにしても、日本で『恋愛の道』が発行されたのが一九二八年四月、林房雄論文、高群逸枝論文の『中央公論』掲載が七月、八月号である。日本の雑誌が実際は表題の月より早く発行されたにしても、《新女性》九期に特集が組まれた素早さは感嘆に値する。

Ⅳ 《新女性》の「新恋愛問題」特集

《新女性》三六号（第三巻第一二期、一九二八）には、編者の予告どおり「新恋愛問題」特集が組まれ、一六本の文章が一挙掲載された。目次によるとその題名と著者は以下の通り、〔 〕内の姓名は筆者が補足したものである（6）。

1 性愛とその将来の転変を論ず　剣波〔盧剣波〕

2 「三代の恋」の分析観察について　姚方仁〔姚蓬子〕

3 「三代の恋」「新恋愛の道」「官僚的恋愛観を排す」の三文を読んで　文宙〔倪文宙〕

4　恋愛の現在と将来　朱梅
5「三代の恋」読後感　章克標
6「自由性交」と「恋愛遊戯」　洪鈞
7　恋愛至上感の抹殺　靜遠
8　相対性原理によって新女性九月号が求める新恋愛問題への解答に応ず　安之
付・コロンタイの恋愛観　山川菊栄
9　われわれも自分自身の三代の恋を持つだろう　伏園〔孫伏園〕
10　三代の恋の二人の対話　孫福熙
11　個性本位の恋愛　陳醉雲
12「新恋愛の道」を読んで　毛尹若〔毛一波〕
13　新恋愛問題　弋靈
14　三代の恋を読んで　波弟
15　新恋愛問題私見　龍實秀
16　新恋愛問題への解答　蒲察

これらの文章は長さが一ページから一六ページとさまざまであり、厳密な論というよりは気軽な感想に近いものが多い。その中に見られる特徴をいくつか紹介してみよう。

巻頭にある剣波（けんは）の論文は、一六ページといちばん長く、総論的な性格をもっている。剣波はまず、《新女性》ではこれまでも恋愛についての論議がくりかえされ、その中で「自由性交」論や「非恋愛」論が提起されてきたとして、コロンタイによる「恋愛遊戯」がそれほど過激な主張ではないというところから出発する。剣波自身も同年七期に発表した「性愛と友誼」の中で、性交の自由、すなわち性愛と性交を分離し、自由意志のみにもとづく束縛のない性の自由を主張した。

「性愛とその将来の転変を論ず」の中でも、剣波は同じ主張をする。

性交が自由になり、貞操が滅びれば、愛は母子の愛、兄弟愛と同じようになる、これは人と人との間の感情を一筋の水平線で区切れないことからくる自然の結果だ。いわゆる「恋愛」も

「性愛」の比較的遥かで長い程度をいうにすぎず、貞操を独占する意味は含まない。――将来の自由な社会において、性の自由とて問題になりうるだろうか？（一三五七ページ）〔7〕

このような立場に立つ剣波であれば、第三代のゲニアの行動に対してもとりたてて批判があるわけはない。近代資本主義制度が生んだ新しい女性の自由な選択を見守ろうと、林房雄の結びの言葉を繰り返すにとどまっている。

ところで、この盧剣波（一九〇四―一九九一）は、中国においてはアナーキストとして知られた人物である。五四時代にアナーキズム思想に目覚め、主として出版活動による宣伝に従事し、一九二六年からは上海で雑誌《民鋒》を発行していた。《新女性》の筆者の中では、盧剣波のほかにも、「非恋愛」論の主張者である謙弟（張履謙）、この特集に名を連ねている尹若（毛一波）などが、アナーキストとして《民鋒》出版にかかわっていた。《民鋒》は一九二八年国民党によって発禁にされているので、コロンタイ特集への執筆はその事件と前後した時期になる。

当時の上海は、一九二七年四月の蒋介石による反共クーデター以来、国民党の独裁支配による緊張下にあり、とりわけ共産党は地下活動を余儀なくされる厳しい情況にあった。アナーキストの中には共産党に対抗するため国民党と手を結ぶグループもあったが、《民鋒》グループは国民党批判の論陣を張って妥協しなかったため弾圧にあった〔8〕。《新女性》の関係者には共産党員も少なくなかったが、アナーキストでも盧剣波らとは共存できると認めていたのだろう。この点は、日本でアナーキストを標榜していた高群逸枝が、共産党の幹部であるコロンタイに敵愾心をむき出しにしていたのと対比してみると興味深い。コロンタイはマルクス主義者であるが、その恋愛論はむしろアナーキストに受入れられやすい面を持っていたし、それゆえにレーニンの言を金科玉条とする正統派マルクス主義者から批判されることになった。中国のアナーキストが彼女に共感を示したのも不思議ではない。

剣波の論でわかるように、《新女性》の執筆者の多くにとっては、恋愛の自由のみならず、「愛」と切り離された性の自由も許容範囲にあった。当時の中国の知識層の中でも、性の問題についてとりわけ急進的な人たちが寄って作った雑誌であるからには当然だといえる。したがって、日本で論争の媒体となった『中央公論』や『改造』が幅広い読者層を持つ総合雑誌であったのに比べると、《新女性》におけるコロンタイ・ショックは弱かったといえる。

他の論者たちも、性の自由を認めるべきだという点では、ほぼ一致している。ただ、その中でのニュアンスの違いはあり、「性欲は食欲と同じで、満たしたいときに満たせばいいのだ」(蒲察、一四二五ページ)という即物的な立場から、「人類には感情がある以上、自分が信じ慕う人との肉の結びつきを喜ぶものだ」(洪鈞、一三七九ページ)という性と愛を切り離すことに抵抗を感じる立場までの幅がある。

性と感情は切り離せないとする洪鈞は、『三代の恋』のゲニアも誰とでも無差別に性関係をもっているわけではなく、実際は自分が気に入った相手を選んでいる。それを「真の恋愛」と無理に区別しようとしたことがゲニアの、そして作者であるコロンタイの混乱の原因だと分析している。洪鈞と同じように、コロンタイの恋愛観が観念的で矛盾しているとする批判は、文宙、弋霊など、他の論者にも見られる。

じっさい、コロンタイ自身の恋愛論は、霊肉一致した至高の愛というトルストイ的な恋愛観と、複数の相手や多様な相手に開かれた性の自由(それは男性には許されていたが女性にとってはタブーだった)の肯定との間にあって、理論的な矛盾や破綻を含んでいる。その矛盾や破綻が『赤い恋』のように著者の分身であるヒロインに反映されると、読者の女性たちの心に響くものになる。しかし、恋愛論だけをとってみれば、上記のような批判が出てくるのは無理のないことだ。

『三代の恋』のゲニアの主張と行動を、革命の変革期という時代背景によって解釈しようという点も、多くの論者に共通している（姚方仁、朱梅など）。そういう論者はまた、革命ロシアと現在の中国では、社会状況が違いすぎていっしょに論じても意味がないと考える。

「中国の恋愛思想は、五四以後急激な転換をしたとされている。しかし現在に至るまで大騒ぎをしたにもかかわらず、『祖母の時代』の恋愛観から逃れられない、あるいはその時代にも及ばないかもしれない！」（姚方仁、一三六九ページ）。

また、現在の中国は三代どころかさらに多層の新旧が並存しているが、いつか将来は「われわれも自分自身の三代の恋愛をもつことだろう」（伏園、一四〇〇ページ）という述懐もある。

一方、少数ではあるが、「私はいわゆる『時代性』に好感を持たない」（陳酔雲、一四〇七ページ）、と過渡期の特殊性を認めない論者もいる。陳酔雲は、ゲニアの求めるような個人本位の自由な恋愛は、過渡期のものというよりは理想であり、むしろ将来結婚制度が廃止され、計画出産が実施され、児童の公育や老人の公養が実現された社会でこそ可能になるとする。

コロンタイへの反論としては、彼女の提案する「恋愛遊戯」という概念への疑問が最も多い。この概念そのものがドイツの作家からの借物で、コロンタイ自身も十分消化していないところがあるので、疑問が出るのも当然であろう。また、「遊戯」という語にとらわれて、人間としての交流を伴わない肉体だけの関係と誤解して批判する者もいる（朱梅など）。

コロンタイの批判者の中にも、高群逸枝の「官僚的恋愛論を排す」に共感する者はほとんどいない。たとえば孫福熙は、コロンタイが大使になったことで官僚だと決め付けているが、恋愛私事論がなぜ官僚的なのか理解できないとして、高群を自分が理解できない新理論を無理やり抹殺しようとする小学教師タイプだと一蹴している。

じつは、この特集には、中国の筆者による一六本の論考のほかに、山川菊栄による「コロンタイの恋愛観」が掲載されているのだが、八番の安之の文に含まれていて、目次に明示されていない（この時期の中国の雑誌では、翻訳の出所ばかりか、翻訳だということさえ明示しないこともまれではない）。これはⅢで言及した『改造』一九二八年九月号に掲載された短文の翻訳である。山川菊栄の明快な批判は、日本マルクス主義者の立場を代表するものとして選ばれたのだろうか。

ところで、コロンタイの恋愛論に新しいものがあるとすれば、それは女性の立場から性の自由という問題を提起したところにある。日本では、高群逸枝や山川菊栄をはじめとして、神近市子、平林たい子など多くの女性たちがコロンタイの恋愛観について論じている。しかし、《新女性》は女性雑誌であるにもかかわらず、コロンタイ特集の筆者はほとんど男性だと思われる。筆名のすべてが特定できたわけではないが、特定できた中に女性は含まれていないし、女性としての立場を表明した発言も見られない。《新女性》が基本的には男性知識人による女性の啓蒙を目指す雑誌だったことは、ここにもはっきりあらわれている。

その中で、孫福煕の「三代の恋の二人の対話」だけが、男女の対話という設定で女性の意見を紹介している。二人は親しい友人同士で、女性は上海で勉学中、週末に連れ立って近郊へ遊びに来たと設定されている。

「新女性を読んだ？」「三代の恋が載っていた号のこと？」で始まる会話では、男性はコロンタイの主張に全面的に賛成し、女性は賛成ではないという。女性は、愛情さえあれば他の条件は無視していいが、愛情のない性交は罪悪であり、親の強制による結婚や売春と変わらないとゲニアを批判する。ただ、批判しているのはゲニアの行動自体ではなく、ゲニアが恋愛を狭く定義することで、「気に入った」とか「親しく感じる」という感情を恋愛とは別物だと考えている点だ（この批判は、「真の恋愛」と「恋愛遊戯」を強いて区別しようとしたコロンタイの恋愛論に対する批判でもある）。そういう感情は愛情と同じことではないか、その感情を認め、自由に愛し合えばいいではないか、「このような絶対的に自由な男女の結びつきはきっといつか実現する、こっそり実行している人がどれだけいようがかまわないけど、少なくともあなたと私はこの幸せを味わいはじめたわ！」というのが彼女の結びの言葉である（一四〇五ページ）。

この意見が実際に女性の口からでたものかどうかはわからない。しかし、性は感情とは無関係とする「非恋愛論」がいかにも観念的なのに比べて、自由と愛情の両者に価値をおく「彼女」の意見には、実感の裏打ちがあるように感じられる。

V　翻訳の競作とその反響

《新女性》の特集に続いて、コロンタイの著作の単行本も続々と出版された。まず、特集号の出た翌月、一九二八年一〇月に、沈端先訳の《恋愛之路》が発行される。作新書社発行、開明書店販売というこの本は、一一四ページの小冊子で、『三代の恋』、『姉妹』の二編に、付録として林房雄著、黙之訳〈新恋愛道〉が収録されている。『三代の恋』の訳文は、《新女性》に掲載されたものと同じであり、このことから《新女性》の訳者芝葳は沈端先のペンネームだとわかる。この本は同誌の特集に『姉妹』を付け加えて、急遽出版されたのだろう。

のちに夏衍の筆名で中国を代表する劇作家となる沈端先は、一九二七年春に日本留学から帰国した。友人の会社に居候しながら共産党の地下活動をしていたところ、日本時代に面識のあった呉覚農[9]と再会した。彼を通じて開明書店の夏丏尊や章錫琛にも紹介され、勧められてベーベルの『婦人論』などの翻訳をするようになった。毎朝起きると二〇〇〇字を訳すことを日課にし、残る時間は活動にあてたが、規則正しい仕事で翻訳料が入ったので、貧しい文芸界の仲間のなかでは「万元戸」（一九八〇年代、改革開放政策により起業して成功した農民を指した表現」になったと回想している[10]。《恋愛之路》の冒頭には〈訳者贅言〉として、コロンタイ（ここでは奥付の柯倫泰とちがって科倫泰という字を当てている）の略歴を紹介しているが、「本書の中の思想がどうかということについては、何も意見を付け加えず読者が自分で判断するに任せるのが最良だと考える」と、内容へのコメントは控えている。なお、林房雄論文を訳した黙之は開明書店の編集面を担当していた夏丏尊で、一九〇〇年代の東京高等師範留学生、片山潜など日本の社会主義文献を翻訳している(11)。

翌一九二九年四月には温生民(おんせいみん)訳で《恋愛之道》と《赤恋》が啓智書局から出版された。訳者の温生民は両書の序文の中で、革命や仕事と恋愛について の中国の青年たちの悩みに触れているが、恋愛は社会の下部構造に規定されるので、ほんとうに恋愛を享受するためには、まず社会を変革しなければならない、と唯物史観で割り切っている。『三代の恋』のゲニアに対しては、過渡期の混乱と断定し、『赤い恋』のワシリッサに対しても、両性関係の檻を脱して社会人として自立した点を評価しているだけで、彼女の恋愛については触れていない。

さらに七月には、北新書局から楊騒(ようそう)訳で《赤恋》が出版される。これも松尾四郎からの重訳である。楊騒は「序」の中で、昨年末にこの本を翻訳しようとしたが、事情があって帰郷し、上海に戻ったときは他の人の翻訳がまもなく出版されると聞いて翻訳を思いとどまろうかと思ったが、友人の薦めもあって翻訳を決意したと述べている。版権についての意識がなかった当時は、同一書の訳本が数種出回ることは珍しくなかった。

楊騒は読者に対して、新しい女がどんなふうに接吻するかとか、新しい男女がどんなラブレターを書くかといったことが知りたければ、上海にいる浅薄なモダンガールに聞けばいいが、真に目覚めた女性が旧勢力や旧道徳といかに戦い、人類全体への義務に関心を持ってそれを遂行するかを知りたければ、この本を買って読んでほしいと呼びかけている。楊騒は一九二〇年代、女性作家黄白微との恋愛・結婚・離婚で上海文壇を騒がせた作家であるが、それだけにこの小説に対する共感も他の訳者に比べて高いように思われる。また、楊騒は《赤恋》に先立って、コロンタイを含む一五人の女性革命家を紹介した森田有秋《世界革命婦女列伝》を翻訳しており（春潮書局、一九二九）、コロンタイの伝記については同書を参照するようにと序の中で述べている。

コロンタイの恋愛論については、一九二九年六月、林房雄編集の『恋愛と新道徳』をそのまま翻訳した《恋愛与新道徳》が、沈端先・汪馥泉合訳で北進書局から出版された。

一九三二年には、『偉大な恋』が、周起応（周揚訳、水沫書店と、李蘭女士訳、現代書局で二種類出版されている。周揚は『アンナ・カレーニナ』をはじめロシア文学の翻訳を多く手がけているが日本語の訳書はないので、ロシア語版からの翻訳だと思われる(12)。一九三二年には、『婦人と家族制度』（方紀生訳・星雲堂書店）が出版されている。このように、中国におけるコロンタイ紹介は、日本の後を追う形で短期集中的に行われた。

こうして紹介されたコロンタイは、中国ではどのように受け止められたのだろうか。一九二九年七月に雑誌《紅黒》に掲載された胡也頻の小説『M市へ』の冒頭には、こんな会話が交わされる場面がある。

夏克英女史が大声で言った。「……性の完全解放……」

もう一人の女史がこれに応じた。「そうよ、女だけが女に共感する」

何人かの男たちがこっそり言った。「ぼくらが打倒される時がきた」

夏克英は話を続けたが、女主人が入ってくるのをみると、立ち上がって彼女を引っぱり、たてつづけにたずねた。「素裳、あなたはコロンタイの三代の恋愛をどう思う？　あなたの意見をぜひ聞きたいの」（中略）

素裳は笑いながら小声で言った。「私に聞いてどうするの？　あなたはとっくに実行してるじゃないの？　もしかしたらもう第四代のを――あなたにとってコロンタイの三代の恋愛は問題じゃないでしょう」

夏克英はおどけた顔をして軽い瞬きをすると、また言った。「あなたの天才的な口にはかなわない。でも、あなたに聞いたのはこの問題についての意見で、べつに個人のことじゃ――」

素裳はしかたなく言った。「誰もがしたいようにすればいいでしょう。恋愛や性交についての観念は、一人の人間でさえしょっちゅう変わるものだわ。自分が正しいと思うようにするのが一番でしょう」〈13〉

《紅黒》は沈従文、丁玲、胡也頻らが発行していた雑誌で、『M市へ』には丁玲による「『M市へ』紹介」が付されている。丁玲は一九二七年に《小説月報》に《夢珂》を発表して小説家としてデビュー、一九二九年の短編集『暗黒の中で』では近代都市を背景に自立を求めて暗中模索する同時代の女性像を描いて注目された。コロンタイ特集を組んだ《新女性》の巻末には、開明書店から出版された『暗黒の中で』の全ページ大の広告が掲載されている。夫である胡也頻の小説も、単行本の『モスクワへ』という題名が示唆するように、富にも美貌にも教養にも恵まれたヒロイン素裳が、それに飽き足らず新しい思想を求めて一歩を踏み出す姿を描いている。引用部分は素裳の誕生祝いのパーティの場面だが、上海の豊かなインテリ青年の間でコロンタイが流行の話題になっていたことがうかがわれる。

コロンタイの恋愛論は「水一杯論」と矮小化されたが、中国においても〈一杯水主義〉という言葉は、性欲の満足のみを求める刹那的な男女の関係をあらわすものとして広まった。「恋愛か革命か」は、一九二〇年代末の中国文学における流行のテーマとなったが、共産党に対する弾圧の強化、日本の東北侵略など政治情勢の緊迫化にともなって、文学界における重点も変化してゆく。雑誌《紅黒》は八期で終わり、《新女性》も一九二九年一二月を最後に廃刊になる。『M市へ』を書いた胡也頻は共産党の地下活動にかかわって国民党政権に逮捕されて一九三一年に銃殺され、妻の丁玲は生まれたばかりの息子とともに残された。

コロンタイの翻訳者の一人であった沈端先(夏衍)は、一九三〇年に『『恋愛の道』『ワシリッサ』その他』という、中国におけるコロンタイブームの総括というべき文章を書いている。ここで夏衍はコロンタイの著作を紹介したのちに、レーニンの言葉を引いて、『三代の恋』の時代は過去のものになったと断定している。

ソ連においては、これらの問題は、法律、芸術、教育の面での努力の結果、すでに正しい解決を得ている。したがって、中国において、再びこのような「一杯の水」の「理論」(?)が登場しないことを望む(14)。

実際には、ソ連社会は夏衍が夢見たように完全なものではなく、女性解放についても多くの問題を残したままだった。コロンタイが試みた性に関する女性の側からの問題提起は、日本においても中国においても、十分な論議をされることなく積み残され、市場経済が繁栄する社会での「性の解放」の中に埋もれていった。

VI　おわりに

中国におけるコロンタイ紹介は、日本語に翻訳されたものが間髪をおかず中国語に翻訳される形で行われた。ここから見て取れるのは、一九三〇年前後の中国と日本の文化的な近さである。とりわけ東京と上海というアジア屈指の大都市では、出版業やマスコミを含む資本主義経済の発展がめざましく、両都市を結ぶ人と物の流れも活発だった。高い教育を身につけた知識青年が層として登場し、その一部がマルクス主義やアナーキズムなど社会主義の思想と運動の担い手となったという点でも共通していた。コロンタイ紹介の素早さは、同じ情報が同じ関心で共有されていた一九三〇年前後の日中の関係の近さを如実に示す好例といえる。日本の中国侵略が明瞭な形をとり始めるまでの、一九二〇年代半ばから一九三〇年代初頭は、近代において日中両国の文化的・思想的距離が最も近い時期であった。

また、コロンタイの翻訳に、夏衍、楊騒、周揚など、よく知られた作家が携わっているのも興味深い。先にひいた夏衍の自伝にあるように、才能はあっても創作によって食べていくのは難しい若い作家にとって、翻訳は確実な収入を得られる副業であった。それはまた、当時の中国における出版が、産業として十分成り立っていたことを裏付けている。

中国におけるコロンタイの翻訳紹介は、日本と同じくその後はほとんど途絶えてしまう。ただ、性的無節操をあらわす〈一杯水〉という言葉はかなり広範に流布されたようで、日本占領下で出された雑誌の中にも登場する(15)。

さらに、一九三〇年代後半、中国共産党が抗日戦争の根拠地とした延安に全国から集まった革命的知識青年の中にも、「一杯の水」主義の影響を受けた者たちがいたという。そのため、初期の延安では男女関係の混乱もあったが、婚姻に関する法規も順次整備され、男女の関係は厳しく律されるようになっていった(16)。その後、抗日戦争勝利から中華人民共和国建国以後は、性的モラルは厳しく統制され、「一杯の水」主義はむろんのこと、コロンタイの意図した性の自由の追及も、生き延びる余地は残されなかった。

註

〔1〕作品のタイトル表記については、日本語・中国語・ロシア語からの翻訳が混在するので、すべて日本の常用漢字体とし、註6のリストのみ発表当時の字体を用いた。日本語の書籍、論文名は『　』「　」を、中国語の書籍、論文名は《　》〈　〉を用いて区別する。小説のタイトルは長編・短編の区別なく『　』

《 》を用いる。

〔2〕「昔恋しい銀座の柳〜」で始まる西条八十作詞・中山晋平作曲の「東京行進曲」（溝口健二監督の同名の映画主題歌）は一九二九年に作られ流行した。その四番には「長い髪してマルクスボーイ、今日も抱える『赤い恋』」という一節があったが、発表時に政治的な配慮で変えられたというエピソードはよく知られている。

〔3〕「コロンタイの誤謬」『山川菊栄集 第五巻』岩波書店、一九八二年。

〔4〕レーニン、ツェトキン著、水野政次訳『婦人問題叢書第一巻 婦人に与ふ：レーニンは労働婦人になんと呼びかけたか』共生閣、一九二七年（手に入りやすいものでは、H・ポリット編、土屋保男訳『婦人論』大月書店国民文庫、一九五四に収録されている）。

〔5〕前山加奈子「女性定期刊行物全体からみた婦女雑誌」、村田雄二郎編『『婦女雑誌』からみる近代中国女性』研文出版、二〇〇五年。同「婦女問題研究会と『現代婦女』（『時事新報』副刊）——中国の一九二九年代初期における『節育』観」『駿河台大学論叢』三二号、二〇〇六年。

〔6〕1 論性愛與其將來的轉變 劍波／2 關於『三代的戀愛』的分析觀察 姚方仁／3 讀了『三代的戀愛』『新戀愛道』和『排官僚的戀愛觀』三文 文宙／4 戀愛的現在與將來 朱梅／5 讀『三代的戀愛』後之感想 章克標／6『自由性交』與『戀愛遊戲』洪鈞／7 戀愛至上感的抹殺 靜遠／8 用相對性原理應新女性九月號裏所徵求的關於新戀愛問題的解答 安之／9 我們將有自己的三代的戀愛 伏園／10 三代的戀愛的二人的談話 孫福熙／11 個性本位的戀愛 陳醉雲／12 讀『新戀愛道』後 毛尹若／13 新戀愛問題 弋靈／14 讀三代的戀愛後 波弟／15 新戀愛問題的我見 龍實秀／16 對於新戀愛問題的解答 蒲察

〔7〕《新女性》のページは、各期（年間）で通し番号になっている。

〔8〕嵯峨隆／坂井洋史／玉川信明編訳『中国アナキズム運動の回想』、総和社、一九九二年の第五章に、蔣俊「盧剣波のアナキズム活動」をはじめ、

一九二〇年代後半のアナーキストの活動が回顧されている。
〔9〕呉覚農については、前山加奈子「Y・D・とは誰か――日本の女性問題を紹介・論評した呉覚農について」『中国女性史研究』第一七号、二〇〇八年。
〔10〕夏衍（阿部幸夫訳）『上海に燃ゆ　夏衍自伝』東方書店、一九八九、一九―二〇ページ（原書は《懶尋旧夢録》三聯書店、一九八五）。
〔11〕前山加奈子、註9に同じ。
〔12〕杉山秀子『コロンタイと日本』（新樹社、二〇〇一）の欧文参考文献二二二頁にある一九二七年発行の『大きな恋』（ボリシャヤ・リュボビ）が原書であろう。未見だが、コロンタイの三編の主要な小説集ということなので、内容は「恋愛三部作」だと思われる。
〔13〕《到M城去（M市へ）》は、《到莫斯科去（モスクワへ）》というタイトルで出版された。《紅黒》に掲載されたのは、小説の最初の三章にあたる。引用は、《胡也頻選集》四―六ページ（開明書店、一九五一）によった。原文では会話の部分が改行になっているが、引用では行数を省略するため地の文と続けた。
〔14〕馮乃超編《文藝講座 第一冊》神州國光社、一九三〇年所収。夏衍の文章については、下記の中国社会科学院、李金〈柯倫泰和蘇連的性文学〉、二〇〇五年五月二六日、に教示された。北京市哲学社会科学規画弁公室信息中心制作《北京社戸門网站》http://www.bjpopss.gov.cn/bjpssweb/n3103c48.aspx
〔15〕楊鞭〈遊撃恋愛一杯水恋愛与自由恋愛〉《上海婦女》一九二八年三期、一一ページ。
〔16〕朱鴻召《延安日常生活的歴史（一九三七～一九四七）》、広西師範大学出版社、二〇〇七年、二四一―二四二ページ。

［初出・「駿河台大学論叢」四〇号、二〇一〇年］

第4章
リブの時代をいまにつなぐ

対幻想のかげで

高橋たか子・矢川澄子・冥王まさ子の六〇年代

本稿があつかっている一九六〇年代、ワープロもコピー機もまだ使われていなかった。アジビラは原紙に鉄筆で刻まれ、文学作品は原稿用紙のマス目を一字ずつ埋めることで完成された。その作業はしばしば、作者自身だけでなく、身近な人々によって担われた。

1、はじめに　清書する妻たち

I　書けたよ、どんなに疲れて眠っていたりしても、少女はその一言でとびおきることができました。少年はそのまま寝床に倒れるか、でなければ寝酒を所望します。入れ替りに机に向かうのはこんどは少女自身でした。翌朝編集者のあらわれるまでに、少女はこれを浄書しなくてはならないのでした。／書き上げられた草稿をつねに最初の読者として読ませてもらうよろこびと、この人にこんなに頼られているという責任感が交々少女を支えていました。浄書ばかりではありません。協同態勢はとっくに開始されていました。文献を入手するための工面からはじまって、資料調べを手伝い、時には下訳をし、いよいよ上梓が近づけば近づいたで校正を繰返し、装幀に頭をひねり、といった具合に、ほとんどこの工程のすべてに少女は望まれて関わっていたのでした。

II　私は主人の小説を清書し続けた。口述筆記もした。私の手を通ることで完成したものの枚数は、合計すれば三、四千枚はあるだろう。

III　その頃までに一部の識者の間では名の知られた学者になっていた篠沢啓助は、自分の妻に原稿の清書とか資料の整理とかを引き受ける秘書の役にいっそう専念してもらいたいのだった。毎日家にこもって夫の解読しにくい原稿を清書し、新聞の切抜きや雑誌のコピーを丹念に項目別にノートに貼る仕事をつづけるうちに、野田正子は漠然とした不安に襲われるようになり、不安から逃れるためによく家をあけるようになった。

引用はいずれも、六〇年代に文学者の妻として、清書にたずさわった女性たちの手になる文章である。Iは『おにいちゃん――回想の澁澤龍彦』（以下の引用では矢川Cとする、一九九五、七二ページ）。著者の矢川澄子は一九三〇年生まれ、五九年に澁澤龍彦（一九二八―八七）と結婚、六八年に離婚した。前記の回想のほか、小説『兎と呼ばれた女』（＝矢川A、一九八三）、『失われた庭』（＝矢川B、一九九四）も、幻想小説の形をとりながら二人の結婚生活を色濃く反映している。小説、詩のほか、森茉莉やアナイス・ニンなどの研究や児童文学の翻訳でも知られている。二〇〇二年五月、七一歳でみずから命を絶った。IIは『高橋和巳の思い出』（＝高橋A、一九七七、三九ページ）である。高橋たか子は一九三二年生まれ、一九五四年高橋和巳（一九三一―七一）と結婚。六〇年代から同人誌に小説を発表しはじめるが、本格的な作家活動は和巳逝去後の七〇年代から、カトリックの修道生活に入る八五年までの一五年間である。結婚生活の回想としてはもう一冊『高橋和巳という人――二十五年の後に』(高橋B、一九九七)がある。

Ⅲは『雪むかえ』(=冥王B、一九八二、一七八ページ)。著者の冥王まさ子は、一九三九年生まれ、六五年柄谷行人(一九四一―)と結婚、八六年ごろ別居。前記のほか、『ある女のグリンプス』(=冥王A、一九七九)、『天馬空をゆく』(冥王C、一九八五)、『南十字星の息子』(=冥王D、一九九五)などの小説は、著者の分身とおもわれる主人公の「自分さがし」を夫や子供たちとの葛藤を通して描いている。九三年米国に居を移し新生活をスタートさせるが、九五年動脈瘤破裂により急逝。

この三人はいずれも文学史上に独自の足跡を残した女性たちだが、おもな活躍の時期は七〇年代以降になる。それをあえてこの巻(『文学史を読みかえる⑥ 大転換期――「六〇年代」の光芒』)で扱うのは、作家としての彼女たちについてではなく、作家になる以前、夫の清書をしていた時代の彼女たちについて書きたいからだ。彼女たちがみずから選んだ伴侶の傍で六〇年代をどうすごしたかを、彼女たち自身の文章から再構成しようというのが本稿の意図である。いわばこれは、本巻で扱われる六〇年代文学を背後から照らし出す作業である。

2、運命的な出会い

高村光太郎・智恵子を例に出すまでもなく、芸術家同士のカップルの物語は、戦前から珍しいことではない。ここで登場する三組のカップルに戦後の時代らしい特徴があるとすれば、女性たちが相手と同等の高等教育を受けていることだ。

矢川澄子は東京女子大学・学習院大学を経て東大美学科に学士入学、高橋たか子は京都大学仏文科から同大学院、冥王まさ子は東京外語大学英米科から東大大学院に進学している。それまでは学歴で人が評価される社会の中で、女はそれに挑戦することさえ許されなかった。戦後はじめて国立大学に入学した女子学生は、男と同等の知能を持ちうるという国のお墨付きをもらったわけだ。彼女たちは、それなりの自負をもって大学の門をくぐったことだろう。

しかし、パイオニアにとっての大学は、かならずしも居心地のいいものではなかった。「わたしは仏文の中で男の学生たちにけなされ続けたものだった」(高橋A、九二ページ)と、高橋たか子は京大における女性蔑視の雰囲気に苛まれたことを回想している。

彼女たちが対となる相手に出会ったのは、そういう知的エリート集団の中だった。相手の男は競いあうエリートの中でもぬきんでた知性の持主であり、おまけに「たいへんな美青年」(高橋A、二六ページ)であったり、戦後の劣悪な状況を背景として「よけい美しく光り輝いて」(矢川B、九九ページ)見えたりした。理想化は、逆の側からもおこなわれた。「主人は私という生身の女を素材にして、一瞬のうちに、私に似てはいるが私ではない理想の女を夢見てしまったのである。この理想像のために、その後の結婚生活の中で、私はたいへん苦労しなければならなくなった」(高橋A、三二ページ)。

その出会いは、運命的と感じられた。もちろん互いに無名で、持っているのは才能と、それに対する自負だけだ。年齢差もほとんどない。出発点においては、まったく対等なカップルであった。

もともと強力に夢みる人であった和巳と、もともと強力に夢みる人であった私とが、出会った途端、たがいが強烈な夢をみてしまったのだ。この瞬間が、いわば結婚である。たとえば、胎内で一つの精子と一つの卵子とが結びついてしまうと、もう決して、それを変更することはできなくなるように（高橋B、四四ページ）。

わたしたちは、まさしく一心同体でした。片時も離ればなれではいられませんでした。うつそみは二つにわかれているようにみえても、心はまさにひとつしかないのでした。あのギリシャ神話のなかの、ひとつの眼をかわりばんこに貸しあう妖婆たちみたいに、ひとつの精神をわたしたちは二人でなかよく共有していたのです（矢川A、二五九ページ）。

わたしは結婚にしがみついた。わたしが結婚したのは人に必要とされたいからだった。それはとりも直さずわたしが生きるのに人を必要とすることを意味している。わたしは結婚してたくさんの自由を放棄したが、なま身の男との組んずほぐれつの関係の中でだけ生きていることを実感できるのだった（冥王B、二二一ページ）。

3、日常の些事を担うもの

出発点におけるカップルは、いわば日本版のサルトルとボーヴォワールであった。けれどもボーヴォワールはサルトルのために清書はしなかった（タイプライター万歳！）。そして、家事能力のないサルトルのために料理をするよりは、二人で外食することを選んだようだ。それに対して、日本のボーヴォワールたちは、すすんで家事を引き受けた。しかもそれは、「男は外、女は内」の伝統的性別分業ですらない。夫の無名時代、妻たちは家庭教師や翻訳や校正の仕事をこなし、家計を担ってもいたのである。

「腹、減った」と言って、彼は室内に入ってきたものだった。／そういえば、その後ずっと結婚生活中、和巳は帰ってきて私の顔を見るなり、そう言ったものだ。私はたいへん料理をつくるのが上手だった。私が彼のためにつくった料理の品目は数えきれないほどである（高橋B、二一ページ）。／実際、私がいなければ主人は何一つ出来なかった。お茶一杯も満足に入れられなかった。主人の頭脳のなかの、思考能力とか想像能力を司る部分は、主人自身に使ってもらい、主人の頭脳のなかの、実際的能力を司る部分を、かわりに私が使わされていた、とでもいった具合だった（高橋A、七五ページ）。

「あのひと、買物だって頼めなかったわよ。本屋さん以外はお店に入ったことなんかないんだもの。わがまま坊ちゃんが身近の女手に全部頼りきって、それでようやく成り立つ生活ね」（矢川B、六六ページ）。／「だから結局、奥さんでいるあいだは仕事らしい仕事はなにひとつしない女になっちゃった。でも、わたしの欲求は日々刻々、奥さん兼お母さん兼セクレタリー兼ハウスキーパーとしてフルに生かされている感じで、片時のひまもなく、それで十分燃焼していられたわね」（矢川B、七一ページ）。

龍夫に、手伝って、と頼んでも無駄だ。結婚してはじめの数年は手伝わせようとしむけてみた。

だが、そのつど龍夫は、おれはそういうのは苦手なんだよ、それにおれが皿を割ったり部屋を丸く掃いたりしたら、きみは怒るだろ、といって逃げてしまう。きみは手際がいいんだから、きみがやった方が経済的だよ（冥王C、二四ページ）。／龍夫の頭には抽象的思考のための脳みそは詰まっているが、現実にことを運ぶのには用をなさない。放射能にやられて方向感覚を失った亀のように、狂おしくしかものろのろと窮地にむかって進んで行く。（中略）肉体までもが抽象的なのだ（冥王C、一六二ページ）。

これらの引用に共通しているのは、三人の妻たちが家事を背負ってしまったということだけではない。夫たちが、日常生活を処理するうえで徹底的に無能だったということだ。それは、日本の男に許され、奨励すらされていたことではあるが、それにしても、かれらの知的活動における有能さと、日常生活における無能さとの落差は異様ですらある。

たとえば高橋和巳になると、日常生活の処理どころか、人として最低限の配慮さえ、欠落することがあったようだ。『高橋和巳の思い出』のなかに、衝撃的なエピソードがある。たか子がアルバイトの報酬を手にして二人でおいしいものでも食べようといそいそと帰ってくると、和巳はその金を手に、一人で温泉にでかけてしまうのだ。たか子はこの話を「なんとかわいそうな人だろう。他人の心がわからないのだ」（一〇二ページ）としめくくる。

そんな夫たちを前にして、妻たちは有能さを発揮せずにはいられなかった。「有能であること、それが学生時代からのわたしたちの鉄則だった」（冥王B、一七四ページ）。有能なものの肩に、容赦なく重荷はかかってくる。「そして、私という魂は、和巳という魂の、重たい荷をはこんでいた。はじめての住居である布施市のアパートでは、私は年上の和巳にすっかり頼る気分で生きていたが、このあたりの頃から、私がこの冥界を二人のために切り拓いていかねばどうしようもないといった気分になっていた。彼とは異なって世間の現実にたいして実際的能力をもっていたから」（高橋B、二六ページ）。

4、傾倒と屈従

精神的に対等であれば、家事の分担などは些細なことだ、おそらく妻たちはそう思って家事を担ったのだろう。けれども日常生活における奉仕するものとさせるものとの関係は、精神的な従属／支配の関係と切り離しがたくつながってゆく。

高橋たか子は、全面的な奉仕の核には和巳の才能への傾倒があったと語る。それと同時に、和巳の気質の中に抵抗を許さぬある種の暴力性がはらまれていたことも示唆している。

主人が女としての私を理想化して見たと書いたが、逆に、私は主人の文学的才能を絶対化した。（中略）主人は誇大妄想狂的なところがあり、現に自分で誇大妄想狂だと言っていたが、そういう種類の、主人が自分について言う大げさな言い方の一つ一つを、私は丸ごと信じたものだった（高橋A、三五ページ）。

結婚当初にすでに私は何も不満を言わなくなっていた。二、三度か四、五度、何かを私が言った時に（それは大したことではなく、たとえば下駄が裏返っているのを指摘する程度のことだったが）、主人がかっと激昂したからであった。激昂とはいっても、外へ出るべきものが内へ内へとこもってしまうのである。主人の内部でそれがいよいよ濃い「憂鬱」に変わっていくのが、私の病的な感覚にびりびり伝わってくる。もうこのことだけで、私は何も言わないようになってしまった（高橋A、七二ページ）。

とはいえ夫に奉仕する妻を演じながら、高橋たか子は意識の上でそれを超越していたところがある。「私はきちんきちんと家事をしていたし、主人のためにたいへんなエネルギーを使ったけれども、あまり妻という意識のない女であった。他方、主人のほうは外で勝手に遊び呆けていても、夫であるという意識をけっして捨てない人であった」（高橋A、八九ページ）。

矢川澄子は、双子のようなカップルといわれた澁澤龍彦との結婚生活をふりかえって、主従の生活だったと規定しなおす。

「主人！　またすばらしいことばを思い出させてくださったのね。うれしいこと。そう、あのひとは文字どおりわたしの主、私はそれに従うものでした。あのひとが夫とよばれるならば、わたしは妻だったわけです」（矢川A、二五九ページ）。

初対面の緑ケ丘このかた、三島さんとの出逢いの場にはきまって澁澤龍彦の従者が立合っていたことになる。影の形に添うがごとくに、とでもいおうか。ただし影は、あくまでも影なので、もちろん記録には残されていない（矢川C、一四五ページ）。

彼が好み、彼が求めることのすべてに諾々として従い、つーかーどころか、つーといわれないうちにかーというみずから陥った一心同体の罠を、矢川は小説の形を借りてふりかえる。一〇年の結婚生活の中で、いちども喧嘩をしなかったそのことが、胸の中にひそかな疑問の発酵をうながし、最後になって決定的な破局を招いたのだ、と。

冥王まさ子にとって、夫の柄谷行人は自己の拠り所であると同時に抑圧者であるという、二律背反の存在だった。とりわけそれは、最初の長編である『ある女のグリンプス』に、はっきりとあらわれている。彼女は小説を書くことで、この呪縛との格闘を始める。

由岐子の方がいくらか年上なのに、龍夫ははじめから由岐子にとって規範であった。由岐子の内部で蠢くもののうち、龍夫が存在を認めたものだけが由岐子の真実になり、龍夫が見すごし、名づけそこなったものは由岐子の妄想、それも龍夫が誤りと断じたものと同様、ふけってはならない妄想にとどまった（冥王A、二七ページ）。

由岐子は結婚以来の十年間が、龍夫に愛され、是認されるための努力に空費されてしまったのだ、という気がしていた。お前の欲求には限度がないからな、といって由岐子の行動を規制し、けっして凭れさせてくれず、由岐子をまるごと受けいれようとしなかった龍夫を、由岐子は残酷だと思いながらその残酷さにぴったり吸いつけられていた。お前の欲求には限度がないからな、と龍夫はいったが、由岐子の我慢にも限度がなかった（冥王A、八九ページ）。

それにしても、対等に出発したはずの妻たちの、この屈従ぶりはどこからきたのだろう。彼女たちは、男によって築かれてきた知の階層の、頂点に近いところまで昇りつめた。ふっと一息ついた時に、自分よりさらに上にいる存在に気づき、その才能に魅せられた。無名の男に秘められた天分を識別する彼女たちの眼は的確だった。同じ尺度で測ったとき、自分とのわずかな差が絶対と見え、自負が屈従に反転した。いわば、恃んでいた知性に足をすくわれたのだ。こんな現象は、たとえば武田泰淳とはまったく違った尺度で生きていた武田百合子には起こらなかったことだろう。

彼女たちも、ときとして別な尺度を用いて反撥したが、その抵抗は空回りした。

あなたにだって見えないものがあるわよ、あなたには女心というものがまるでわからないのよ、と由岐子が抗議すると、龍夫は平然として、女心などというものはない、だいたい女なんてものは存在しないんだ、という。すると由岐子は、そんなものかしら、とひるんでしまうのだった（冥王A、二七ページ）。

5、母子密着の連鎖

矢川澄子はみずからを、「父の娘」と呼んでいる。女性の進学がまず家族の壁によって阻まれた時代に、娘の進学を後押しした父親たちは、この世代では例外的な存在だった。高橋たか子は新婚時代に実家に住むなど、父親から物心両面の援助を受けている。冥王まさ子は『ある女のグリンプス』で娘に期待をかけると同時に自分の規範を押しつける抑圧的な父親を描き、夫の姿をそれに重ねている。矢川澄子は、澁澤龍彦との破局の原因になった第二の男性（それは谷川雁だったのだが）が心の隙間に忍びこんだのは、父とそっくり同じ抑揚をもち訛りをもつ声ゆえだと書いている（矢川B、一七八ページ）。

それぞれに、父の影響を受けた娘たちだが、結婚した娘にとっての父親は、すでに後景に引いている。まして娘が生き延びてゆくためのモデルとはなり得なかった母親たちは、さらに影が薄い存在である。それとは対照的に、男たちにとっての母親は、絶対的な価値を持っていた。偶然にも三組の結婚の物語は、三人の夫たちが結婚した時点でいずれも父を失っていたという、共通の出発点に立っていた。

高橋たか子によると、実家は経済的にゆとりがあったばかりでなく、家族がそれぞれ個人として対峙しあう、いわば近代的な家庭だった。それに対して父なきあと兄が家業をついだ和巳の家では、祖母と母を中心に「個人が家族という浴槽を満たしている生温かい湯に溶けこんで」いた（高橋A、四四ページ）。和巳と母との関係は、この家族の核をなしていた。

主人は自分の母親をこの上もなく大切に思い（実際上はすこしも大切にしなかったが）、観念化された自分の母親というものをこの上もなく大切に思い、しかも生身の女である私を、母親の観念に近い抽象的なものであらしめようと望み、そんな快適な膜のなかに自閉しつづけたように私には思われる（高橋A、一〇六ページ）。

和巳の家族の善良さや土俗性が、彼を育む土壌となったことを、たか子は肯定的に捉えている。しかし、たか子にとってそれは異質なものだった。「対立のない家で育った主人は、対立のない人間関係を、友人や知人との附合いへと拡大させていたのだ、と私は思う。ところが、誰にもまして個人であり続けようとする私という女を結婚相手にして、主人ははじめて対立者というものにぶつかったのだ、と私は判断している」（高橋A、四五ページ）。

澁澤龍彦も、父をなくした家庭の一人息子として一家を背負い、母や妹たちにかしずかれていた。矢川澄子との結婚は、その家に彼女が入ることで始まり、そこを出てゆくことで終わった。子供を拒否する超近代的なカップルを演じていた二人が、一世代前に形成された家にすっぽりとはまりこんでいたことは、妻が夫を家族における長男の呼称である「おにいちゃん」と呼んでいたことに象徴されている。

壁をへだて、階を異にしていても、そのひとの無言のまなざしはこの家のすべてにたえず及んでいた。ほんとに空気や水扱いされて、しかもそれを当然とこころえているのはむしろこのひとではなかったか。息子が目のまえのお膳をひっくり返そうと、十日もことばひとつかけてくれなかろうと、母にとってはおそらくものの数ではないらしかった。どこかもっともっと深いところで両者は結ばれていた（矢川B、七九ページ）。

この密着した母子と共存するために、妻はさらに大きな母、「生身ではなく観念の」母になろうとし、夫はますます甘やかされた子供になっていった。「いっしょにいるかぎり不和ということはありえなかった。諍いは悉く事前に芽をつみとられていた。戦いを知らぬこの至福の平穏の日々ははてしなく続くかとも思われ、この安らぎのいつか崩れ去る日など、彼自身はおそらく夢にもかんがえられなくなっていたことだろう」（矢川B、一一二ページ）。

冥王まさ子は、柄谷行人と別れた後、最後の作品となった『南十字星の息子』のなかで、母子密着の問題をはじめて中心テーマとして扱った。むろんこれは小説なので事実と違う設定（たとえば夫は建築家）ではあるが、姑との確執は『ある女のグリンプス』でも触れられており、夫の母子関係が彼女の目にこう映っていたことは否定できない。

戦争未亡人の母親と巌は未央子には理解しがたいほど濃い情愛でつながっているのだった。それが未央子にはうっとうしい。それればかりか、巌は自分にとって特別な存在である母親は未央子にとっても特別であるべきだと思っている。だから未央子が巌の母親を嫌いなのが許せない。はじめて会ったとき、静代は未央子に、仕事をもつことだけは巌さんのために諦めて下さい、といったのだった。（中略）それだけではない、巌の二人の姉がそれぞれの家族を連れてお盆の里帰りをしてきたとき、未央子は、めずらしいものを、とこわれて十数人のためのご馳走を作ったが、静代は、未央子さんは一人で台所で食べて下さい、といったのだった。未央子が一人で台所で食べているのを、不審に思う者は誰もいなかった。巌までが、きみは長男の嫁さんなんだからお母ちゃんのいうとおりにしとけ、といって未央子を置きざりにした（冥王Ｄ、二六ページ）。

ここで決定的なのは、姑の言動ではなくて、未央子を置き去りにして母親の側についた巌のふるまいである。同じパターンは結婚生活の中でくり返され、十数年後、甥の結婚式の招待から外されて怒る未央子をおいて巌が一人で出席したとき、「未央子の中で伴侶としての巌へのおそらく最後の期待が消えた」（冥王Ｄ、一〇三ページ）。夫の呪縛と対決するために小説を書き始めた冥王まさ子は、最後の小説でその呪縛から解き放たれた。それとひきかえに、自分たちの結婚の前に立ちはだかっていた巨大な連鎖が見えてきた。

巌のうしろに静代がいる。巌と静代のうしろに世間がある。その世間はしっかり日本に根ざしている。それだから結婚は男の自我と女の自我の一騎打ちにも共存をめざす歩み寄りにもなれないのだ。男の自我は母親がしっかり支えている。母親の自我は息子がかしずいている。女の自我はそれに屈し、いつか自分が息子に君臨するようになるまで怨恨をつもらせていく。母子癒着の悪連鎖が日本の文化の底にわだかまる大蛇なのだ（冥王Ｄ、一八四ページ）。

それにしても、三人の夫たちにここまで共通した母子密着のパターンがあらわれるとは、いったいどういうことだろう。権威としての父を早く失い、母親の愛を一身に受けて思春期の自己形成をした青年には、共通した心性が養われるものなのだろうか。高橋和巳、澁澤龍彥、柄谷行人に共通するある種のカリスマ性は、家族の女たちからの無限定、無償の愛情と崇拝によって養われたものなのだろうか。女は男の姿を二倍に映しだす鏡の役割を果たしてきた、というヴァージニア・ウルフの言葉が連想される。

6、産まなかったこと、産んだこと

夫と妻の関係では共通項の多い三組のカップルだが、子供との関係では共通したものがない。三組の中で親となったのは柄谷・冥王のカップルだけで、高橋たか子と矢川澄子は子を持たなかった。

高橋たか子による和巳の回想には、子供についての言及がまったくない。子を持つことを拒否したのか、望んだができなかったのか、ヒントとなるような会話ひとつ記されていない。子を持つことについてのたか子の考えは、「この世の「砂漠」において私にとって唯一のものが、この世的ではない男女の愛であったのだ（だから、夫婦だとか子供だとか家族だとか、私にとってはとんでもない。私は、結婚はしたけれども、そういった意識のものではなかった）」（自選小説集2・巻末エッセイ）という一節にうかがうことができる。しかし、「夫であるという意識」を捨てなかった和巳が、たか子と同じ気持であったとは限らない。子供に関するたか子の沈黙は、重いものを含んでいるような気がする。

矢川澄子にとって子を産まなかったこと、よりはっきりいえば、子供を拒否する夫の主義に殉じて妊娠中絶をくりかえしたことは、トラウマとなって生涯彼女をさいなんだ。

つきあいが深まるにつれ、あのひとは幾度念を押したことでしょう、――人並みの幸福を追いもとめるのはやめようね。／わたしの答えもきまっていました、――もとめませんとも。／それでも執拗に人並みに芽ばえてしまう愛の結晶を、わたしたちは幾度むりやり摘みとって、闇に葬りすてたことでしょう（矢川A、二六二ページ）。

小説やエッセイの中で、矢川はこの体験をくりかえし語る。最後にそれに触れたのは、『朝日新聞』読書欄のコラム「いつもそばに本が」（二〇〇二年二月一〇日）の中だろう。少女時代、結婚時代、離婚後と三回連載で生涯を振り返ったこのエッセイでは、「考えてみると子なし主義を貫くために血を流すのはいつも妻の側だった。（中略）わたしに多少とも個の尊厳の自覚があれば、事情は変わっていただろう」と、二人の関係がはらんでいた歪みをより冷静に分析している。私はこのエッセイに心を惹かれ、たいせつにスクラップしておいた。新聞の片隅に載った訃報にアッと声を上げたのは、わずか三カ月のちである。

矢川は小説の中で、不用意な中絶をくりかえす二人を少年少女として語る。しかし、実際にこのカップルが出会ったのは二〇代も後半、ましてやモデルの男は性と快楽について人一倍の蘊蓄を傾けている人物である。その身勝手と無責任に弁護の余地はない。それなのに語る女の側は、自虐的といえるほどに、相手を責める言葉を口に出さない。

ただ、さきに引用した箇所の直後に、さりげなくこんな一句がつけ加えられている。「いっしょに床にはいるのも、そうなると、ただもうむずかる子供のための添寝でした」。快楽の大家に対する、蜂の一刺しといえようか。

女＝産む性というきめつけを身をもって拒否した矢川だったが、結局は三人の中でもっともそれに囚われつづけることになる。

もしも女＝生むもの＝母＝というのが自然の摂理であったとすれば、F・Gほどに不自然な女はいなかった。しかし、もしも従うことが女の本性であったとすれば、F・Gほどに女らしい女があったろうか。／F・Gはこころの赴くままにもっとも女らしい道を択んだために、自然の法にのっとった当たりまえな女であることを放棄したのだった。／不思議な巨人どころか、おかしな、滑稽千万な怪物だ、女でありながら女でなくなった、さりとて人間以外の何者でもないこの生きものは（矢川B、一〇八ページ）。

冥王まさ子の主人公は、学生時代のひそかな決意をふりかえる。

大学時代のわたしたちは女が第二の性だとはもう思っていなかった。にもかかわらず、わたしたちは男に生まれなかったことを何よりも口惜しがった。そして、女だから、という意識をけってもつまいとした。男になれない以上は男にできることは何でもやってみよう、女に生れた以上は男にできないことは何でもやってみよう、女に生れたことを宿命から一転して栄光へと高めよう、そう決意することがわたしたちの女としての出発点だった（冥王B、一六九ページ）。

冥王まさ子が、そして（私自身も含めた）同世代の女たちが母親になったのは、こんな決意の延長上のことだったにちがいない。けれども実際の子育ては、母親のエネルギーを奪いつくす。冥王の自画像である母親は、いつも苛立ち、子供を叱りつけている。

いい母親でなければならない、という義務感がいつも先立って、子供たちの存在そのものを心から楽しむことができなかった。それだけではない、子供たちにあまり時間をとられると自分が削られるような気がして、こんなことばかりしてはいられない、と焦ってくる。だから、そういう自分を罰するように、未央子は、子供たちのためなら何でもする、と決め、忍耐のかぎりをつくすことに被虐的な喜びさえ感じていた（冥王D、一三六ページ）。

『南十字星の息子』は、母親としての自信を失っている未央子が、オーストラリアからホームステイに来た少年との触れあいによって満たされ、こわばっていた心をほぐされる物語である。この解放感をステップに、未央子は息子たちとの絆をつなぎなおし、母子密着の連鎖に組み込まれることを拒絶して、自立への一歩を踏み出すのだった。

7、作家としての旅立ち

有名な作家の妻が作家として世に出ることは以前にもあった。その場合、旧来の文壇では夫の影響を受けて成長した「門前の小僧」とみなされることが多かった。しかし、ここでとりあげた三人は、夫の原稿を清書することで文学修行をしたわけではない。

もちろん、夫の影響を否定することはできない。しかし、その影響は双方向のものであった。高橋たか子は、和巳が小説家となりえたのは、彼の才能を信じて励ました自分の存在があったからだと断言している。同時に、その逆も真であった、と。

主人が小説を書いているのをそばで見ていて、私も小説を書きたいと思い、そのことを主人に言うと、主人は大いにすすめてくれた。私の感覚を生かせば、いいものが書ける、と言うのである。わたし自身あまり意識的ではなかった私の病的な感覚に、主人は早くも着目していた。そうして、私は何となく書き始めたのであった（高橋A、九三ページ）。

その一方で、たか子が作家として飛び立ってゆくことに、和巳は不安も感じていた。ペンネームについての相談に対して和巳は不機嫌になり、高橋でいい、と、むっつり言った。「家庭という枠に納まらないようなところが私にあるのを主人は知っていて、高橋という名前で、家庭に納まらせたのだ、と私は思っている」（高橋A、九八ページ）。

じっさいに、作家としての高橋たか子が本格的な活動をはじめるのは和巳の死後であったのをみれば、たか子の創作活動は和巳の死によって解き放たれたといっていいだろう。もしも和巳が長生きしていたら、作家・高橋たか子は誕生しなかったかもしれない。

しかし一方で、たか子は和巳が病気に倒れる前に、別居の決断をしてもいた。そのきっかけは、一度は京都を去って鎌倉に居を定めた和巳が、京大中国文学科からの助教授就任の要請に応じたことだった。京都における男性中心の社会構造（たとえば和巳の出版記念会に女性は妻さえも招待しない、というような）を、たか子はしんそこ憎んでいた。和巳について京都に帰ることを、たか子はきっぱりと拒絶した。

一九六七年の四月に一人でパリへ発った時、私自身そう電話で言ったとおり、気持としては離婚のようなものであった。社会的圧力による、生木を裂くような事態。／和巳の死などということがなければ、それっきりになったかもしれない（高橋B、一六〇ページ）。

この事態を、たか子は外部からの圧力のせいにして、和巳の非は問うていない。しかし、京都の環境についてたか子が忍耐の極みにあったことにまったく気づかず、同行を拒否されて「それは困りましたなあ」と茫然とした和巳に、責任の一端がなかったとはいえまい。

矢川澄子は一九六〇年、短篇集『架空の庭』を私家版として出している。同人誌に書いていた二〇代の作品をまとめたものだが、短編としての完成度は高く、このまま書き続ければユニークな作家として育つ可能性を秘めていた。しかし澁澤との結婚後は秘書役に徹し、独自の仕事はしなくなる。とはいえ秘書は、時として下働きの枠からはみ出した。澁澤龍彦全集の年譜一九六四年一月一〇日の項に「講談社より（中略）『近代芸術の先駆者』刊行。そこに「パブロ・ピカソ」を発表するが、これは夫人の矢川澄子が書き、澁澤龍彦が手を加えたものだという」とある。澁澤名義で発表された翻訳にも、矢川がおもな作業を担ったものが少なくないという。

矢川澄子の作家としての再出発は、第二の男性の出現による破局の後にはじまる。結局はどちらの男とも別れての一人暮らしは、思いがけない解放感をもたらした。「それまでの長かった二人時代への反動か、あの頃はほんとに明日の糧のあてもないなかで、はじめて知った一人あることのよろこびと、自分の一挙手一投足がそのままあらたな日々を紡ぎだしてゆく楽しさにほとんど淫してしまっていたともいえるのだ」（矢川B、一五四ページ）。

彼女は澁澤との生活を下敷きにした二編の小説を書いたが、幻想小説という枠に納めるには結婚生活の傷があまりに剥きだしになっていて、作品としてはいま一息だ。むしろ彼女の本領は、アナイス・ニン、森茉莉、野溝七生子といった作家の評伝に発揮された。これらの作家によって描かれた生殖を期待されない存在である女＝娘とは、子を産まなかったことにより永遠に少女であると自認した矢川自身でもあった。「父の娘」を語る彼女の筆は、男性作家の少女趣味とは似て非なる、男社会への鋭い刃を秘めている。

既成の権威に安住してしまった男たちの、決して認めたがらぬ事実がひとつある。それは、鴎外よりもその娘の方がはるかに時代を先取りしているということだ。／この国はもはや明治・大正のような後進性を病んではいないのに、いまだに闘う家父長の美学ばかりがもてはやされるとは（『「父の娘」――森茉莉とアナイス・ニン』一七ページ）。

幸か不幸か、時代はいまやこうした少女たちの味方となった。人間はもうこれ以上殖えて地上を住みにくくする必要は毫もなくなったのだから。父権制度の不自然な積み重ねの代償として徒に美化されてきた母性なるものの正体が、いまこそ験されようとしているのである（同、九八ページ）。

冥王まさ子に小説を書くことを勧めたのも、夫の柄谷行人であったという。結婚し出産した後も、英文学の研究者として、教師として、まさ子は仕事を手放さなかった。七二年にはエリック・ホッファー『現代という病』を、柄谷行人＋柄谷真佐子訳で晶文社から出している。しかし、小説を書くことを思いいたったのは、七五年にイエール大学客員教授になった夫に同伴して、米国に滞在したときだった。英文学の講座にでて、日本人が英文学を研究することの壁につきあたった。

「とつぜん羅針盤が狂い、方向を見失っておなじところをぐるぐる回りつづける由岐子に脱出口を与えようと、龍夫が小説を書くことをすすめたのだった」（冥王A、三二ページ）。

夫のこと、子供のこと、そして「未だ成らざるもの」である自分のことを、冥王まさ子は書きつづけた。書くことによって自分の心を整理し、夫や子供から自立していった。

「書くことはわたしには苦行そのものだった。苦行だが、それはわたしの自分に対する究極の義務だ。それを果たすことでわたしは今まで生きのびてきたのだと思う」（冥王B、二三〇ページ）。藤田久美が名づけたように、それはまさに「生き直すための小説」だった。

8、新しい「女」の文学に向かって

文壇の寵児となってゆく夫と清書にいそしむ妻、加虐の夫と被虐の妻、性の快楽を楽しむ男とその後始末に血を流す女、日本的母子密着の連鎖。これまで引用してきた高橋たか子・矢川澄子・冥王まさ子の文章から読みとれるのは、フェミニズム批評が解明してきた日本的家父長制の典型的な見取り図である。男社会に向ける彼女たちの言葉も、ときとしてラディカル・フェミニスト顔負けのものになる。

たとえば「おれが仕事できないのは国家的損失だぜ。お前らとはちがうよ」とうそぶく夫に対して、冥王まさ子の分身は殺意をいだく。「そんなとき弓子はとつぜん、あたしは夫や子供の世話をするために生まれてきたんじゃありません、と女性解放論者になり、あたしも同じだけ時間をもらって自分の力を試したいのよ、と平等主義者になる。さもなきゃ、高村智恵子やゼルダのように狂っちゃうぞ」（冥王C、一四六ページ）。

しかし、男社会に厳しい言葉を浴びせるからといって、彼女たちがフェミニストを自認しているわけではない。彼女たちの中には、時には女性嫌悪と見えるまでに、女であることを全面的に引き受けることへのためらいがある。

女流作家、女流詩人、女流画家――

およそ芸術を志す女性のうちにも、この女流の名を冠せられることになんの抵抗も違和感ももたないひとも、もちろん世には大勢いよう。だがその一方では、少なくともこの物語の少女F・Gのように、この桂冠に苛立ちを覚える娘もけっこう多いことを見逃してはならない。／なぜって、何かを創造し制作するにあたっては、男も女もあるわけがないじゃないか。駆けだしの画学生F・Gはたびたび考えるのだった。他の分野と異なって少くとも芸術創造の世界でだけは、全き自由が保たれるのでなくてはならない。それを性別ごときに制約されて、どうして本物の美に参入できるだろう――（矢川B、八八ページ）。

私は常日頃、男と女とは別な人種ではあるまいかという理不尽な印象をいだいている者であるが、死という事実にかかわった場合にも、その印象は一段と強まる。私自身女であるが、勝手ながら男の一員になりすましていて、選びとったわずかな女の知人も、男の数の中へいれて大切にしている（高橋A、一二二ページ）。

「フェミニストなんかと一緒にしないでよ」と弓子は今度は龍夫にあたる。「あたしは自分を女だとなんか思っていないんだからね。あたしは女でも日本人でも何者でもないんだ。規定できないもの、未だ成らざるものなんだ。自分がなにものかだと思いこんでいる人間はそれで行き止まりなんだよ。あたしは何者でもない、あたしはこれから自分を産み出すんだ。つぎつぎに新しい自分を産みつづけるんだ」（冥王C、三六八ページ）。

男性と対等な資格で知的世界への参入を試みたはずなのに、いつのまにか女流という名のもとに囲い込まれることのおぞましさ。そのことに疑問を抱かない同性たちへのいらだち。女であることに対する彼女たちの激しい拒否感――とりわけ女性の同類がほとんど見いだせなかった時代において――は理解できる。

とはいえ、女であることを拒否すれば男の仲間に入れてもらえるわけではないし、彼女たち自身も女であることの拒絶と自認の間で揺れ動いている。なによりも、彼女たちの文学世界そのものが、この時代を生きる女であってはじめて表現できたものではなかっただろうか。

高橋たか子は、自分の文学が男性批評家から「女のナルシシズム」とよばれ、「生理的」ときめつけられたことを一九九七年の時点でふりかえり、あらためてこう解釈する。

けれども、倉橋由美子や大庭みな子や森万紀子や三枝和子や私など、その時期に出てきた女流たちは、それ以前の、肉体を通って言葉が出てくると男たちに感じられた女流たちとは、一線を画する違いがあった。頭脳と肉体との両方から出てくる言葉をひろめはじめたのであった。けれども男性側は、新らしい女流たちの使う観念用語が従来の男性陣営のそれとはどこか妙に違う、という受けとり方をしたようだった。なぜなら、いわば肉体化した頭脳から、それは通って出てくるからだろう（『放射する思い』一二九ページ）。

そして、逆に彼女は、最近の男性の文学に「男のナルシシズム」を感じとる。「或る時期に女が肉体専業へ頭脳をとりこんだのと同じく、遅ればせながら男は頭脳専業へ肉体をとりこんだ。そして、どちらも存在全体で表現するようになってきている、と肯定的に見ておきたい」(同前)。

六〇年代に夫のために清書をしていた高橋たか子・矢川澄子・冥王まさ子が、七〇年代以降の創作活動によって切り開こうとしたのは、女と男の頭脳と肉体が同じ次元で交錯しあう文学の世界への道であった。その世界がいかに展開するかについては、次に編集される七〇年代以降を扱う巻で語られることになるだろう。

9、おわりに

最後に、三人の女性たちのつながりについて、簡単に述べておこう。高橋たか子は鎌倉で、澁澤龍彥・矢川澄子夫妻と交友があった。高橋の『誘惑者』には、主人公が悪魔学の大家「松澤龍介」夫妻を訪れる短い場面があり、少女のような「夫人」が横顔を見せる。

矢川澄子は冥王まさ子が訳した『アナイス・ニンの日記』文庫版の解説を頼まれたことで知りあい、関連資料を譲り受けた。年下の友人の急逝をエッセイの中で悼んでいる。

二〇〇二年秋の現在、矢川澄子の逝去によって、これまで語ってきた三組のカップルのうち、四人までもが故人になった。平均寿命まで多くを残しての死であった。

高橋たか子は修道生活による長い沈黙の後、一九九四年に四巻の自選小説集を編集し、九七年に『高橋和巳という人――二十五年の後に』を出版した。

ここに記した昔の日々のことを思えば思うほど、もし、自身について不確定な若年の高橋和巳が、全的に肯定してくれる私という人と出会っていなかったら、小説家として出ることにはならなかったかもしれない気がし、そして他方、これは自分のことだからはっきり言えるが、私は高橋和巳という人に出会っていなかったら、私の中に潜勢している小説家に決して目覚めなかっただろう。そんな、潜勢していた小説家も、無限なるいのちの内に、厖大な夢のごとく消えていく境地の今、私はこれを書いている（高橋B、一四五ページ）。

柄谷行人は、二〇〇二年に出版した『柄谷行人初期論文集』（批評空間）のあとがきにこう記している。「最後に、これらの論文の執筆に関与した人たち——その多くは故人であるが——に感謝の気持を新たにしている」。

おなじく二〇〇二年に出版された文藝別冊『［総特集］澁澤龍彦』（河出書房新社）に付された略年譜からは、矢川澄子の存在が完全に略されている。

※本稿執筆後に出版された『ユリイカ　総特集　矢川澄子・不滅の少女』に、高橋たか子は「言いようもないことのうちの、一言」という一文を寄せ、澁澤龍彦・矢川澄子の離婚がもちあがった前後、たか子自身が澁澤龍彦と特別な関係にあったことを示唆している。「私が澄子さんの人生

を乱してしまった」という一句は重い。本稿の趣旨に直接かかわることではないが、かれらの伝記に関心のある人には見過ごせない証言だといえるだろう。

引用・参考文献

高橋たか子『高橋和巳の思い出』構想社、一九七七年（高橋A）
高橋たか子『高橋和巳という人——二十五年の後に』河出書房新社、一九九七年（高橋B）
高橋たか子『放射する思い』講談社、一九九七年
高橋たか子『高橋たか子自選小説集』1—4、講談社、一九九四年
矢川澄子『兎とよばれた女』一九八三年、筑摩書房（引用は『矢川澄子作品集成、書肆山田、一九九九年）（矢川A）
矢川澄子『失われた庭』青土社、一九九四年（矢川B）
矢川澄子『おにいちゃん——回想の澁澤龍彦』筑摩書房、一九九五年（矢川C）
矢川澄子『「父の娘」たち——森茉莉とアナイス・ニン』新潮社、一九九七年
冥王まさ子『ある女のグリンプス』河出書房新社、一九七九年（引用は講談社文芸文庫）（冥王A）
冥王まさ子『雪むかえ』河出書房新社、一九八二年（引用は河出文庫）（冥王B）
冥王まさ子『天馬空をゆく』新潮社、一九八五年（引用は河出文庫）（冥王C）
冥王まさ子『南十字星の息子』河出書房新社、一九九五年（冥王D）
赤崎（藤田）久美「「生き直す」ための小説——冥王まさ子を読む」『女性学年報』一八号、一九九七年
山下悦子『作家の自伝・澁澤龍彦』編解説、日本図書センター、一九九八年

山内由紀人『神と出会う——高橋たか子論』書肆山田、二〇〇二年
『ユリイカ10月臨時増刊号　総特集　矢川澄子・不滅の少女』青土社、二〇〇二年

〔初出・『文学史を読みかえる⑥　大転換期——「六〇年代」の光芒』、栗原幸夫責任編集、インパクト出版会、二〇〇二年〕

干刈あがた　同世代の死

遠く離れていて、めったに会うことはないけれど、時々思い出す友達がいる。たまに会っておしゃべりして、なんとなくお互いに元気になって、またそれぞれの場に戻ってゆく。そんな淡々としたつきあいでも、どこかにその人がいて、自分の場でがんばっていると思えることが、こちらにとっても励みになる。

そんな友達は、学校時代の同級生などに多いのだけど、直接に会ったことがなくても、その人の仕事を通じてこちらが勝手にそう思っている相手もある。干刈あがたという作家は、わたしにとってそういう人だった。

だから、朝食のテーブルで広げた新聞に彼女の訃報をみつけたとき、わたしはおもわず大きな声をあげてしまった。死因は胃がん、一九四三年生まれでわたしより一年若いから、まだ五〇歳にならない。いまどき胃がんで、こんな年で死んじゃうなんて。

訃報を読みすすんで、もう一度胸をつかれたのは、喪主として息子さんの名が出ていたことだ。あの坊やがお母さんの喪主をつとめなければならないなんて……。もちろん冷静に考えれば、「あの坊や」はもう立派な大人になっているはずだけど、わたしの頭の中にいるのは『ウホッホ探検隊』

の太郎君と次郎君だった。

「夫（父）が去ったあとに家に残された中年の妻（母）と、小学生の男の子二人が、決意を新たにして、なんとかはかない家族を作り直し、再構築していこうとする」（川本三郎・福武文庫解説）この小説は、新しいタイプの家族小説とも、女性の自立を描く小説とも読める。でもそれ以上に、わたしはこれを、息子に対する母親の恋を描いた小説と読んだ。それは永遠の片思い……。

私は彼の頬に掌を当てた。太郎はもうあまり頬を触らせてくれないが、次郎はまだ触らせてくれるので、日に何度も頬に掌を当てる。そのたびに陽を含んだようなあたたかさが、掌から私の体に伝わってくる。

『ウホッホ探検隊』が書かれたころ、わたしの息子が次郎君と同じくらいだったから、親子の軽口のたたきあいのテンポ、そしてこの「まだ触らせてくれる」という感覚がすごくよくわかるなあと思ったものだ。

わたしがもっとも身近に読んだ干刈あがたの作品は、『ゆっくり東京女子マラソン』だった。東京のごくふつうの小学校のPTAの役員を引き受けた四人の母親たちの物語。いじめ、先生の産休、代替の先生に対する母親たちのボイコットの動き……　どの学校にもありそうな問題を、性格も家庭の状況もちがう四人がチームワークを組んできりぬけてゆく。

この本が書かれてまもないころ、わたしもやはり小学校でクラス委員を引き受けた。五年生のそのクラスでは、幸い深刻な問題は起きなかったが、細かい雑用や気を使うことはけっこう多かった。委員の一人の息子さんが心臓の手術をしたこと、クラス遠足に山登りをしたこと、最後に四人でご苦労さん会として近所のフランス料理店で一五〇〇円なりのランチを食べたことなど、懐かしい思い出になっている。ちょうど『ゆっくり東京女子マラソン』の文庫本が出版されたので、ほかの委員の人たちにも回して読んだ。この物語に登場する等身大の母親たちの姿から、みんなはそれぞれ励ましを受けたようだった。

　登場してくる母親の中で、わたしが特に好きなのは六人の子持ちでヤクルトおばさんをしている母親だ。子どもと本気で取っ組みあいをし、必要なときはズバリと本質をついた意見をいう。ほかの小説でも、同じタイプの人が出てくるので、たぶん身近にモデルがいるのだろう。離婚して女手ひとつで子育てをしていく中で、干刈さんは身近な女の人たちに支えられてきたのだということが物語の中から伝わってくる。女の友情は彼女の大きなテーマの一つだ。

　朝日新聞に連載された『黄色い髪』は、連載中に読んだ。いじめから学校へ行けなくなってしまう中学校の少女と女手で美容院を営む母親のこの物語は、彼女の作品の中でも最も重く深刻だ。しかしわたしは小説としては、必ずしも成功作ではないと思う。テーマの深刻さと、新聞小説という大舞台とが重圧になって、干刈あがたの持ち味である軽妙な会話やのびやかな日常感覚が圧しつぶされてしまったような気がするからだ。新聞というメディアで、いまの中学の息苦しさを訴えるという役割はりっぱに果たしたといえるけれど、わたしは読み続けるのが苦しかった。

『黄色い髪』をもう一度読みなおしていたら、こんな文章にぶつかってしまった。

人が死んでも、世界は変わらずに続いていく。自分が死んでも、葡萄色の空や、鳥の声や、夏の匂いは続いていくんだと思うと、なんだか寂しいような気がする。

そうなのだ。あなたは私たちといっしょに年をとって、私たちの世代の女たち……ジャズを聞いて、デモをして、働きながら子を育てた世代の老いを書いてくれるはずだったのだ。

参考文献

『ウホッホ探検隊』福武文庫、一九八四年
『ゆっくり東京女子マラソン』福武文庫、一九八四年
『黄色い髪』朝日文庫、一九八七年

［初出・「女子教育もんだい」一九九二年秋号］

ありがとう、メアリ・フランシス

ディック・フランシスの訃報を新聞で見た。二〇一〇年二月一四日死去。生まれは一九二〇年だから、八九歳という高齢だった。訃報について、夕刊に北上次郎による追悼文が掲載された。これを読んで、「ああ、やっぱり違うな」、と違和感をおぼえた。そして、わたしもひとこと書いておきたい、書いておかなければと思ったのだ。

「競馬シリーズ」と称されるディック・フランシスの作品に出会ったのは、一九七〇年代半ば、家族でモスクワに滞在していた時だった。日本語の活字に飢えていたわたしは、日本の新聞を読むために、市の中心部にあるJALのオフィスに時々行った。そこには、日本人の旅行者や滞在者が置いていった日本語の本が一棚あって、希望すれば貸出しもしてくれた。ハヤカワ・ミステリ版の競馬シリーズもその中にあった。

ミステリーはけっこう好きだったが、オーソドックスな謎解きか、六〇年代に流行した社会派が中心だった。活字に飢えていたモスクワでなかったら、金と欲望が渦巻いていそうな「競馬シリーズ」には手が出なかったかもしれない。

読んでみると、背景はたしかに金と欲望だが、筆遣いはクールで知的、そして展開が早くて面白い。それ以来フランシスはわたしのお気に入りのリストに入った。日本に帰ってきてからも、毎年一冊、律儀に出版されるシリーズを、こちらも律儀に読み続けた。団地暮らしの書棚には、あの厚い本を買って並べる余裕はなかったから、近くの図書館に入るのを待ってゆっくり読んだ。

考えてみれば、わたしが日本に帰ってきた八〇年代は、女による女のためのミステリーの夜明けの時期だった。サラ・パレツキーによるヴィクを筆頭に、スー・グラフトンによるキンジー・ミルホーン、P・D・ジェイムズのコーデリア・グレイ……と、フェミニスト魂を持った女探偵たちが活躍を始めていた。彼女たちを忙しく追いかけながら、それでもディック・フランシスとのつきあいはとぎれなかった。一時期これもけっこう読んだアメリカのロバート・B・パーカーは、いつからか読むのをやめてしまったが（偶然なことに、彼も今年二〇一〇年一月、フランシスより一月早くなくなった）。

わたしはなぜディック・フランシスを読み続けてきたのだろう。北上次郎の追悼文を読んで、「やっぱり違うな」と思ったのは、彼がフランシスを「男の誇りとストイシズムを軸にした物語」と定義していたからだった。

その定義そのものに異議を唱えるわけではない。フランシスの小説は、一人称で自分を語るストイックで誇り高い男の物語だ。主人公は騎手や調教師といった競馬関係者を初めとして、弁護士、パイロット、銀行員、ワイン販売と、ありとあらゆる職業にまたがっている。諜報部員もいれば、叔母さんの遺産で遊んで暮らせる者もいる。千差万別の境遇にある男たちだが、名前や職業にかかわりなく、その性格はほとんど同じだ。穏やかで堅実で、ユーモアは解するが羽目をはずすことはなく、「俺は男だぜ」とマッチョをひけらかすこともない。彼らが誇りとストイシズムを発揮するのは、事件に巻き込まれてスト圧力や脅しをかけられ、敵の罠にはまって肉体的に限界まで責め苛まれる土壇場になってのことだ。自分から暴力をふるうことはなく、どんな苦痛にもマゾヒスティックといいたいほどの忍耐力で持ちこたえる。もちろん最後は敵の弱点をついて反撃、あるいは危機一髪で味方が救いに駆けつけて、一件落着である。

マッチョでなく、暴力的でないヒーローは、わたしにとって小説を楽しめる必要条件だ。ただ、それだけでは十分でない。ディック・フランシスの主人公は、名前は変われどほとんど同一人物で、安心して読むことはできるけど、胸がときめくとはいいがたい（このパターンからやや外れるのは、落馬で片手の機能を失い、妻から離婚を言い渡されたシッド・ハレーで、心身に深い傷を抱えている。読みきりが多い競馬シリーズの中で、珍しく復活登場を繰り返すことになったのも、陰のあるキャラクターが読者をひきつけたからだろう）。

わたしがディック・フランシスを読み続けたのは、主人公の男ではなく、登場してくる女たちに惹かれたからだ。男のイメージする女は聖母と娼婦、とはよくいわれることだが、彼の小説にはこの二つのステレオタイプはまず登場しない。たまにセクシーな女が登場したと思えば敵役の愛人で、「性的爛熟期にある女性だ。きびしさとユーモアを好む自分の好みとは正反対の女だ」と主人公に一蹴される（『障害』、七七ページ）。

やさしく男を包み込んで癒しを与える母性タイプもお呼びでない。逆に、音楽一家のはずれ者で騎手になった『度胸』の主人公の母などは、一流のピアニストで女としては情熱的で気分屋、息子の目から見て母親らしいところがまるでない。

「……だから私は、とびついて子供の悩みを打ち明ける豊かな母の胸とか、靴下をつくろい、ケーキを作ってくれるお袋が待っているという期待を抱いたことはなかった」（『度胸』、二四ページ）。並の男の作家なら、母性愛の欠落ゆえに主人公の心に深い傷を負わせるところだが、ディック・フランシスはそうはしない。

「彼女が母としての役割を拒絶したがゆえに、私は若くして徹底的な自主独立の精神を身につけた。そして、聴衆の面前における栄光のかげの骨身を削る努力を見ているがゆえに、自らの努力なくして人生の果実を期待してはならないことを知りつつ成人した。母親として息子にこれ以上の教えを与えることができるであろうか?・」(同、一〇二ページ)。

甘えとはほど遠いところにいるフランシスの男たちが惹かれるのは、自分と同じように自立した強い女だ。惹かれるといっても、それは必ずしも恋愛ではない。主人公の男たちはほとんどがシングルだが、恋愛がモチーフになっている作品は多くない。それに、抑制のきいたフランシスの筆は、恋愛を描いてもいまひとつセクシーさに欠ける。

むしろフランシスが描いてうまいのは、恋愛とはちがう絆で結ばれた男と女の関係だ。それは友情、同志愛、あるいはまだ名のつけられていない結びつきといってもいい。月並みな恋愛ではないから女性たちの年齢もさまざまだ。最年少は白血病とたたかう七歳の少女(『敵手』)、最高齢は「波打つ白髪、柔らかいピンクと白の肌、タカのような黒い目」に「鋭く明晰な頭脳」の持主である大富豪一族のゴッドマザー(『決着』)か、後述する『横断』のミセズ・ボードレアだろうか。

主人公たちの出会いにもいろいろな趣向がこらされる。なかでも異色なのは、堅物のフランシスには珍しく、義理のセックスから二人の関係が始まる『障害』だろう。アマチュア障害騎手の主人公は、優勝した直後に正体不明の相手に誘拐され、気がついたら航海中の船の船倉に監禁されていた。監視の隙をみて海に飛びこみ海岸に泳ぎ着いたところを、避暑に来ていた女性に救われる。「いきなり人のみぞおちを殴るような」物言いで主人公を驚かせたこの女性は、外見も「口調そのままの女であった——眼鏡をかけた中年のてきぱきした女性で、しんが強そうだ。自信にみちてる。長身——六フィート近い。やせていて、美人には程遠い」(『障害』、七六ページ)。

女子校の校長だというこの女丈夫は、命を救ってくれたお礼を申し出た主人公に、自分と寝てくれないかと頼む。唖然とする彼に、彼女は理由を説明する。——自分は少女たちの教育に生涯をかけて、成功と尊敬をかちえることができた。恋愛や結婚に縁がなかったことに後悔はないが、いまの少女たちを見ていると、彼女たちにとって性がとても重要な意味を持っているのがわかる。それについてまったく知らないままでは、彼女たちに適切な対応ができないような気がする、と……

「闇の中へとびこむ決意と渇望の入りまじった口調だった。彼女は、意志力で目的を達するにちがいない、と私は思った。尊敬した。ヒラリイ・ピンロックの決意を、少なくとも、絶対に後悔を伴わないものにしなければならない、と私は決心した——できることであれば」(同、八七ページ)というわけで、意を決した主人公は彼女に性の手ほどきをする。

そのあと、自信に満ちた女校長にもどったピンロックは、主人公の味方として敵の正体を探るための調査を引き受ける。

「あなたによって、自分の中で巨大な量の精神的エネルギイが解放されたような気がするの。そのエネルギイは、自分は知らない、劣っている、という感情で抑圧されていたのね。その感情が完全に消え去ったの」(二〇〇ページ)。

そんな彼女に、彼は手助けのお礼にと真紅のコートをプレゼントする。平凡な容貌が、威厳あるすばらしい姿に変身した。しかし、冗談めかした彼の問いかけに、彼女はきっぱりと答える。「いいえ、あれはだめ。わたしは、習慣でなくて、思い出をもっていたいの」(二〇六ページ)。

この物語では、この一言がきいている。若い男が年上の独身女性に性の手ほどきをすること自体は、それほどユニークな設定ではない。その後にはたいてい、「年増女の深情け」、性に目覚めた女が追いすがって男を辟易させるという陳腐な結末がついてくる。ここでは、そこを女の側からきっぱり切って、思い出として留めることで、二人のあいだには友情が保たれる。この絶妙なバランスが、フランシスのフランシスたるところなのだ。

もうひとり、わたしがとても好きなのは、『横断』に登場するミセズ・ボードレアだ。登場するといっても、彼女はまったく姿を見せない。カナダの大陸横断鉄道で旅行しながら競馬を楽しむグループを探るためにウエイターに化けてもぐりこんだ主人公と、彼を雇ったカナダ・ジョッキイクラブ保安部長とのあいだの電話連絡係として、声だけの出演なのだ。

保安部長から母を連絡係にと指示された主人公は、病気の老女に連絡役が務まるのかと危ぶみながら電話をかける。ところが、若々しい声、打てば響くような応対。頭がよく、きびきびしていて、馬が大好きなミセズ・ボードレアは、彼を育ててくれたヴィヴおばさんが蘇ったかのようだった。緊張を強いられる日々の中で、ミセズ・ボードレアとの定期連絡は、任務をこえた楽しみになる。けれども、危機を脱して事件を解決し、帰任の連絡をした時、受話器をとった保安部長から母の死を告げられる。

「『お母さんは…… 素晴らしい人でした』

『気休めになるかどうか知らないが』ビルが言った。『母もきみに対して同じ気持ちを抱いていた。きみは母の最後の一週間を楽しいものにしてくれたのだ』」(『横断』、三六八ページ)。

ディック・フランシスの女たちは、聖母でもなければ娼婦でもない。それでは何かと考えたとき、男たちが描いてきた三番目の女、「じゃじゃ馬」なのだと思いあたった。日本語ならじゃじゃ馬、英語ではメス犬のことをビッチと呼び、それが女に対する蔑称にもなっている。犬や馬に例えられる男の手に負えない女たちは、シェイクスピアやモリエール以来、文学作品に登場してきた。ただし、女とは認められずに……。

「ビッチは、攻撃的で、強情で、傲慢で、……押しが強くて、騒ぞうしく、自立していて、……男まさりで、乱暴で、荒々しい」。「ビッチは大柄で、背が高くて、力が強くて、……声が大きく、けばけばしく、目ざわり耳ざわりで、……ぎくしゃくしていて、醜い」。

これは、いまから四〇年をさかのぼるウーマン・リブの時代に、米国の女たちが自分たちに投げかけられた侮蔑の言葉を逆手にとって名乗りをあげた「ビッチ宣言」の一部分だ。フランシスの作品は、定義どおりのビッチにあふれている。

たとえば、『侵入』に登場する「ガラガラヘビのように毒舌だが筋の通ったコラムを書く」ローズ・クインス。「バラとはまるで違う。強いて言えばオニユリであろう。長身でたいへん痩せていて、私より十五か二十年上である」（一八一ページ）。

以下、ローズのモノローグが紹介される。

「限界なんかないわ。エベレストに登る、戦場に出かける、どぶを伝って進む、どこであろうと、スキャンダルが存在するところへ。……いやと言うほど、不正、飢餓、貧困、悲劇を見て来たわ。……私は本来、女の世界の記者じゃないし、今さらなるつもりは全くないわ」話を切って苦笑した。「私の女性解放主義が顔を覗かせたわね」（同前）。

たとえば『証拠』に登場する、煙突掃除が面倒だと煙突孔に向けて銃をぶっ放すバーのオーナー、ミセズ・アレクシス。「彼女は五十をかなり過ぎているようだが、きびきびと自信に満ちた態度で、生まれつき人に命令するのに慣れているような感じを与える。端正な顔で、高価な身なりをしており、人の事などまったく気にしない威勢のよさを感じる。私が思わず微笑するのとほとんど同時に、リジャーが不快そうに口を歪めた」（二九一ページ）。

どちらも端役ではあるが、主人公に情報を提供する大切な役割をつとめている。彼女たちのビッチぶりも痛快だが、主人公がこういうタイプの女性に反射的に好感を抱くのも面白い。あとの引用などは、同じ相手を見た二人の男の反応が対照的だ。ディック・フランシスの主人公には、自立した強い女を好むDNAが植えつけられているようだ。

とはいえ、フランシスの作品に登場するのは、強くて勇ましい女ばかりではない。一見優雅で物静かだが、強さを内に秘めたタイプも登場する。その中で第一人気は、『証拠』と『連闘』に連続登場するカシリア王女だろう。騎手である主人公の馬主で、東欧の某国の王家の血を引くという王女は、寡黙で、物に動じず、何が起こっても気品のある態度を崩さない。

「私は、王女がどの程度の力添えを受け入れるか計りかねて、開いているドアのそばに立っていた。私は彼女の自尊心、自制心、自立心のほどを熟知していた。人に弱い女性と見られるのを極度に嫌がる人だ」(『連闘』、一二三ページ)。

騎手のキッドと王女とのあいだには無言の絆が結ばれていて、この巻の解説を書いた温水ゆかりがいうように「馬主と騎手という間柄の中にある種官能的と思えるようなものをしのばせていて、その関係が妙にエロティック」ですらある(『ディック・フランシス読本』、二四五ページ)。王女が好きだなどというと、フェミニスト仲間に突っ込まれそうだが、小公女セーラ・クルーから「ローマの休日」のアン王女にいたる彼女たちの己を持する誇り高さがわたしはけっこう好きなのだ。

最後にもうひとつ、フランシスらしい男と女の関係を引用しておこう。イタリアの富豪の娘で「太陽のような」アマチュア騎手アレッシアが誘拐され、誘拐コンサルタントの主人公が奪回に成功する。傷ついたアレッシアは彼に依存する。

「傷ついた鳥の羽を治してやるのはたいへん結構だ。しかし、治った鳥を放してやる時は、深い寂しさを残して飛び去る。

あの吹雪のように不安定な精神状態が治れば、彼女にとって私が必要でなくなるのは、以前からわかっていた。そのつもりになれば、彼女の私に依存する気持ちを恋愛に変えることはできたかもしれないが、そんなことはおよそばかげている。彼女にとっては残酷なことだし、私は満足できない。彼女は無事に自立心を回復することが必要だし、私は力強くて対等な相手が必要だ」(『奪回』三三四ページ)。

「彼女は私の肩に頭を当てて、これまでに何回となくやったように、心の支えを求めて私にしがみついた。しかし、愛情をこめて抱かれることを求めているのは、ほんとうは私の方だった」(同、三九一ページ)。

ここではフランシスに珍しく、主人公が自分の弱さをかいま見せる。わたしが好きなシーンのひとつだ。

わたしはディック・フランシスを読みながら、「この人は男のくせにどうしてこんないい女が書けるんだろう」とよく不思議に思ったものだ。その謎が解けたのは、妻のメアリ・フランシスが、競馬シリーズの共作者だったと知った時だった。山本一生の『書斎の競馬学』によれば、メアリが共作者だという情報の出所はグラハム・ロード著『ディック・フランシスの競馬人生』(一九九九)ということなので、わたしが耳にしたのもそのころのことだろう。

メアリ・フランシスが競馬シリーズの取材を担当してきたことは、ディック自身が自伝『女王陛下の騎手』の中で書いている。彼女の熱心さと行動力は半端ではなく、パイロットを主人公にした『飛越』の取材では自分も飛行機操縦のライセンスを取ってしまったなどと、楽しいエピソードが紹介されている。その意味で、メアリが共作者だということは、それほど意外なことではなかった。

メアリが共作者だったと知ったとたんに、あの女たちはメアリが創りだしたのだ、とわたしは確信した。それでやっと謎が解けた、と。主人公の男たちがいつも同じ性格なのは、ディック・フランシスの自画像だからなのだろう。それに呼応しあう個性の強い女たちをメアリが創造したことで、競馬シリーズは複雑に、豊かになったのだ。

フランシス作品の女性を考えるとき、対照的に連想するのがロバート・B・パーカーの作品だ。彼の主人公スペンサーはハードボイルドの正統派を自認するタフでマッチョな私立探偵だ。さすがにそれでは時代錯誤というわけで、黒人の相棒ホークと、恋人のスーザンが配される。カウンセラーのスーザンは知的な女性で、彼のマッチョな言動を批判し、ときに厳しい忠告をする。彼女の存在によって、このシリーズはそれなりにバランスを保っている。ただ不思議なのは、読み終わって脳裡に甦るスーザンのイメージは、知的な仕事ぶりではなくて、ベッドの上でのセクシーな姿態なのだ。異なる視点を入れて政治的正しさを保証しようとしたパーカーの努力は、どうやら彼自身の本音に裏切られているようだ。

メアリ・フランシスは二〇〇〇年に亡くなり、その後しばらく、ディックは筆を取らなかった。もう競馬シリーズは終わったのかと思っていたら、去年図書館で久しぶりに新刊をみつけた。二〇〇六年に出た新作は、タイトルも『再起』と名づけられ、フランシスの主人公のなかで最も人気のあるシッド・ハレー四度目の登場である。メアリの共作が秘されていたのに対して、こちらは息子のフレデリック・フランシスの協力をはっきりうたっていた。

これを読んでわたしが感じたのは、やっぱりわたしのディック・フランシスは終わったということだった。離婚で深く傷ついていたシッド・ハレーは、ここで新しい恋人をみつけるのだが、あのシッドにしては甘すぎる展開で、二人の恋愛は彼を危機に誘い込むためのプロットに過ぎないという印象が残った。そのあと、フレデリックと連名で出した『祝宴』や『審判』でも、主人公の恋人として美しく聡明な女性が登場するが、いまひとつパンチに欠ける。やはりわたしのフランシスは、メアリあってのものだったと再確認させられた。

『書斎の競馬学』には、フランシス夫妻の長男が『タイムズ』の取材に応じた言葉が引用されている。

「父はずっと、本のカヴァーにディック・フランシスとメアリー・フランシスの両方が載るようにしたいと言っていました。でもそれは、二つの理由によって実現しなかったのです。ひとつは、母が決してそれを望まなかったことで、もうひとつは、最初のころ、とくに競馬関係の間では、ディック・フランシスの名前が一般受けしたからです」（二三一ページ）。

メアリ・フランシスが共同で書いた作品に名前を出さずに、影の存在に甘んじたのはなぜだったのだろう。出版側のさまざまな思惑があったにしても、『女王陛下の騎手』の中に活発で積極的な横顔を見せる彼女が、自分の意志を殺して無名に徹したとは考えにくい。あるいは、世界中で読まれるディック・

フランシスの作品が、じつは自分のものでもあるという大きな秘密を、彼女は楽しんでいたのかもしれない。たとえ名前は残らなくても、作品は確実に残るのだから。

とはいえ、息子フレデリックの名はすぐ共作者として表に出たのに、メアリの名が一度も出ることがなかったのは、彼女の愛読者としてやはり寂しい。せめて日本語で出される本の目次の一行にでも彼女の名を残したいというのが、このエッセイを書こうと思い立った動機である。

これを書き始めて本屋をのぞいたら、『祝宴』の文庫本が新刊で出ていた。訃報がでた直後の企画とみえて、巻末に林家正蔵、河野太郎など異色な人たちの追悼エッセイが掲載されている。その総タイトルが「ありがとう、ディック・フランシス」。

わたしのエッセイのタイトルは、それで決まった。

参考文献

北上次郎「『競馬スリラー』だけではない　ディック・フランシス氏を悼む」『朝日新聞』二〇一〇年二月二四日夕刊

早川書房編集部『ディック・フランシス読本』早川書房、一九九二年

J・フリーマン「ビッチ宣言」、S・ファイアストーン編、ウルフの会訳『女から女たちへ』、合同出版、一九七一年

山本一生『書斎の競馬学』平凡社新書、二〇〇八年

ディック・フランシス、菊池光訳『女王陛下の騎手』早川文庫、一九九五年

※その他の作品もすべて早川書房刊なので、題名と原作刊行年のみをあげる。日本語訳はごく初期を除けば、同年の年末に刊行されている。訳者は菊池光、〇六年以降は北野寿美枝。『度胸』（六四）、『障害』（七七）、『奪回』（八三）、『証拠』（八四）、『侵入』（八五）、『連闘』（八六）、『横断』（八八）、『決着』（九三）、『敵手』（九五）『再起』（〇六）『祝宴』（〇七）、『審判』（〇八）

［初出・「女性学年報」三一号、二〇一〇年］

サラ・パレツキーと七〇年代米国フェミニズム

3・11の前にこれを書きはじめたのだけど、あの後しばらくは呆然として手がつけられなかった。やっと平常心が戻ったので、せっかくだからまとめておきたい。

私立探偵ヴィクを生んだサラ・パレツキーの愛読者は、このニュースレターが届くSOSHIREN〔追記参照〕周辺にも多いだろう。

彼女は二〇一〇年の秋に来日し、朝日新聞に掲載されたインタビューで、六〇年代シカゴでキング牧師の運動のボランティアをした思い出を自分の原点として語っていた。『沈黙の時代に書くということ』（早川書房、二〇一〇）という自伝が来日にあわせて出版されたという。

読んでみると、第一章が子ども時代、第二章が六〇年代の「キングとわたし」だが、つづく第三章は、七〇年代にあてられている。それは、彼女が作家になるまでの物語であると同時に、米国七〇年代のフェミニズム運動、とりわけリプロダクティブ・ライツにかかわる運動の物語だった。パレツキーがフェミニストだということは小説を読んでいればわかるけど、彼女の七〇年代がこれほど深くフェミニズム運動にかかわっていることは知らなかったので、ちょっと紹介してみたい。

第三章は、「十一時になってもルームメイトが帰ってこないので、わたしは近くの病院に片っ端から電話しはじめた」と始まる。

それは一九七〇年六月のこと。彼女たちが住んでいたニューヨークでは、中絶合法化の法案が可決され、六週間後には施行されることになっていたが、妊娠して相手に捨てられたルームメイトはそれが待てずに非合法の中絶に行き、その帰り、出血でふらふらになって救急車で入院したのだった。

パレツキーはその年、物書きで自立することを夢見てNYに出てきたが、みつかったのは『タイム』誌の経理部のタイピストの仕事だった。中絶に行ったルームメイトとは、ルームメイト募集の広告に応じて知り合ったばかりだったので、遠慮した彼女は、付き添おうというパレツキーの申し出を断って一人で行ったのだ。一九七〇年、フェミニズム運動が始まったばかりの頃のアメリカの状況を象徴するエピソードだ。

シカゴに戻ったパレツキーは、小さな会社に勤めながら、シカゴ大学大学院でアメリカ史を学ぶ。同時に、性と生殖に関する権利を求める活動に参加する。

以前のわたしは男女平等主義の信奉者だったが、一九七一年の冬にフェミニストになった――家父長制のわが家と、家父長制の歴史学部における、わたし個人の無力さに。そして、社会がすべての女性に押しつけた無力さに。

その冬はノーといいつづけた。性別の枠にはめられることに対してもノー、政府や教会や男性権力を象徴するその他の組織にわたしの肉体をコントロールされることに対してもノー。職場で果てしなくつづくセクハラに対してもノー。

サラ・パレツキーは一九四七年生まれ、わたしより五歳下になる。一九七〇年のわたしも同じようにいらだっていた。海を隔てて、同じ時代を生きてきたんだなあと思う。

七〇年代は勇気ある女性たちが危険を冒した時代だった。……多くの訴訟と、多くの組織作りと、多くの勇気が必要だった。

職場での差別反対、レイプや家庭内暴力被害者の救援、さまざまな運動とその成果のなかで、彼女は特に一九七三年一月二二日の合衆国最高裁におけるロー対ウェイド事件判決を評価する。〃子供を生むべきか否かを判断するといった、その人物に根本的な影響を及ぼす問題に対して、政府の不当な干渉を拒もうとする個人の権利〃を保障したこの判決は、アメリカ中の女性が一人前の大人として生きる権利を認め、その後三〇年の女性解放運動の礎になった、と。

性と生殖の権利に対する反対派のすさまじいテロや嫌がらせ、そして、ロナルド・レーガン、ブッシュ父子による反動の恐怖も生々しく描かれている。パレツキーは中絶を求める女性をクリニックへ送る役をひきうけ、二〇〇四年四月にワシントンで行われた〈女性の命を守る行進〉に参加して一一〇万の人々共に歩いた。

パレツキーにミステリーを書こうと思い立たせたのも、フェミニズム運動のいきおいだった。ミステリーを読めば読むほど、女性キャラクターの設定に不満を感じるようになったのだ。

純潔な女性は善良、しかし、無力で行動できない。性行為をする女性は行動力あり、しかし、悪事に走ることしかできない。

第三章のタイトル「天使ではない、怪物でもない、ただの人間」は、家庭の天使でもなければ性欲の塊でもない等身大の女（というには少々カッコよすぎるが）、彼女が生み出した私立探偵ヴィク＝V・I・ウォショースキーを指している。執筆と並行して、〈シスターズ・イン・クライム〉という組織をつくって、女性作家の地位向上をめざし、成果をあげてきた。

十五年前のわたしは、強い女性が主人公の本を書いている女性作家を一人残らず知っていた。今では数が多すぎて、把握しきれない。

日本版への序文と、第五章「真実と嘘とダクトテープ」は、9・11以後アメリカでの愛国者法の制定や社会をおおう脅迫的な雰囲気に、必死になって抗うパレッキーのメッセージである。ひさしぶりで耳にした、アメリカからのフェミニストの声だ。

わたしたちを沈黙させ、わたしたちの声と大切な自由を奪おうとする権力に対して、わたしの言葉が、サッフォーの言葉が、さらに憲法の言葉が、そう、これらすべての言葉が、ただの息にすぎなくとも、抵抗をつづけ、勝利を収めることに、わたしはひたすら希望をかけている。

追記

本稿は、SOSHIRENニュース『女（わたし）のからだから』に寄稿したものだ。「SOSHIREN 女（わたし）のからだから」は、旧称「'82優生保護法改悪阻止連絡会」といい、一九八二年に政府が優生保護法改定案を提出しようとしたときに結成されたグループである。優生保護法改定が廃案になってからも、一貫してリプロダクティブ・ライツ（性と生殖に関する権利）を守る活動を続け、ニュースレターを毎月出し続けてきた。大きなグループではないが、問題意識の鋭さと行動力ではこの分野の女性運動をリードする存在である。

中心メンバーの一人はリブ新宿センターを支えてきた米津知子さんで、このグループは七〇年代リブの志をもっとも直接今に引きついでいるようにわたしには感じられる。パレッキーの七〇年代をこのニュースレターでぜひ紹介したいと思ったのも、そんな気持ちによるものだった。

［初出・「SOSHIRENニュース」二九六号、二〇一一年］

『暮しの手帖』を読みなおす
花森安治と松田道雄の女性解放

一九七〇年一〇月二五日、朝日新聞連載の「七〇年代の百人」に田中美津が登場する。「当面の敵」についての記者の質問に答えるなかで、『暮しの手帖』に言及している。

女性週刊誌は？「あれ、反面教師なんですネ。だからいちがいに……」。主婦連。「アレはダメですネ」。暮しの手帖。「ダメ。反面教師としても役に立たないネ。アレ、おんなであることに何の疑いももってないわけでしょう」

1、戦後日本の〈暮し〉を守る

日本のリブ運動が誕生した一九七〇年前後は、雑誌『暮しの手帖』の全盛時代でもあった。わたし自身も、東京での学生生活をはじめた六〇年代から、結婚・出産を経てリブに出会った七〇年代まで、『朝日ジャーナル』や『展望』と同時に『暮しの手帖』も読んでいた。みそ汁のだしの取りかた、狭いアパートの収納の工夫、引越の手順からベビー用品のそろえ方まで、一〇代で親元を離れた者にとって、この雑誌は実家の母親がわりだった。

『暮しの手帖』に対する田中美津のコメントが印象に残ったのも、わたしが読者だったからだろう。商業主義におもねらない編集の姿勢を評価しながらも、その優等生ぶりを切って捨てる田中の鋭さに、どこかでうなずく気持もあった。もっとも、「賢そうな顔をしていやらしいものは、朝日新聞とNHKと『暮しの手帖』だ」とは、編集長・花森安治自身のセリフだそうだ。そこに一筋縄ではいかないこの雑誌の魅力があるともいえるのだが（酒井寛、『花森安治の仕事』）。

敗戦後まもない一九四八年に『美しい暮しの手帖』として創刊されたこの雑誌は、最初は季刊で出発し、五五年の27号から年五回、六八年の93号からは隔月刊になっている。創刊号の一万部が六〇年代には七〇万部、七〇年代には八〇万部を超えてピークに達する。

創刊以来『暮しの手帖』は、他の女性雑誌とは一線を画す誌面作りをおこなってきた。日常生活に必要なあらゆる商品を対象に緻密な商品テストを行い、その結果を歯に衣を着せることなく公表する。テストの信頼度を保証するため、外部の広告をいっさい取らず、販売収入だけで運営する。広告を取らないもうひとつの理由は、誌面の隅々までを、編集長・花森安治の手中に収めるためだった。一目みるだけで他の雑誌と区別がつく手書きの表紙に始まって、レイアウト、カット、無署名の短い記事、裏表紙の自社出版物の広告にいたるまで、花森の神経がゆきとどいていた。

『暮しの手帖』が戦後の日本で果たした役割を、堀場清子はこうまとめている。

かつて戦争に雪崩れこんだ日本人の脆さを、花森は守るに足る庶民の〈暮し〉がなかったためと見て、生命をかけても守るに足る庶民の〈暮し〉を創造することで戦争への歯止めとし、庶民の幸福を守ろうとした。それはひとつの時代の要求でもあって、実現されなかったその庶民の意志を、花森安治と『手帖』とが形を与え、共感を掘りおこした。その結果、日本人の〈暮し〉意識に劇的な変革を実現した（『女の戦後史I』所収）。

いかつい顔、オカッパのような頭、スカートをはいたという噂もあるが、ふだんは白いジャンパー姿の花森安治は、現役時代から伝説的な存在だった。内にむかっては鬼の編集長で、そのケタはずれのワンマンぶりと、天才的なひらめきや仕事に対する執念は、編集部員だった森村桂の小説『違っているかしら』や唐澤平吉の回想的ドキュメント『花森安治の編集室』に活写されている。

2、一銭五厘の旗

『暮しの手帖』は一九六九年春に百号となり、次号からは版型を大きくし第II世紀として再出発する。その前年、一九六八年夏の96号として、読者からの寄稿で一冊まるごと埋め尽くした『戦争中の暮しの記録』を発行した。表紙は黒こげの手帖にバラの蕾が一輪。巻頭には、大空襲の写真に添えて、《戦場》と題した花森安治の文が掲げられている。

そこは、〈戦場〉ではなかった／この　すさまじい焼夷弾攻撃にさらされている／この瞬間も／

おそらく　ここが／これが〈戦場〉だとは／おもっていなかった（中略）ここが　みんなの町が／〈戦場〉だった／ここそ　今度の戦争で／もっとも凄惨苛烈な／〈戦場〉だった

兵士でなく、ふつうの人々が、戦争の中でどんな日常を生き、死んだか、それだけを語る一四三編。戦争原因の追及や指導者の糾弾、加害者としての反省は表に出さず、日常の視点で切り取った戦争の断片だけを積みかさねる。その底に流れているのは、この〈戦場〉で死んでいった人たちになにひとつ償わなかった国家への怒りである。

その怒りは、六九年秋Ⅱ2号の《国をまもるということ》、七〇年秋Ⅱ8号の巻頭を飾った《みよぼくら一銭五厘の旗》にも引き継がれている。一銭五厘は徴兵の通知に使われた葉書の値段、すなわち、兵士たちの命の値段だった。戦争が終わって民主主義の世となり、自分たちが主人の国ができたはずなのに、いつのまにか、公害はびこり、再軍備はすすみ、暮しは破壊されてゆく。こんな国にしたのは、自分たちの中に住む権威に弱いチョンマゲ野郎だ、と花森はいい、いまこそ、自分たちの声を上げようと呼びかける。

「ぼくらの旗は　こじき旗だ／ぼろ布端布をつぎ合せた　暮しの旗だ（中略）見よ／世界で初めてのぼくらの旗だ／ぼくら　こんどは後へひかない」

花森の国への恨みは、一九三七年、徴兵されて満州に送られ、病を得て除隊した経験にさかのぼる。大学で軍事教練に出なかったために一兵卒として徴兵された花森は、松田道雄との対談《医者と兵隊と戦争と保険と》（Ⅱ14七一年）の中で、将校に対する兵隊の怨念を訴えている。彼は火野葦平の『麦と兵隊』の冒頭が、「報道班」の腕章をまいた主人公が行軍する兵士の横をサイドカーで駆け抜ける場面だったことに腹を立て、読まずじまいになったエピソードを語る。

これに対して松田は、被害者であると同時に加害者でもある日本軍兵士の立場を指摘するが、花森はそれに同意しながらも、「当時の軍の最高方針にあずかっていた人たちが、はっきり悪かったというのは、ぼくはいさぎよくて……かっこいいんですが、兵隊の場合ね、悪かったというと、なにか偽善的なにおいがするんです。（中略）結局、おまえら加害者だとおっしゃられたら、二の句はないけれども、それだけに、さっきいった〈怨み〉というものが腹の底にたまっとるということですね」と語っている。これは『戦争中の暮しの記録』が被害体験に絞られていたことへの補足説明ともとることができる。

なお、除隊後の花森は大政翼賛会の宣伝部に入り、四五年六月の同会解散まで勤めていた。その間の花森の「翼賛」ぶりについては、さまざまな噂がされてきたが、本人は懺悔も弁解もせず、沈黙をつらぬいた。翼賛会時代の花森については、酒井寛の『花森安治の仕事』がかなり詳しく取材して、若かった花森に噂されたほどの権限はなく、与えられた実務を彼なりの有能さでこなしていたと推定している。

一兵卒としての国に対する怨みを原点として、六〇―七〇年代の花森の怒りは、「暮し」を破壊するものとしての公害＝環境汚染に向けられていった。七一年Ⅰ91号《この大きな公害》、七三年Ⅱ25号《二十八年目の日々を痛恨する歌》――「君らが狂気のように作りだす工場の煙で／ぼくらの空は　いつも重く曇ってよどみ／君らが平然と流しつづける廃液のために／ぼくらの川と海は　いつも暗く腐って流れようとはせず／君らの作ったものの出すガスのために／ぼくらの木と草は　夏に枯れて　春にも花をつけない（中略）ぼくらみんなが　こんな世の中にしてしまったのだ／ぼくらはこんな世の中にしてしまうために　あの日から　二十八年も生きのびてきたのではなかった」

3、それでもわたしたちは働くことをやめない

『暮しの手帖』の誕生については、伝説的なエピソードが伝えられている。早く父を失って自立を求めていた大橋鎮子は、上司に紹介された花森安治に女性のための出版社をつくる夢を語った。花森は「男には女のひとを戦争に引き込んだ責任がある。今度は女のひとの手助けをしよう」と答えた。敗戦の三カ月後、一九四五年一〇月のことだという。それ以来、社長大橋鎮子・編集長花森安治のコンビは、一九七八年の花森の死まで続く。

そんな原点があるからか、主婦向けの雑誌というイメージにもかかわらず、『暮しの手帖』は一貫して女性が職業を持つことに肯定的だった。シリーズ〈ある日本人の暮し〉には、早い時期から農業、商業など家業をになう女性や、戦中世代の独身女性とならんで、職場結婚したカップル《亭主はセンタク女房は炊事》（I32五五年）や、小学校教員同士の《あかるい共かせぎ》（I40五七年）などが紹介されている。

一九六〇年代になると、共働きの問題は、より意識的に取り上げられるようになる。この時期、日本の人口構成は都市型になり、サラリーマンと専業主婦からなる核家族が標準家庭とみなされる

ようになった。その一方で、男女平等の戦後教育を受けた女性たちの職場進出が始まっている。そんな時代を背景に、一九六五年Ｉ79号に掲載された「それでも、わたしたちは働くことをやめない」という特集は、読者に大きな反響を呼んだ。

この特集は、四人の働く女性の手記からなっている。《ああ亭主よ子どもよ姑よ》の清水初子は、職場結婚の共働き十年選手。息子と娘、夫の両親と同居している。「自信過剰の野心家」で午前様をくりかえす夫に嫌味をいう気も失って、洗濯物の山に黙々と取り組む日常を、やや自嘲的に語っている。子どもに目配りができないやましさ、家事を任せている姑への気兼ね、それでも仕事はやめられない……。

「愛情が、胸の谷間から湧く霧のようなものだとすれば、私の仕事をしたいという気持は、私のからだ全体から沸き出してくるエネルギーだろう」

《気がついたときはもう戻れない》の横井明子はジャーナリスト。産休をとって復職しようとするが退職を迫られ、やむなく実を取って嘱託として再雇用の条件をのむ。夫の実家のそばに引っ越して、姑に子どもを預け職場にむかう毎日は、忙しいが充実している。

とはいえ、家事育児を担うのは妻と、助っ人である姑というパターンは清水とも共通している。保育園はあっても保育時間が短かすぎて役に立たない。それに追い打ちをかけるのが、子供を預けて働く母親に向けられる冷たい世間の目。「自分が働きたいから働くというのは、自分の生活が苦しいから子供を芸者に売るというのとちっとも変わらない」という非難の言葉を横井は書き留めている。《結婚して働いて離婚して》の香川真喜子も新聞記者。理想を共有していたはずの夫が、いつのまにか子どもがほしい、仕事をやめろと言い始める。「〝共かせぎだから〟と近所の奥さんたちにかげ口をたたかれないように気を使って、彼には、掃除も、せんたくも、台所の手伝いも、それこそ何もしてもらわないように頼んだ」という妻は、結局仕事を選び、離婚にいたる。

四人の中でひとり楽天的なのは《向う三軒両どなりみな共かせぎ》の山田華子。実家のある下町に引っ越したところ、「女の人が働くことが、このへんではべつだん問題にもならない」ことに気がついた。家業の中での共稼ぎがまだ生きている下町は、勤め人の共稼ぎに対しても暖かかったのだ。母や近所に助けられ、子供二人をかかえた新聞記者同士の共働きは、さまざまな危機を乗り切って十年を迎えた。

四人の手記の底に流れているのは、「女が仕事をして行くことって、何とむずかしく、希望の少ないことかと思う。男性は、それを当り前として、死ぬまで、この〝仕事〟という怪物と取り組んでいるのに……」という香川のモノローグだろう。

この手記に対して感想を、という編集部の呼びかけに、四三六人の投稿があった。そのうち一三編が「お母さんの共かせぎは是か非か」として次号で紹介されている。投稿者の九割は女性で、共稼ぎへの賛否の比率は六八対三二、のこる一割の男性では、賛否の比率が逆転していたという。《がんばれ、兼業カアちゃん》《農家では昔から共働き》《働いている母を誇りに思う》《アダムは外へ、イブは育児を》と、賛否ともに型通りのものが多いなかで、《共稼ぎ亭主は楽しからずや》がひとり健闘している。教師同士の共稼ぎで、妻を支えるためには家事の分担はむろんのこと、定時制勤務への転勤も辞さなかったという夫は、仕事の好きな妻を支えることこそ男の生き甲斐だとタンカを切っている。

4、共働き戦士の死

こうして孤軍奮闘していた共働き女性のひとりに、花森安治が捧げた一文がある。I世紀93号（六八年）に掲載された《世界はあなたのためにはない――この春、学校を卒業する若い女のひとのために》である。

「林澄子さんが、なくなった。僕たちの仲間のひとりだった」で始まるこの文は、前年の一一月に脳出血で急逝した三三歳の編集部員・林澄子さんへの追悼である。

林澄子さんは、政治家でもなければ、評論家でもない。いわゆる婦人問題の研究家でもなければ、運動家でもない。／その意味でいうならば、ごくあたりまえの、仕事をもっている、ふつうの主婦であり、母親であった。／しかし、そのごくあたりまえの、日日の暮し方でもって、このひとは、自分をふくめて、日本の女のひとのために、たたかってきた。その歴史を、自分の日日の行動で、書きつづけてきた。それは、もちろん林さんだけではない。ぼくたちの仕事の仲間の女のひとは、みんなそんなふうに働いている。ぼくが、つい女のひとに失望しかけるとき、この気持を押しのけてくれる、生きた証しが、この仕事場にはあった。

林澄子さんは、暮しの手帖社の第一回社員公募で合格した唯一の女性。十年選手の編集部員として、緻密で厳しい仕事ぶりで通っていた。どんなに帰りが遅くなっても「一人前の主婦として、きちんと仕事を」やり、「朝はみんなの食事の支度をし、主人の出勤の支度を手伝い、こどもの面倒をみてやり」、出勤の早さでは一、二をあらそっていた。倒れたのは、第二子の出産後八カ月の産休をとり、週一度ずつ出勤しはじめた矢先だった。

文の後半は、副題のように若い女性への呼びかけになっている。最近の大学卒業生は就職を甘く考えているのではないかと疑問を呈し、昔の女はみじめな境遇にあったというが、主人に従っているかぎりは責任がなく楽だった、君たちはそれでいいのか、と問いかける。

世界は、あなたの前に、重くて冷たい扉をぴったりと閉めている。／それを開けるには、じぶんの手で、爪に血をしたたらせて、こじあけるより仕方がないのである。／大ぜいの先輩が、ながいあいだかかって、やっと、その重くて冷たい扉を、ほんのわずか、こじあけたところである。／戦いは終わったのではない、はじまったばかりである。／大ぜいの先輩は、後からくる君たちのために、全力をふりしぼった。いまも、ふりしぼっている。／そしていま、君たちはその重い冷たい扉の前に立っているのだ。君たちは、どうするのか。

花森の口調は戦死した兵士を悼み、後につづけと呼びかける部隊長の演説に似ている。女が働きつづけるということは、そんなに困難なことなのか。当時まだ大学院生だったわたしにとって、林澄子さんの名はその困難の象徴として記憶の中に刻みこまれた。

追って同年のI97号にも、《君よ、つらいけれど、挫けないで、働きつづけよう》という呼びかけがある。この記事は、一九五三、五八、六三年に東京の六つの大学を卒業した女子学生全員を対象としたアンケート調査の報告である。調査では、卒業年度が新しくなるほど、卒業五年目の在職率が低くなるという、ちょっと意外な結果が出ている。全一二ページの報告では、最後の二ページをさいて「女が働くということは何か」と真っ正面から問いかけ、たまたま恵まれて大学を出た女性たちに、自分だけのためでなく、すべての女性の働く条件を変えていくために、がんばって働きつづけてほしいと呼びかけている。

花森の呼びかけは口先だけのものでなく、暮しの手帖社の姿勢でもあった。一九七〇年のII4号では、「一生の仕事にしようという人」という条件で三〇歳以上の女性に限る社員募集をしている。三九歳を最年長とするその時の三人の合格者は、以来二〇年以上勤めつづけたという(酒井、前掲書)。

5、路地裏の保育所

共働きに関する『暮しの手帖』の記事の中で、情報としてもキャンペーンとしてもすぐれたものは、集団保育をめぐるものだった。そもそも日本の幼児保育は、上流家庭の子女教育のための幼稚園(したがって、管轄は文部省)と貧民救済のための保育園(したがって、管轄は厚生省)という二本立てで進められてきた。母親が外で働くこと、それも貧困ゆえではなく、自らの選択によって働くことを肯定して育児を支援するという発想は、日本の行政には存在しなかった。「自分の勝手で」子を預ける母親は人非人あつかいされ、子供たちは「保育に欠ける」哀れな子とみなされてきた。それに対して、「ポストの数ほど保育所を」と保育所建設要求の声があがってきたのが六〇年代半ばだった。『暮しの手帖』のスタンスは、公立保育所建設の要求とは少し離れて、その周辺を支えるさまざまな集団保育の試みを紹介するところにあった。横浜市で始まった家庭保育福祉員制度を紹介する《ママさん保母》（Ⅰ60六一年）、病院が経営する二四時間乳児保育の体験・丹阿弥谷津子《私の場合》（Ⅰ61六一年）、東京の無認可共同保育園《路地裏の保育所》（Ⅰ81六五年）、東京都の学童保育《外のカギッ子・家の中のカギッ子》（Ⅰ83六六年）、障害児の保育園作りに立ち上がった父親たちのドキュメント《センセと大将と親分と》（Ⅰ97六八年）、東京中野区の助産婦による共同乳児保育室《こんな保育所があります》（Ⅱ14七一年）、保母の手記・中村奉子《これが無認可保育所です》（Ⅱ47七七年）、保育室つきの通信制高校《スクーリングに通う8人のお母さんたち》（Ⅱ53七八年）と、さまざまな集団保育の試みが、丹念な取材によって紹介され、花森の熱いコメントがつけられている。

「働くお母さんはどんどんふえている、そのお母さんたちは、みんな必死になって、つらいおもいをして子どもを育てている、公立の保育所がないから、あっても数が足りないから、そしてたいてい、0歳児は預らないからである」（Ⅰ81六五年）

「それにしても、この大きな、冷酷な都会に生きて、こどもを生み、その子を育ててゆくというのは、なんという痛烈なしごとであろうか、おそらく、この若い母たちの、その親たちには、想像することもできなかったことにちがいない。このささやかな仕事に、希望あれ」（Ⅱ14七一年）

読み返していると、無認可保育所、保育ママ、団地の区立保育園、学童保育と、子供の手を引いて通ったわたし自身の記憶が重なってくる。中年リブを称していたわたしたちも、みなこうして薄氷を踏むような子育てをしていた。

6、働く人のおしゃれ

集団保育の記事が働く女性への直接の支援だとすれば、服装に関する記事は間接支援といえるだろう。『暮しの手帖』の得意分野は料理や商品テスト、衣服については実用本位で野暮ったいというのがおおかたのイメージかもしれない。しかし、暮しの手帖社の前身が「衣装研究所」を名乗っていたように、花森は服装の専門家を自認していた。彼の信念は、無意味な装飾のない、環境に適した、活動しやすい服こそが美しい、というものだった。女の服についていえば、スカートからズボンへ、男女の服装差を小さくする方向が示される。

戦争の、あの苦しい、みじめなおもいでをもっている女の人は、戦争が終わってもう十五年にもなるのに、やっぱりスラックスをはきたがらない。あの形のわるいモンペやズボンの感触が、身体のどこかの隅で、重苦しい悪夢とつながっているのだろうとおもう。(中略)そこへゆくと、いまの若い人たちは、みごとになんでも着る。そのなかでもスラックス姿がいい。みんな、じつにきれいにはいている。《風の吹く街で》(I53五九年)

動きやすい、働きやすい服装についての提案は具体的につづく。《迷惑な流行》トンガリ靴(I56六〇年)、《新しい日常着/ジャンパー》(I68六三年)、《ショルダーバッグのすすめ》(I69六三年)、《なぜ男ものは大きくて女ものは小さいか》(I72六三年)、桑沢洋子《もめんの上着》(I74六四年)、《ブルージーンズのすすめ》(I81六五年)、《女のひとの新しい魅力　ワイシャツ》(I86六六年)。

こう並べていくと、わたし自身もまた、ここに書かれたより少しさきがけて、あるいは少し遅れて、これまで男のものだとされていた服装への越境をしてきたことを思いだす。ジーンズを最初にはいたのはかなり遅くて、二〇歳を過ぎていた。少年用のジーンズを試着して前のファスナーを閉めた時(あのころ女物のスラックスはファスナーが脇についていた)、「男と女の身体はそれほど違わないんだ」と、不思議な感動が走ったことを覚えている。

第II世紀にはいると、《働くひとのおしゃれ》という外国女性の服装紹介が連載で始まる。日本ではまだ少なかった既婚中年のキャリア女性が登場し、ソフトなビジネススーツや、流行として導入されたばかりのパンタロンスーツが紹介された。

同時代の女性誌は大型グラビア化の流れの中で、手作り指南から既製服のカタログへと華やかな転身をとげつつあったが、女性の服装をライフスタイルと結びつけて変化の方向を示そうという視点はなかった。その点で花森は、『服装の歴史』で女性解放と服装の関係を追及した村上信彦と共通した服装史観ともいうべきものを持っていた。

女性の服装は、揺れ戻しはありながらも花森が指した合理的な方向へと変化してきた。一方、花森は男の服装にも一家言を持っていた。青年たちの自主性のなさを嘆いたエッセイ《どぶねずみ色の若者たち》(I 90六七年)は印象的なタイトルで話題を呼んだが、後にカラーシャツを売り込むメーカーの宣伝に利用され、花森をくさらせた。「どぶねずみ」にもまして花森が追放したがったのは、夏のネクタイ背広姿だった。日本の気候を無視したこのスタイルの愚劣さを、花森はくりかえし批判して改革を提案したのだが、こちらは今にいたるまで変わるどころか、逆にオフィスや電車を冷房地獄に変えてしまった。

7、家庭という「解放区」

『暮しの手帖』に深くかかわった執筆者として、第二節で紹介した花森との対談相手である松田道雄を忘れることはできない。一九五九年夏(I 50)から、花森の死の直後(II 56七八年)まで、松田はほとんど毎号『暮しの手帖』に寄稿している。唐澤平吉によれば、彼は花森がもっとも心を許した人物のひとりであった。松田もまた『暮しの手帖』を通して、女性が働くことについて、花森とは重点の置き方が微妙にちがう見解をのべた。

第I世紀57号から連載された〈私の手帖〉は、三題の短いエッセイを集めた見開き二ページのコラムである。小児科医であると同時にロシア革命史の研究者である松田(最初わたしは、同名の別人かと思っていた)は、子育てからベトナム反戦まで、広い話題をとりあげている。それらの底に流れるのは、ゼロ歳の赤ちゃんを含めた人間の個性と自由を尊重する立場である。国にせよ政治的党派にせよ、上から押しつけてくる力への拒絶反応の激しさにおいて、松田と花森は似たもの同士であった。

六〇年代の松田は、保育者の集まりにも関わりを持ち、集団保育を積極的に支援していた。I69号（六三年）《保育園はなんのために》では、地域住民の運動によって誕生した公立保育所を紹介し、従来の「生活のための共稼ぎ」に「主張をもった共稼ぎ」が加わって保育所利用者の意識が変わってきたと、時代の流れをとらえている。同時に、核家族における母子密着に警鐘を鳴らして、保育園を地域に開いてゆく必要を説いている。

集団保育を支援する松田の姿勢は、一九六七年に出版された『育児の百科』にも引き継がれ、一九六九年に最初の子を生んだわたしにとって、この本は座右の書となった。手抜きの母親だったわたしが二人の子を事故もなく育てられたのは松田先生のおかげ、足を向けては寝られない、という思いが今もある（暮しの手帖社が一九六五年に出版した『スポック博士の育児書』は、著者の思想を背後にもつ育児書として『育児の百科』と競合関係にあったが、米国中産階級むけに書かれたこの本は、集団保育には冷淡だった）。

六九年にはじまる第II世紀になると、松田は「〜について」と題する長いエッセイの連載をはじめる。このころから、松田の専業主婦擁護がはっきりした形をとりはじめる。

たとえば《共ばたらきについて》（II3六九年）では、「げんに有能な女性がたくさんあらわれている今日、女性にも自由競争のチャンスをあたえるべきだ。それが私の共ばたらきを応援する理由である」と共働き支援を表明する。それと同時に、家事労働が軽減された核家族家庭を、現代社会における唯一の「解放区」とみなして、「はっきりした職業意識をもって、余暇を自分の人間的成熟にむかって利用している女性」、すなわち主体的に専業主婦を選んだ女性をも応援する。共働きの夫婦が「社会のなかの男女差別に対して力をあわせて、戦っている戦士」なら、主体的な主婦は「女性差別を逆手にとって、家庭のなかで独力で女性解放をやろうとしている戦士」だとする。このどちらを選ぶかは、あくまで本人の自由選択であるべきだというのが、松田の基本的な立場であった。

このような自由選択論そのものは、五〇年代にはじまった「主婦論争」のなかでくり返されてきたものだ。ただ、従来の自由選択論者が、職場における女性差別や働く女性に不利な社会制度を無視しがちだったのに対して、松田は日本社会の女性差別構造を十二分に認識している。中小企業で働く女性の安い賃金が、大企業で働く男性労働者の賃金水準を保証し、「日本の中にみえざる植民地があって、そこで女性がはたらかされている」という理解に立ったうえで、男社会での戦いに疲れた女性に家庭という「解放区」への道を示してみせたのが、松田の自由選択論だった。

この時期以降の松田が、共働き支援から専業主婦擁護に重点をシフトしていった背景には、かれ自身の生活の変化があるようだ。長年携わっていた開業医を六七年に廃業し、文筆中心の生活にはいった松田は、「はたらけばはたらくだけ、人間は幸福になるという思想」に疑問をもちはじめたという。「はたらき人間」は生産力を発展させて人類の一部の生活を楽にしたが、その結果、一方では公害をまき散らす大衆消費社会を、他方では「人民にしんどいけれど、つぎの時代はよくなるからとがまんさせる」社会主義社会を生んでしまった。「人間は何もしないでいる権利をもっているので、（中略）はたらくのは、その基本的権利の実現の手段だという思想にきりかえないかぎり、地球資源

の枯渇をふせげません。また、はたらき人間式の革命思想からもぬけだせません。」《なまけものの政治学》（Ⅱ6七二年）

この松田の発言は、おなじ号の巻頭に花森が書いた《みなさん物をたいせつに》とも呼応する。「物は　いまやゼニであり／ゼニは　いまやものである／ゼニになることなら　ひとのいのちを損うことも／地球のいのちを傷つけることも／平気の平左　どこ吹く風／もうけのためなら　なんでもする／いのちも売る　国も売る／〈誇り〉も売る　といいたいが／どっこい　そんなものは　はじめから／お持ち合せがない」

専業主婦となった女性に松田が期待するのは、家事育児を天職として励むことではない。民主的な感覚をとぎすまして、男たちが天下国家を物騒な方向に動かそうという時に、ブレーキの役をすることだ。そのために、女だけの意見を自由にいえる足場を作っておくことをすすめている。《女だけの集まりを》（Ⅱ37七五年）

経済発展至上主義の社会のなかに歯車として組み込まれることが真の女性解放なのかという松田の問いかけは、真剣に受けとるべきものであった。じっさい女性の側からも、リブの時代には武田京子の「主婦こそ解放された人間像」（一九七二）が第三次主婦論争のきっかけをつくり（上野編、一九八二）、さらに八〇年代には加納実紀代の「社縁世界からの総撤退を」（一九八五）という挑発的な問題提起が論争を呼んでいる（小倉／大橋編、一九九一）。これらの問いかけそのものは、世紀を超えた現在も答えがつくされたとはいいきれない。むしろ、フェミニストの過労死が身近で起きたり、女性が兵士や閣僚として戦争遂行の先頭に立ったりと、つぎつぎとおこる新しい問題にフェミニズムは後手に回っていさえする。

ただ、松田の論の落とし穴は、企業社会に組み込まれた夫と、その収入に依存する妻とが、家庭を「解放区」として築く対等なパートナーになりうると考えたところにある。そして松田の責任が問われるとしたら、育児の権威としての自分の影響力を、軽く見積もったことだろう。『暮しの手帖』で展開された松田の女性論は、七九年の岩波新書『女と自由と愛』で、さらに広い読者を得ることになる。のちに松田は、デモクラットの男をみつけられれば結婚して専業主婦になるのもいいと『女と自由と愛』の中で書いたところ、「それをよんで、この男性はデモクラシーがわかっている、と思って結婚したのに、夫は日常生活ではデモクラシーを知らないというなげきを、多くの女性からききました」とうちあけている（『私は女性にしか期待しない』あとがき）。おなじ撤退の呼びかけでも、フェミニズムの文脈の中でなされた武田や加納の場合には、ひとつの問題提起として受けとられ、反論が出て論争となっていったので、松田のような「実害」は少なかったとおもわれる。

8、リブの時代の読者たち

『暮しの手帖』の誌面には、専門家や著名人の寄稿とならんで、一般の読者もたくさん登場している。たとえば、六〇年代から始まった〈家庭学校〉、七〇年代に登場した〈すばらしき日曜日〉など、読者の投稿で作られるページが長い人気を保っていた。日本のリブが誕生した一九七〇年から七一年ごろの女性の声を、〈家庭学校〉からひろってみよう。

・横になったまま「オイお茶!オイみかん!」、ことあるごとに「それ見ろ!家庭と仕事の両立はできんだろう。オレの犠牲の上に立って働けるんだぞ。ちっとは感謝してるか」という。ああ亭主以外の男性の優しさが身にしみる。(働く妻の危機、Ⅱ10七一年)

・勤めているのに、土日に夫の友達が押しかけて怪気炎をあげ、接待に追われる。「わたしは一週間分たまった雑用のことを思い、つくづく考える。女はあまりにも男に利用されていはしないか。」(つきあいきれない、Ⅱ11、七一年)

・二人目がおなかにいました。つわりがひどいのです。苦しくてやせました。「昔から女はだれでも我慢してきたのだ。我慢することを知らない女だなあ、おマエは」/ほんとに私はダメな女と思いました。(私はダメな女、Ⅱ14七一年)

・創造のためのディスカッションをしたいといわれて結婚、つぎつぎに子供ができた。「私はおむつ洗いにきたのじゃない。創造のためにきた筈よ」「おう、それが偉大な創造じゃないか」(恩師と結婚すれば、Ⅱ14七一年)

妻たちの告発は、同時代のリブ資料としても通りそうだ。蓄積された不満のエネルギーは、ときとして家庭という枠をゆるがすかにみえる。

夫婦についで多いのが嫁と姑の確執。核家族が日本の標準家庭とみなされるようになっても、まだまだ「家」はしぶとく生きつづけている。「家」への対抗手段として、夫婦別姓や結婚時の新姓創出が、もうこの時期に提案されている(改姓改制案、Ⅱ10七一年、結婚と姓、Ⅱ11七一年)。

そして、「兄より大きいトンカツを食べたことがない」(女はつらいよ、Ⅱ14七一年)、夫に仕える母を見て「十五歳の高校生である私は、結婚すべきかどうか激しく悩んでいるのです」（リンゴの気持、II10七一年）という娘たちの声もある。

他方では「リブ娘」に対する、親からの辛辣な逆襲。

・社会に妥協しないと壮語して三度も職場を変えた末娘。「労働運動なんてもう古い。これからは男からの解放をめざすウーマン・リブの時代よ」と、昼ごろ起きてはのたまう。その前にお父さんの細いスネを解放してやって。（スネ・リブ、II12七一年）

〈家庭学校〉の投稿者の大半は、妻と夫、嫁と姑の亀裂をかいまみせながらも、家庭という枠をなんとか維持しようとしている。『暮しの手帖』はそういう律儀な読者に依拠していた。ただ、編集長の花森安治にとっての「暮し」は、標準家庭のそれに限定されるものではなかったようだ。六〇年代には〈ひとりものの手帖〉という楽しいページがあったし、七一年のII17号には、鯨岡阿美子による《マイケルとハワードの優雅なる生きかた》というニューヨークの古アパートを改造して住む男性二人暮しの紹介がある。二人の関係は大学時代の同級生としか書かれていないが、家計を共にしているところをみると、ルームメイトを超えたカップルだと思われる。出世や消費文明を拒み、料理や部屋の改装といった暮しを楽しむ二人は、新しい世代として好意的に紹介されている。

〈家庭学校〉に遅れて七五年に始まった〈すばらしき日曜日〉にも、リブの風が吹き込んだような投稿がある。すずきみほ《なんでケッコンせんならん——女三十一独身の心意気》がそれだ。

「日曜日の朝、おいしいコーヒーとタバコのアジに、ちょっとガサついた新聞の色刷りページが似合うのだ、という固定観念にとりつかれたのは、独り暮しが身についてきた頃だ。（中略）この素晴らしき日曜日のため、私はまだまだ独身で行く」(Ⅱ36七五年)。

唐澤平吉によれば、『暮しの手帖』の堅いイメージに挑戦するかのようなこの投書を、花森はことのほか喜んだ。「投稿したすずきさんもさすがですが、選んだ委員、そして絶賛した花森さんもさすがでした。」おなじ号に、《結婚後初めて独りで見る映画——三人の子の母親三十一歳》と、同年齢の女性の対照的な休日が語られているのもおもしろい。

9、『暮しの手帖』が残したもの

職場と家庭それぞれの中で男女平等をめざそうという花森と松田の女性解放論は、近代の確立をめざすリベラリズム、フェミニズムの流れでいえば参政権運動を柱とした第一波の流れをくむといえるだろう。そして叱咤激励する花森も、自由な選択を説く松田も、一段上から女性にむかって語りかける啓蒙思想家の位置にあったという点では同じである。

日常の暮しを支える女性の役割について疑問を呈することのない『暮しの手帖』に対して、田中美津が「女であることを疑っていない」と批判したのはもっともである。あるいは、おなじころ中年リブを称していた「ウルフの会」の機関誌で、田畑佐和子はこうつぶやいている。「職業、子ども、保育所……現代的な大義名分。おとなしくそれだけにはげんでいれば、男たちにすらほめてもらえるかもしれない。/「解放」だなんて生意気なこと、言わなければ。もっとちがうものを求めなければ」(秋山、一九九三)。

かといって、『暮しの手帖』の共働き支援が、時代遅れで無意味なものであったとはわたしは思わない。六〇年代から七〇年代にかけては、制度の中にも意識の中にもまだ前近代が残存し、第一波フェミニズムの後衛と、第二波フェミニズムの前衛とは、ときにぶつかりあいながら、混在し共闘してもいたのだった。保育園の父母の会もリブ大会も、わたしにとっては同じように必要な場だった。

また、意外にみえるかもしれないが、日常の暮しを抵抗の足場にしようという花森安治の思想は、リブの発想と必ずしも対立するものではない。日本のリブ運動の中核を担った「リブ新宿センター」を回想する座談会の中で、生原玲子はこう語っている。

「(連合赤軍は)日常性を忘れて、山岳ベースへ行っちゃったからああなるんだと。だから、きちっと布団を干すこととか、食事も餌のようのものじゃなくて、ちゃんとご飯とおみおつけと、メインのおかずと何か合ったものを出すというふうな生活……。(中略)普通のことができなくて、異常なことをできてもしょうがないんじゃないかなと思っているところはありますね」(座談会「リブセンをたぐり寄せてみる」)。

二〇代の女性たちが二四時間運動を担っていた「リブセン」の共同生活が、生原の理想通りにはいかなかったことも、座談会では語られている。しかし、同時代の全共闘や連合赤軍に比べたとき、リブが生活に根をもとうとしたことは、記憶しておくべきことだろう。

一方、七〇年代には、戦後の貧しさを脱してやっと築いたはずの堅実な暮しが、大量消費経済によって根元から掘り崩される現象が進んでゆく。その中で花森安治は、日本の政治と社会に対する絶望感を深めていった。七四年には《もう、時間はいくらも残っていない》(II 30)と予言的なタイトルで環境の保全を訴え、七八年一月一四日、心筋梗塞で世を去った。追悼号となったII53号に、松田道雄は《日常生活の復権》を書いて、花森の死を悼んでいる。松田は『暮しの手帖』を市民の日常生活と平和を守るための市民運動だと定義して、花森を失ったあともこの雑誌を「つぶせませんよ、ね」と読者に呼びかけている。

しかし、それから一年もたたずに、松田道雄の名も『暮しの手帖』の誌面から消えた。編集部員だった唐澤平吉は「わたしには真相はわかりません」と書いているが、まもなく彼自身がウツ病をわずらって暮しの手帖社を退社したという。師と仰いだ花森の死にひきつづき、松田と社のトラブルをみたことが、心の傷を深めたのではなかったか。

花森亡きあとも『暮しの手帖』はおなじスタイル、おなじ生真面目な姿勢で発行をつづけ、二〇〇二年には第III世紀に足を踏み入れた。しかし、花森を失ったこの雑誌は、おなじ調理法で作られながら香辛料を欠いた料理にも似て、いたましささえ感じさせる。

七〇年代の『暮しの手帖』を支えた八〇万の読者のうち、一部は地道に働きつづけて男女雇用機会均等法の時代を迎え、一部は主婦という位置を守りながら、パートや地域活動という形で社会に出ていったことだろう。そのなかでも、公害反対や福祉など地域の具体的な問題にかかわる住民運動や、生活クラブ生協に代表される消費者運動に参加し、「活動専業・主婦」と自称するまでに育っていった女性たちのなかに、花森や松田の遺産がもっともよい形で受けつがれているように思われる。

追記

本稿を書いた頃の『暮しの手帖』は、まだ花森安治の強烈な存在から距離を置くことができず、方向が定まっていない感があった。おそらくは試行錯誤しながら世紀を超えて生き延び、現在は世代交代した編集長の下、花森時代のような思想性や戦闘性は影をひそめたが、日常の生活をたいせつにするという原点を受け継いだ雑誌として出し続けられている。

花森と二人三脚で『暮しの手帖』を担った社長の大橋鎮子も二〇一三年九三歳で逝去、ひとつの時代が終わった。二〇一六年になって、大橋の自伝『「暮しの手帖」とわたし』(暮しの手帖社、二〇一〇)が『とと姉ちゃん』としてNHK朝の連続ドラマになり、『暮しの手帖』と花森安治はちょっとしたブームになった。伝記や元編集部員による回想記が出版されたり、テレビで特集番組が組まれたりしている。映像で再現された初期の『暮しの手帖』のデザインはいま見ても新鮮であり、デザイナー・編集者としての花森の大きさを感じさせる。

引用・参考文献

村上信彦『服装の歴史』(全三巻)理論社、一九五五―五六年
森村桂『違っているかしら』角川文庫、一九六九年
花森安治『一銭五厘の旗』暮しの手帖社、一九七一年
松田道雄『女と自由と愛』岩波新書、一九七九年
上野千鶴子編『主婦論争を読む』勁草書房、一九八二年
堀場清子「『暮しの手帖』」、朝日ジャーナル編『女の戦後史I』朝日新聞社、一九八四年

松田道雄『私は女性にしか期待しない』岩波新書、一九九〇年
酒井寛『花森安治の仕事』朝日新聞社、一九八八年(朝日文庫、一九九二年)
小倉利丸/大橋由香子編『働く/働かない/フェミニズム』青弓社、一九九一年
秋山洋子『リブ私史ノート』インパクト出版会、一九九三年
座談会「リブセンをたぐり寄せてみる」、女たちの現在を問う会編『銃後史ノート戦後篇8　全共闘からリブへ』インパクト出版会、一九九六年
唐澤平吉『花森安治の編集室』晶文社、一九九七年

[初出・『文学史を読みかえる⑦　リブという〈革命〉』加納実紀代責任編集、インパクト出版会、二〇〇三年]

リブへの地平を切り開いた先駆者の壮絶な未完の自伝

『〈侵略＝差別〉の彼方へ――あるフェミニストの半生』
飯島愛子 著　インパクト出版会・二〇〇六年

一九七〇年は日本の第二波フェミニズム運動であるウーマン・リブが始まった年だった。リブ誕生といわれる一〇月のデモに先立って、同年八月、もうひとつの運動体「侵略＝差別と闘うアジア婦人会議」が誕生した。創立大会のアピールでは、戦後の「婦人解放」を根源的に問い直し、「社会体制の変革につづく婦人解放（論）ではなく、自己変革として差別問題をとらえる」ことを呼びかけた。戦前・戦後の女性史をたどってきた加納実紀代は、このアピールを七〇年代リブ運動の地平を切り開くものと位置付けている。

「侵略＝差別と闘うアジア婦人会議」は、七〇年代前半をリブと呼応しながら併走し、七〇年代後半に幕を閉じた。理論的にも活動面でもこの会の中心であった飯島愛子は、運動の場を離れ、自然と共に生きることを選んで、奄美大島・石垣島などに居を移した。九〇年代には自伝を執筆中だという噂が、「若いパートナーとむつまじく暮らしている」というコメントとともに伝わってきた。けれど彼女は癌を発病し、残る時間と競走するように書き続けられた自伝は、七〇年までで中断した。未完の自伝と、七〇年代に書かれた論文をあわせて、逝去一周年を記念して出版されたのが本書である。編集・解説は加納実紀代、石塚友子による詳細な年譜が付されている。

七〇年代の前半は、わたし自身もリブ運動の一隅にいた。飯島愛子の名は聞いていたし、アジアへの連帯という呼びかけに心をひかれ、同会議主催の集まりにも参加したこともある。ただ、リブとは違う組織という印象があり、飯島の著作もきちんと読んだとはいえない。

いまあらためて、飯島が七〇年代に書きのこした文章を読むと、三〇年という歳月の隔たりをまず感じる。新旧左翼の激しい争い、背景にある文革期の中国や戦うベトナム、揺れながらもなお残るマルクス主義への信頼……現在との落差に戸惑いながら読んでいくうちに、その奥にくっきり刻まれた、女性抑圧の根を探り、運動の方向を見出そうという格闘の跡が見えてくる。

飯島は女性差別の根源は、物質の生産が生命の生産（再生産）を差別したこと、すなわち生産性至上の近代の論理にあるとして、これに対抗するために、合理性によって切り捨てられてきた「女の論理」を提起する。そして女性にとっての解放は、男並みの平等を目指すのではなく、自己の被害性と同時に加害性をも認識し、複合したあらゆる差別とたたかう過程で手にすることができるものだとする。

女性差別のこのような分析は、飯島一人のものではなく、内外のリブ運動の中で、同時多発的に提起されたともいえる。しかし、飯島がもっとも早い時期にそれに気づき、声を上げた一人であることはまちがいない。彼女の思想の独自性と女性運動史における位置づけについては、加納実紀代による解説「〈反差別〉の地平がひらくもの」に詳しい。

わたし自身は飯島の論文を読み返して、強く印象付けられたことが二つある。ひとつは、戦後女性運動に対する厳しい批判である。これは飯島自身が「いわゆるリブが新左翼を媒介として生まれてきたのに対して、アジア婦人会議は、戦後婦人運動の終着点だった」といっているように、リブ世代との体験の差から出たものだろう。戦後の女性運動が社会の根底にある侵略と差別の構造を問わず、女／母＝平和と無前提に信じ、男なみの平等をめざしたという飯島の批判は、社会党系の女性運動にかかわってきた体験に裏付けられている。ただそれだけに、女／母＝平和という本質論と、反差別の武器として飯島が提起する「女の論理」との違いについて、さらに掘り下げた説明がほしかった。

もうひとつは、女性の企業社会進出を奨励するウーマン・パワー派に対する厳しい批判だ。日本のリブは米国と違って企業社会に背を向けがちで、労働問題への関心は比較的低かった。けれど飯島は労働問題を重視し、ウーマン・パワー派の主張は女を労働力化する資本の攻勢だととらえて反対の論を展開し、「私たちは『女が働く』内容を再度とらえ直すことがせまられている」と呼びかけた。それから三十余年、男女雇用機会均等法から男女共同参社会へと、日本の女性はウーマン・パワーの道をたどってきた。飯島の呼びかけは、今むしろ切実にわたしの胸に響いてくる。

最後になったが、じつは本書の中でもっとも迫力があるのは、未完の自伝の部分である。それは一五歳で出会ってから三二歳での離婚に至る、一人の男との凄惨な葛藤の記録だ。家からの自由を求めた少女が出会ったのは、職業革命家を自認し、思想上の指導者・知的な優越者として妻を支配する男だった。家事と性で妻を縛るにとどまらず、生活費まで妻に頼る男は、冷静に見れば男性支配の権力構造によりかかったDV男にすぎないのだが、カリスマ性に目をくらまされた女にはそれが見えない。引用された当時の日記には、相手への幻想と覚醒、自己否定と自立への希求の間で揺れ動き引き裂かれる心情がなまなましく綴られている。息苦しさに投げ出したくなりながらも、読み続けさせられるのは、この体験が飯島愛子の思想の原点となったと納得させられると同時に、男と女の権力関係の典型として描かれているとも感じさせられるからだろう。

飯島の後半生には、奄美や石垣の自然の中で、何人かのパートナーとの満たされた生活があり、死別・離別もまたあったという。前半生のマイナスを補ってあまりある豊かな対関係を語ることなく逝ってしまうとは、愛子さんそれはないよと言いたくもなる。

［初出・「図書新聞」二〇〇六年八月五日号］

自分史から照らしたリブ・コレクティブ論考

『女たちの共同体——七〇年代ウーマンリブを再読する』
西村光子 著　社会評論社・二〇〇六年

このところ、リブに関するシンポジウムや映画の制作・上映にかかわる機会が多かった。「大学院でリブを研究しています」と若い人から自己紹介をされて、自分が歴史上の人物になってしまったような奇妙な感じに襲われたりした。

この本もリブの研究書であるが、著者は若い学生でもなければ専門の学者でもない。年代はリブのリーダーだった田中美津さんや「中年リブ」を称した私たちとほぼ同じ、リブに出会ったときには、すでに結婚し子持ちで働いていた。そのために、リブに触発されながらその渦中には加わらず、共同保育所を作り、運営するという形で自分たちの運動を作っていった。働き続け、定年退職し、大学院で女性学を学ぶ中で、自分がやったこと、やりそこねたことの意味を探る思いもこめて、リブ再考を思い立ったのだという。

リブを研究するにあたって、著者は共同体＝コレクティブに焦点をあてた。当時のリブ運動のなかで、生活と活動を一体としたコレクティブは、運動の最高の到達点、規範的なモデルだとみなされていた。「リブ新宿センター」や「東京こむうぬ」の活動は、「リブニュース」などのミニコミを通じて伝えられ、それに参加しない／できない者を励ますと同時に、ある種の後ろめたさを感じさせたものだ。この本は、東京だけでなく、札幌・関西・九州と日本のあちこちに誕生した多様なコレクティブを紹介していく。

運動の渦中で、走りながら吐き出した熱い言葉、二〇年後、三〇年後に記憶の糸をたぐりながら語られる言葉、それらをモザイクのように寄せ集めることで、この本はリブのコレクティブを当時の時代背景の中に立体的に再現することに成功している。切羽詰って必死であると同時に、祭りに似たときめきをもっていた当時の雰囲気が伝わってくる。公開された多くの資料に加えて、リブ新宿センターの精神を引き継ぐキイパーソンともいうべき米津知子から著者が引き出したコメントが、重要なポイントで効果的に使われている。

著者は単に歴史を再現するにとどまらず、それを分析し、問いなおそうとする。女たちがどういう思いで集まり、そこでどういう生活をしたか。どんな議論が交わされ、どんな問題が起こったか。そして、なぜ、どのようにして解散にいたったかを。

たとえば、リブ新宿センターを代表する存在だった田中美津と他のメンバーたちの関係。自分の言葉を発することのできる年長の田中と、二〇歳そこそこの若いメンバーとは、あるべき「平場の関係」にはなりえなかった。くっついた御飯粒のようになりがちなメンバーに田中は苛立ち、逆の側では不満を感じても田中に向かって言葉にできない。そんな不均衡な力関係をはらみながら、リブが連合赤軍にならなかったのはなぜかと、著者は自問自答する。その原因として、田中のいうミーハー性や諧謔性＝自分を突き放し笑えること、来るものは拒まず去るものは追わずというコレクティブの開放性、炊事や布団干しといった日常の雑事を切り捨てなかったことなどがあげられる。逆に、子育てコレクティブだった「東京こむうぬ」が挫折した原因のひとつは、日常性の軽視にあったという反省も紹介される。コレクティブに対する著者の分析は、わたしにもおおむね納得できる。

ただちょっと気になるのは、分析結果をまとめるにあたって、やや強引に論を立てたと見える箇所があることだ。例えば、「リブ新宿センター」では全てを受入れる「母」が求められ、「東京こむうぬ」では基準を作る「父」が要望された、というまとめ方がされている。引用を読んだかぎりでは、「母」、「父」という言葉は、当事者たちの口からは直接出ていない。とりわけ「東京こむうぬ」を総括したタケの文章は、「育てる女が、子供に、物事に基準を作ってあげること、それが母です」とはっきりいっている。それを著者は「父」と読み替えるのだが、そこがわたしには理解できない。「母」、「父」のようにさまざまに解釈され、一人歩きしやすい言葉は、もう少し慎重に扱ったほうがいいのではないか。結論を急がなくても、この本は十分多くの問題を、読者に投げかけてくれるのだから。

この本を読んで、リブについてのさまざまな思いを呼び起こされた。とりわけ、「あの子たちはどうしているだろう」と強く思った。リブニュースや写真を通じて親しく感じていた零、史、遊といった子供たちは、この三〇年をどんなふうに生きてきて、どんな大人になっているのだろう。自分で選んだ親とは違って、人生の出発点で否応なしにリブに巻き込まれた子供たちは、当時も今も、とても気にかかる存在だ。

［初出・「インパクション」一五五号、二〇〇六年］

女性学／ジェンダー研究のルーツをリブに求める

『異なっていられる社会を——女性学／ジェンダー研究の視座』

金井淑子著　明石書店・二〇〇八年

金井淑子さんと知りあったのと、著書を読むようになったのとは、どちらが先だったのだろう。八五年の『転機に立つフェミニズム』（毎日新聞社）以来、『ポストモダン・フェミニズム——差異と女性』（勁草書房、一九八九）、『フェミニズム問題の転機』（同、一九九二）のフェミニズム三部作を、わたしは同時期に読んできた覚えがある。これらの論考を、たとえば八〇年代フェミニズムの代表と目される上野千鶴子と比べてみると、快刀乱麻を断つような上野の論が爽快な読後感を残すのに対し、金井の論は屈折して難解であり、読後に割り切れないものを残す。そうして残された問題のいくつかは、鍼灸の置針のように、読者であるわたしを刺激しつづけてきたように思う。

わたしが金井さんと実際の接点を持ったのは、九〇年代、日本女性学会の活動を通じてだった。七〇年代末に創設された学会は、女性学／ジェンダー分野で最初の日本学術会議参加団体となり、九〇年代には会員も五百人を超える大所帯になった。当時学会の運営を担っていた幹事会の主力になっていたのは、金井さんやわたしを含む一九四〇年代前半生まれの世代で、金井さんは井上輝子さんに続き、第九期の代表幹事を引きうけた。彼女が在勤していた新潟県長岡市で学会大会を開催し、地域で育てたネットワークを生かした大会は、従来とは一味ちがう印象深いものになった。

その後、二〇〇五年に、わたしが在外研究で滞在していた大連で開催した「文化を超えた女性／ジェンダー研究：研究を省み、経験を分かちあう」というミニ・シンポジウムに、金井さんは飛び入り参加してくれた。大連大学とわたしが所属している中国女性史研究会が共催した小規模のものだったが、金井さんと銃後史研究の加納実紀代さんがゲストに加わることで厚みを増した。金井さんの報告は、日本女性学会代表幹事の立場をふまえて、女性学／ジェンダー研究にいたる彼女の個人史を、研究教育の場としての地方にからませた熱っぽいもので、おなじく大連という地方をフィールドにする人々に響くものだった。

書評に入る前に寄り道をしたのは、本書がこのような彼女の女性学実践を土台にしているからだ。全体の流れを目次から見ると次のようになる。1女性学のルーツへ、そして女性問題の現在に、2私の「女性学／ジェンダー研究」教育実践から、3ジェンダー研究からセクシュアリティ研究への広がりの中で、4田中美津とフェミニズム、5「痛み」を棚上げしない思想として、6ジェンダーを再生産する学校、7ジェンダーフリー教育がめざしたもの、8不安なく異なっていられる社会を、9ジェンダー・バックラッシュの構図と内面、10「法」の後の、「労働」・「再生産」のゆくえ。

本書は全体が時代に沿った流れになってはいるが、各章は独立して読むこともできる。ここではわたしが特にひかれた三つの章を中心に紹介したい。この三章は、それぞれ副題がついており、それが各章のエッセンスを表している。

筆者の女性学との関わりを語る第二章の副題は、「「周辺性」の二つの意味」である。金井の名前を知っている読者にとっては意外なほどに、本人は自分が日本の女性学に「遅れてきた」こと、「周辺」（マージナリティ）からの関わりだったことにこだわっている。その「周辺」とは、ひとつには社会学畑の研究者を中心に創設された日本の女性学に哲学・倫理学の分野からかかわったこと、もうひとつは、首都圏から離れた旧農村地域にフィールドを置いていたことだ。この「周辺性」の意識は、差異へのこだわりとつながっている。そこから、一方では女の間に存在する差異と差別が自覚され、女性学の中にもある自民族中心主義が問い直される。他方では、ジェンダーの差異にこだわり、女性という当事者性から出発した女性学が、ジェンダー論の中に包摂されてしまうことへの危惧が語られる。本書の副題を「女性学／ジェンダー研究の視座」としたのも、このような女性学への思いをこめてのことだろう。

第四章の副題は「からだとエロスとエクリチュール・フェミニン」である。この章は、八〇年代に創成された日本の女性学・フェミニズムの原点を、七〇年代のリブ運動の中心にいた田中美津の思想に探る試みだ。金井は、全共闘の自己否定に対して、リブの原点は自己肯定であったとして、田中美津の言葉の中から、自らの闇を見つめ、自らの加害性を認識し、矛盾する二つの自分のあいだでとり乱す中での強烈な自己肯定の精神を読みとる。そして、男を介することなく女から女へメッセージを送ったリブの精神を、フランスのエクリチュール・フェミニンにつなぐ。金井によれば、田中美津からエレーヌ・シクスーへというこの流れこそ、性的差異について語ることを通して、近代的な男/女の二項対立を脱構築する可能性をもつものだ。そして、自らの女としての痛みを通して他者(連合赤軍の女や子殺しの女)の痛みとつながろうとする田中美津の思想に、現在のフェミニズムがかかえている、女性内部のマイノリティからの批判という難問を解く鍵をみいだす。

時代をさかのぼって原点を求める第四章に対して、「ケアと暴力へのフェミニズムのまなざし」と副題をつけられた第五章は、金井が自らに課した今後の課題であろう。この章は、自己の確立を求めて戦ってきた自分たちの世代のフェミニストが、娘や息子の世代に別な形の「生きがたさ」を押しつけたのではないか、また、女同士の格差の広がりの鈍感だったのではないか、という苦い自省から始まっている。フェミニズムは「自分の痛みを棚上げしない思想」であったはずなのに、どこかで自分の女としての痛みを置き忘れ、勝ち組の思想にくみしてしまったとしたら、行き着く先は国家フェミニズムにほかならない。そうではなくて、自分と他者の痛みをみつめ、人と人とのつながりを結びなおすことがいま必要なのではないか。金井はそう問いかけ、そのような作業を「繕い」と呼ぶ。これまで女性に義務的・排他的に押しつけられ、それゆえにフェミニズムが反発した「繕いの領域」――それは「ケア」と言いなおしてもいい――は、人間存在の弱さ(ヴァルネラヴィリティ)にかかわる人間活動に不可欠な領域であり、人間の共感感情を育む土台となるものだと金井は考える。したがって、女性に義務として押し付けられてきたこの領域にあらためて向かいあうことが、フェミニズムに新たなステージを開くことになるのではないか、と。

本書の後半は、男女共同参画基本法以後のバックラッシュに立ち向かった体験と、その中での考察に当てられている。この時代の心情背景を、金井は「不安」という言葉であらわす。バックラッシュにさらされる側だけでなく、攻撃する側もまた「不安」にさいなまれているのだ。そんな現状に対抗するものとして示されているのが、「不安なく異なっていられる社会を」という目標である。言葉にしてみれば平凡ともいえるこの理念的課題のなかに、平等に機軸をおく近代リベラリズムに対して、差異を問いつづけてきた金井の思いがこめられている。

［初出・「ピープルズ・プラン」四二号、二〇〇八年］

北村三津子さんの死とリブがしたこと

北村三津子さんがなくなった。自宅でなくなっているのがみつかった、突然死に近い状態で、あとでわかったことでは、持病が急速に悪化したためだったらしい。リブにかかわった人たちのメーリングリストに訃報が流れた。このMLは「たまには集まってリフレッシュしながら情報交換をしよう」という〈リブ温泉合宿〉の連絡網を兼ねている。北村さんは七月に伊豆で行う予定の合宿に、まっさきに参加の名乗りを上げていた。元気なメールを目にしたばかりだったから、訃報の文字は目に入ったものの、なかなか脳まで届かなくて、しばらくは呆然としたままだった。

北村三津子さんは、メディアや専門誌でリブについて書くことはほとんどなかったから、リブ関係者以外では名前を知っている人は少ないかもしれない。でも、彼女は田中美津さんがリブであるのと同じくらい、リブを体現している人だった。リブにかかわる集会や研究会にはまめに顔を出し、話し始めると熱が入って止まらなくなった。周囲はハラハラしながらも、その情熱に圧倒された。山上千恵子さんと瀬山紀子さんが撮ったリブのドキュメンタリー『三〇年のシスターフッド』にも、伊豆高原の温泉合宿でとうとうと語る北村さん、自宅で猫をひざに乗せた北村さんが登場する。『資料ウーマンリブ史Ⅲ』（松香堂、一九九五）には、北村さんを紹介する小さなコラムがある。

北村三津子（一九五〇〜）　関西リブ連絡会議の初期からのメンバー。当時、保母として働いていた北村さんは、保育の中で「女の子らしさ、男の子らしさ」をなくす教育を実践。明るくたくましい人柄で、園児からも親からも信頼を得ていた。

日本各地のリブ・グループをまわり、まっ先に家庭科共修の必要性を説く。書くよりも語り、行動し、多くの女たちを動かした。

一九五〇年生まれの北村さんは、リブの中でも若い世代に属していた。前記の資料集には北村さんの個人パンフ『恋物語——闘いはひとりのおんなから』の一部が収録されている。一九七二年のリブ大会に参加したときの気持を、北村さんはこう記している。

「おんなたちの出会いに私は、なんと目をかがやかせたことでしょうか。時にして私は、二一才七カ月の事でありました」（二八六ページ）。

このときから二〇一〇年の今年まで、北村さんは同じエネルギーで走り続けてきたのかもしれない。保母（と当時は呼ばれていた）を出発点に、後年は介護福祉士・寮母として特別養護老人ホームに勤めていた。体を通して人とじかに触れ合うケアの現場にいつづけたのだ。最近はその経験を生かして、福祉を学ぶ若い人のために教壇に立つようになったとも聞いた。

リブの時代の北村さんは関西が活動拠点だったので、そのころの彼女については知らない。七二年のリブ大会では同じ会場の空気を吸っていたはずだが、彼女の名前を意識したのは、三木草子さんが出していたミニコミ『女から女たちへ』にユニークなエッセイを連載していた八〇年代半ばのことだ。顔と名前が一致するようになったのはもっと後、関西で開かれたリブ二五年のイベントあたりからだろうか。

北村さんのエピソードで忘れられないのは、二〇〇六年二月、成田空港出発ロビーでのことだ。『三〇年のシスターフッド』をアメリカの大学を回って上映する話が持ちあがり、製作者の山上・瀬山さん、それに三木草子さんらが行くというので、研究休暇で時間に余裕があったわたしも加えてもらった。搭乗手続きも終わって次は出国手続きというときに、大きな荷物を引きずった北村さんが登場した。彼女が取り出したのは、“30 years Sisterhood”と色鮮やかなアップリケをした横断幕。上映会の会場を飾るように手縫いで作ってくれたものだった。それに加えて、アップリケに使ったのと同じ赤・緑・黄色のフリースのマフラーと、紀州産梅干、ブドウ糖の袋を巡業チームの人数分、現地参加者のぶんも加えて各一〇個くらい。ずっしり大袋に詰められた量と重さは半端ではない。トランク類はすでに預けてしまった出発直前のことだから、一同しばらくは言葉も出なかった。搭乗口への長い廊下を大きな荷物を引きずりながら、わたしたちは北村さんの熱さと過剰さに圧倒されていた。シスターフッド横断幕はもちろん現地で好評を博し、二月のシカゴやニューヨークでは、フリースのマフラーもありがたかったが……。

最近の北村さんは、女性センターの館長を雇い止めになった三井マリ子さんの裁判支援に力を入れ、鮮やかなアップリケの旗を贈っている。長距離バスに乗って大阪高裁での公判にかけつけたというから、ほんとうに最後まで走り続けた人だった。

北村さんとともに、このところ気にかかっているもう一人の死者がある。それは、五〇年前になくなった樺美智子さんだ。今年は六〇年安保からちょうど半世紀ということで、江刺昭子さんによる評伝『樺美智子　聖少女伝説』（文藝春秋、二〇一〇）が出版され、命日である六月一五日には、東大安田講堂で「60年安保闘争の記録と記憶」というシンポジウムが開かれた。千人を収容する安田講堂をほぼ満員にしたシンポジウムは、司会の上野千鶴子さんの音頭による樺さんへの黙祷で始まった（シンポジウムそのものは、短い時間に多くのことが詰め込まれすぎて、わたしにとっては刺激的だが消化しきれない印象を残した）。

じつはわたしは、一九六〇年の大学入学生だ。入学早々からキャンパスではデモが呼びかけられ、五月、六月と運動は高まっていった。一般学生であるわたしもデモに参加する回数がふえていった。そんな中で迎えた六月一五日、先輩の女子学生がなくなったと聞いたときの衝撃は大きかった。ただ、翌日の追悼デモや追悼集会では、詰めかけた人々と怒りと悲しみを共有しながらも、どこかに違和感を抱いていた。いま考えればその違和感は、江刺さんの評伝のタイトルが示唆するように、樺さんが、「聖少女」として伝説化されていくことに対するものだったのではないかと思う。

全学連は樺さんを自派の英雄とみなし、一般市民はまた別の聖少女像を作りあげた。たとえば、映画監督の松山善三は、日比谷野外音楽堂で開かれた追悼集会の壇上に飾られた遺影の「可憐な少女のつぶらな瞳」を見ながら、「ファシストに牛耳られたおろかな不安な日々の政治下になかったならば、彼女の未来には、恋や結婚や育児という、輝かしい、そして美しい人間の生活がありえたはずだ」と考えた（『週刊朝日』、一九六〇年七月三日号）。このコメントを目にしたときの苛立ちを、いまもしつこく覚えている。大学で日本史を学び、学生運動に身を投じた樺さんの未来は「恋や結婚や育児」しかないのかと……。

その苛立ちは、樺さんのためだけではなく、わたし自身のためでもあった。大学の門をくぐったものの、そのときわたしの未来は空白だった。男子学生にとって大学の門は未来を約束するものだったが、四年制大学に入った女子学生には、自分の未来に思い重ねるべきロールモデルは存在していなかったのだ。松山善三の善意に満ちた無神経さに怒ってみても、樺さんの絶たれた未来を想像する手がかりは、わたし自身も持っていなかった。

それから一〇年、モラトリアムで入学した大学院生活の最後は全共闘の時代と重なった。ヘルメットとゲバ棒にはついてゆけず、かといって空洞化した大学にしがみつくだけの執念もなく、期限切れで大学を押し出され、主婦的情況に落ち込んだ。リブに出会ったのはその時だった。いや、リブに出会ったのではなく、わたしや、北村さんや、そのほか大勢の女たちが、リブとして互いに出会ったのだ。

リブを触発したのは、当時の日本社会のジェンダー構造の中で、「女」と規定された一人ひとりが感じていた生き難さだった。その生き難さに抗うために、徒党を組み、声を上げた。自分を生き難くしている社会の仕組み――ジェンダー構造などという言葉はまだなかったが――を知りたくてはじめた研究が、女性学と呼ばれるものになった。八〇年代のフェミニズム、九〇年代のジェンダー理論と男女共同参画、二〇〇〇年に入ってからのバックラッシュと、それぞれの時代のイメージを刻印された言葉はあるけれど、わたしにとってはひと続きの流れで、四〇年という年月が経っているという実感はない。

この年月のあいだに、生き難さは減ってきたのかと問われれば、わたし自身についてはそうだと答えることができる。二〇歳のときに女はこうあるべきだと教えられたジェンダー規範に従わなくても、生き延びてくることができた。おなじ時代を生きてきた女たちの中には、北村さんのようにリブの道をまっしぐらに歩いてきた人もいれば、寄り道をしながら自分らしい道をみつけてきた人もいる。お互いに違っていても、それぞれが選んだ道を歩いていいのだと確認しあう相手を持ちえたことが、リブの世代の幸運であったのかもしれない。

ここまで歩いてくる可能性を断ち切られてしまった樺美智子さんを思うとき、彼女と同年代、わたしより少し先輩で、女性の研究者として道を拓いてきた人たちの存在に気づく。女性史という分野を開拓してきた人、アジア史や日本史の研究を通じて日本の戦争責任を問い続けている人……。大学院に進学して日本史を学びたいと考えていた樺さんが存命だったら、そんな研究者の一人になったのではないかと思う。政治活動家になるのではなく、恋や結婚や育児を味わってもそれに埋没することはなく、専門の仕事を持ち、かつて抱いた理想の方向にそれを生かすべく地道な作業を続けているのではなかったろうか。それを単なる空想と退けさせないだけの実例を、少なからぬ女たちが自らの歩みによって作ってきた。その間のひとつの節目として、七〇年のリブを位置づけることができるのではないだろうか。

それでは、七〇年代のリブがあり、八〇年代の女性学／フェミニズムがあって、日本の女の生き難さはなくなったのか。ジェンダー不平等は厳として存在しているばかりでなく、格差は開いているではないか、というのが、『ピープルズ・プラン』誌編集部によるこの特集の問いかけだろう。あるいはわたしが答えなければならないのは、日本のリブ、フェミニズムはどこかで間違ったのではないか、という問いに対してなのかもしれない。

リブについては、いまもいろいろな論じ方がされている。最近では小熊英二の『1968』(新曜社、二〇〇九)が最終章でリブと田中美津を扱って、美津さん本人から厳しい反論を受けた。『ピープルズ・プラン』でも加納実紀代・千田有紀による連続書評(四九号、五〇号)があり、つけ加えることはないけれど、「公」の大儀よりも「私」の欲望を重視したリブが、高度経済成長によってもたらされつつあった大衆消費社会への道をつけたという小熊の立てた筋書きは、ある意味で過大評価のような気がする。大衆消費社会への転換点はたしかにリブの時代と重なっているが、資本の自己運動としてのその流れは、リブが棹さそうとせき止めようと歯牙にもかけない勢いだったのではなかったか。女を束縛するとリブやフェミニズムが批判した事物の中で、いちばんしぶとく生き残ったのが化粧とハイヒールだというのは、それを象徴している気がする。

あのときリブがしたことは、女を生き難くしているあらゆる問題をぶちまけることであり、それに抗う自らの力を育てることだった。ぶちまけられた問題は、その場で解決できるものではなかったけれど、誰かがどれかを拾っては問題提起を続けてきた。さまざまなテーマでの女たちの運動、NPO組織、フェミニズムや女性学・ジェンダー理論と呼ばれる動きも、大きくはその流れの中にある。

それにしても、いまの日本のジェンダー状況を見るとき、なぜいまだにこうなのか、なにかが間違っていたのではないかという問いも出てくる。先日開かれた日本女性学会のシンポジウム「社会を動かす女性学」（二〇一〇年六月一九日、於大阪ドーンセンター）で、江原由美子さんがリブから女性学の現在までを振りかえった。女性学の動きと政治・経済の動きを左右に配した簡単な年表を見せながら、女性学（女性運動）における動きは政治・経済の動きと連動していること、しかも、政治・経済の動きのほうが常に一歩先んじていることを明確に示し、「むこう（政府・経済界）がこちらの要求を入れるときは、必ずむこうにもメリットがある」と結んだ。女性学・フェミニズムの側が、そういう力学に対してナイーブすぎたのが、現在の困難をもたらしたのではなかったか、と。それでは女性学の成果はなかったのか、という会場の質問に対しては、最近のバックラッシュに触れて「最初は無視されていたフェミニズムが、敵と認められるまでになったのはすごい発展だと思う」と付け加えた。

たしかに、九〇年代後半、男女共同参画基本法にいたる政府・行政の動きには、「お上がこんなことまでしてくれていいの？」と皮肉りたくなるようなノリがあった。その反動がバックラッシュになって跳ね返ってきたわけだけど、それは女性運動の方針がどこかで間違っていたからで、そうでなければもっと良くなっていた、というふうにはわたしはあまり考えない。長い目で見れば、フェミニズムの中にもいろいろな方向の主張があり、運動があって、それによってジグザグの動きを繰り返しながら、どこかが少しずつ変わってきた。だからといって、日本社会のジェンダー不平等の基本構造は、やすやすと崩壊するほどやわではない。その点ではわたしはむしろ悲観論者で、だからそれほど絶望することもないのかもしれない。

前記の女性学会のシンポジウムで、もっとも若い発言者だった荒木菜穂さんは、女性学／フェミニズムをふりかえる最近の本や特集のタイトルに「つなぐ」「つながる」という語が多用されていることを話の糸口にして、世代間のつながり、女同士の横のつながりが求められていると同時に、その困難も認識されていると語った。

現在、格差や貧困というアクチュアルな問題と切り結んでいる運動には、新しい世代の担い手が登場しており、彼女たちは「オールド・フェミニスト」とは一線を画しているようにも見える。けれども、若い世代の運動も、なにかの形でリブやフェミニズムとつながっている。たとえば栗田隆子さんは〈女性と貧困ネットワーク〉の中に、さまざまな立場・世代の人が自由に語りあうために〈かたり・れん〉という場を作っていることを紹介している（『女性学』一七号、新水社）。これはまさに、七〇年代にリブのグループが〈コンシャスネス・レイジング＝意識変革〉などと呼んでいた実践とおなじものではないか。リブの誰が伝えたというわけではなく、新しい運動の中で自然に生まれたのだとしても、やはりどこかでつながっているのではないだろうか。

北村さんは、自他共に許すリブとして、四〇年間まっすぐに歩き続けてきた。わたしはといえば、運動の中心にいて活動に献身することはほとんどなかった。それでも、主催者だけでは運動も成り立たないので、集まりに参加したり、少しだけどカンパしたり、署名をしたりすることで、なにかの役は果たしてきたのかなとも思う。それが続いてきたのは、やはりリブから今までつながる女（だけではないが、主として）との出会いが楽しいからだ。

［初出・「ピープルズ・プラン」五一号、二〇一〇年］

生き延びて一年

ゆっくり報告を書こうと思いつつ、直前になってしまいました。

この一年、なんとか生き延びています。病気のことを知った友人から、年賀状で「闘病中とうかがいました」とはげましの言葉をいただき、「う〜ん、闘病中か」と、なんとなくその言葉と自分がそぐわなくて妙な気がしました。

といって、まったく健康ですごしているわけではなく、月に三回は医者に行って点滴を受け、そのあとは軽い熱が出たり便秘になったりと、いろいろ調整しなければなりません。体力的にも、やはりだんだん落ちていて、腹水や胸水のせいか、早足で歩いたり、坂を登ったりすると息切れがする。以前イッコが書いていたように、心臓と相談しながら、そろりそろりと歩きます。それでも、この一年、一応ふつうの生活をして、いろいろなことができました。

最近では、生まれて初めて沖縄に行ってきました。大学生のころ、周遊券を買ってリュックをしょって旅行するのがはやっていましたが、当時外国だった沖縄は行けずじまい。六〇年代は政治運動の季節で、沖縄返還運動などもあり、デモの中で「沖縄を返せ!」なんて歌ったりしました。でも、この歌の歌詞の「われらは叫ぶ沖縄よ、われらのものだ沖縄は……」のくだりを歌いながら、本土にいて何もしていない自分がそんなことを言っていいのかと、なんだかやましい気分だったのを覚えています。

そんなこんなで、なんとなく今まで沖縄に行きそびれていました。最近になって、日本の中で行ってないといえば沖縄だ、なんとか一度は行きたいなと思い始めたとき、以前ピースボートで知り合った沖縄出身の人が「スタディツアー」を計画してくれるというので、さっそくそれに飛びつきました。ピースボートの時のネットワークで、北海道から九州まで各地でいろいろな活動をしている五〇代から七〇代の元気な女性二〇人ほどが、バスを借り切って、三月一四―一六日の三日間のツアー。「沖縄ピースネット」の方にガイドをお願いして、一日目は島の北部の基地巡り(ほんとうに、基地の広さ、戦闘機やオスプレイの轟音、実物を体験すると話を聞くのとは違う迫力)、二日目は島の南の戦跡めぐりと博物館や資料館。ガイドの方がいろいろな資料を用意して、本当に熱心に語ってくださいました。野戦病院に使われたガマ(洞窟)も見ましたが、ジャングルの中にあるというイメージとは違って、斜面になった住宅地の一角に石段があり、それを下るとそこがガマの入口。こんなところで戦争があったんだと、あらためて驚きます。

三日目はなんと、那覇市から辺野古へ市民団体が毎日出している「島バス」で辺野古の座り込み支援に。どんなところか、おそるおそるだったのですが、道を隔てて海側は基地、反対側の斜面にいくつかテントが張られて、板を渡したベンチもあり、そこで思い思いに座ったり、歌をうたったり、Tシャツなんか売っていたり、「闘争」＋「お祭り」みたいな感じで、悲壮な決意で行ったわけではない私のような旅行者も受け入れてもらえるような雰囲気がありました。ちょっと歩いて行く埋め立て予定地の海岸は、ジュゴンもいるという本当に美しい湾でした。何がわかったわけでもなく、何ができるわけでもないけど、やっぱり行って見てよかった沖縄でした。

じつはこの旅行のころ、けっこう息切れが強くなって、「だいじょうぶかなあ、迷惑かけないかなあ」と心配だったのですが、ツアー主催者にも正直に現状を話し、無理なら途中で休むということで、かなり悲壮な覚悟で行きました。でも、現地の移動は基本的にバスで、へばったのは普天間基地を見下ろす高台に登った時くらい、これもカタツムリのペースでなんとか追いつき、日程は無事に終えました。逆に、いつもは元気印の人が熱を出して宿で休むことになったり、インフルエンザでキャンセルの人が出たり……わからないものです。とにかく念願だった沖縄に行くことができて、ひとつ望みがかないました。

おとといは、なんと中学の入学式に行きました。ユニセフ職員でずっと外国暮らしだった娘が、次の職が決まるまで少し時間があるので、子どもたちを日本の学校へ入れたいと急遽帰ってきたのです。上の女の子が中一、下の男の子が小一と、どちらも新入生で入学式が同じ日なので、私まで動員されたというわけです。つい先ほどまでNYの学校へ行っていた孫が、神妙な顔をして中学の制服（高い！）を来て、新入生になりました。それにしても、日本の入学式って、どうしてあんなにつまらないんでしょう。

これからしばらく、静かな老人二人暮らしだった家の人口が倍以上になり、大混乱が続きそうです。でも、このタイミングで孫たちといっしょに暮らす機会が持てたのも、考えてみればありがたいことかもしれません。

研究の方では、これだけはずっと続けている「中国女性史研究会」の仲間と共同でスーザン・マン『性からよむ中国史』（平凡社）という翻訳をだし、『ジェンダーの中国史』（勉誠出版）という本に「江青」の伝記を書きました。江青は悪女のレッテルを貼られて歴史のゴミ箱に捨てられたような存在ですが、彼女なりの主張や信念があったのではないかと、ずっと気になっていたのです。名誉回復、というほどではないけれど、それなりに歴史的な位置づけができたかなと思っています。そんなこんな、少しずつでもなにかして、それが形になるのはうれしいものです。すごい業績を出すとか、必死で仕事をやり遂げるとかいうのとはちがって、何かやりたいこと、やれることがあって続けられるのはありがたいなと思っています。

病気になると、世界が変わって見える。いままで見なれていた景色がすごく美しく見える、なんてよく聞きます。そういえばそうかなとも思うけど、みんながそう言うからそう思えるのかなという気もします。うちのそばの土手の桜は、今年は開花時期が長くてみごとでしたが、それで特別感慨深いというほどでもなく、「きれいだな」と見ていました。

病気だけでなく、だんだん歳もとって、今までできていたことができなくなったりもするけれど、それなりにできることは残っているので、今年もできることをみつけて、焦らずに行きたいと思っています。

ちょっと先に目標をおいて、そこまで行ったら次。「おほほ」でみんなに会うのもその目標のひとつです。では、このへんで。

二〇一六年四月一〇日

秋山洋子

［記：著者である秋山洋子さんが、本書校了を一カ月後に控えた八月二六日、ご逝去されました。あとがきに代えて、「おほほ便り」三三号（二〇一六）に寄せた文章を掲載させていただきます。「おほほ便り」は、秋山さんの出身校である日比谷高校で化学専攻クラスを専攻した3クラスの女子生徒たちが集まり、卒業後も交流してきた「おほほの会」が刊行する小冊子です。掲載をご快諾いただきました関係者の皆さまに御礼もうしあげます。

（インパクト出版会・編集部）］

リブ・女性学の同志を偲ぶ

井上輝子

二〇一六年八月二六日に、秋山洋子さんが逝去された。ガンで闘病中とは聞いていたが、まさかこんなに早く亡くなるとは、思ってもいなかった。年賀状に、病気が進んでいるので一度会いたいとあったので、二月のある日、岩波ホールで映画「ヴィオレット」を一緒に観て、神保町近辺で食事をし、新宿に出て彼女の友人の織物展を見に行った。その後五月末頃、メールで一〇月予定のリブ温泉合宿の出欠問い合わせがあった際、秋山さんは「その時の体調次第なので保留」と回答されていたのを見て、たぶんまだお元気なのだろうと勝手に想像していた。先日訃報に接し、その後連絡をとらないままだったことを後悔する一方で、秋山さんが二冊の本の出版をめざして、ぎりぎりまで校正等をされていたことを知り、今さらながら、やりたいこと、やるべきことを淡々とこなして終焉を迎えられた、彼女らしい見事な身終いぶりに、改めて感嘆した。

私が秋山さんと知り合ったのは、一九六〇年安保闘争の最中に大学に入学して間もなくの頃だった。当時東大に入る女子学生は少なく、まして全学連系のデモに参加する女子は、数えるほどだったから、すぐに顔も名前も覚えた。四月二六日のチャペルセンター前のデモから、安保が自然承認された六月一八日の徹夜デモまで、ほぼすべての全学連デモに私たちは参加した。

秋山さんは、日比谷公会堂で開かれた樺美智子追悼集会での松山善三発言に違和感を持ったという（本書二九三ページ）。私は、その前日の学内追悼集会で、「女子学生をデモの前線に立たせるとは何事だ！」と怒鳴っていた仏文学者平井啓之の発言に、複雑な思いがしたことを思い出す。六月一五日の夕刻、国会南通用門を突破したデモの中に私はいたが、私の二列後でたまたま女子だけでスクラムを組んでいた友人が逃げ遅れて、警官にこん棒で後頭部を殴られて大怪我をし、救急車で病院に付き添ったばかりだったので。いずれにせよ、秋山さんにとっても私にとっても、安保闘争が女性と政治の問題を考える原点になったようだ。その後は、進学した学科も異なり、全共闘運動でも顔を合わせることはなかった。

秋山さんと二度目に出会ったのは、リブとの関わりの中だった。私がリブと出会ったのは、一九七〇年一一月一四日に千駄ヶ谷区民会館で開かれた日本初のリブの大集会「性差別への告発」だったが、秋山さんは、もっと早くから、リブと関係を持っていた。前年の一九六九年にアメリカから反戦運動をしに来日したカップルと知り合い、当時アメリカで始まっていたリブ運動の資料を翻訳して、七〇年六月に友人たちと『女性解放運動資料Ⅰ　アメリカ編』を発行し、「女性解放運動準備会」を発足させていた（秋山洋子『リブ私史ノート――女たちの時代から』

一九九三、参照）。

この頃、朝日新聞が「ウーマン・リブ」としてアメリカの運動を紹介した記事の中で、アメリカの資料の紹介者として、「東大大学院の秋山洋子さん（28）」の名前を見つけた私は、秋山さんって誰だろうと思った。大学闘争後バラバラになっていたとはいえ、同年代の東大女子院生の名前はおおよそ見当がついたが、秋山洋子さんという名は、誰のことか想像がつかなかった。

顔と名前が一致したのは、不思議にも榎美沙子さんのマンションだった。一一月一四日の集会以後、私は足しげくリブの集会に出かけつつ、婦人問題懇話会にも入り、会報にリブ論を書かせてもらったりしていた。この会の事務局長の菅谷直子さんが、なぜか榎美沙子さんを紹介してくれ、榎さんのマンションに会いに行った。何時間かおしゃべりした後、帰りがけに、「今夜ウルフの会の集まりをここでするので、覗いていきませんか」と誘われて残った。そこに現れた秋山さんを見て、「秋山さんって、あなただったの？」ということで謎が解けた。実は私も結婚して苗字が変わっていたので、お互い「まあ、しばらくぶりね」ということになったわけだ。

後に秋山さんたちが榎批判を展開したことは、『リブ私史ノート』に詳述されているとおりだ。私自身は、中ピ連の創立集会にも関わり、榎さんが主催した「女のからだ」連続講座（正式名称は失念）にも参加するなど、榎さんの活動の意義をそれなりに評価しているので、この点では秋山さんとは見解を異にするが。

三度目に秋山さんと出会ったのは、国立婦人教育会館（現国立女性教育会館）の女性学講座だった。一九七一年夏のリブ合宿での松井やよりさんの発言をきっかけに、私はアメリカで始まりつつあったWomen's Studiesに惹かれ、「女性学」という訳語をつけて、日本での女性学の形成と発展に力を注いできた。一九七七年に開館した国立婦人教育会館が、一九八〇年から毎年女性学講座を開始し、八三年度からは、会館外の女性学研究者と共同で企画運営することになった。私もこの企画委員の一人として参加した。

秋山さんは、七年間のモスクワ生活から帰国して、この講座に参加された。これを機に、秋山さんは、女性学の研究者として、様々な著作を発表される一方で、日本女性学会の幹事をたびたび引き受けてくださった。これ以後は、女性学会やフェミニズム系の集会でよくお会いし、時には個人的におしゃべりをしたりする関係が続いてきた。

秋山さんが再校まで済まして残された本書を読ませていただいて、私はまた秋山さんに出会い直した感じがしている。本書中には、私が知らなかった作品が数多く載せられており、秋山さんの関心の広さと読みの深さに、改めて感心させられた。第一章、第二章が、私には初めて知ることばかりなのはもちろんだが、第三章の「コロンタイの受容と誤解」も、「水一杯論」の先入観で軽視してきたコロンタイの主張を、改めて読む気にさせてくれたし、第四章の「対幻想のかげで」は、私たちよりちょっと上の世代の女性たちが、結婚生活でいかに夫に搾取され、そこからどのように自己を取り戻していったかという、身につまされる経験が見事に分析されている。

これ以外にも、秋山さんが採りあげているスメドレー、高杉一郎、干刈あがた、松田道雄等々の人名や、キューバ革命、大連・旅順で暮した日本人、日中戦争と日本軍の性暴力等々の事象は、私たちの世代にはなつかしい人名であり、苦く痛い、忘れてはならない事象でもある。これらは、私たちの世代の共通経験であり、共有感覚であるように思われる。

六〇年安保世代として、女性として、自分の感覚と問題意識を貫いた秋山さんの遺著を、同世代はもちろん、若い世代の人たちにもぜひ読んでほしいと、心から思う。

（二〇一六年九月二〇日記）

［井上輝子（いのうえ・てるこ）女性学研究、和光大学名誉教授］

［著者略歴］

秋山 洋子　あきやま ようこ

1942年生。専門は中国女性史、女性文学。駿河台大学で留学生の日本語教育にたずさわる。日本ウーマンリブ運動の先駆的グループ「ウルフの会」メンバー。日本女性学会、中国女性史研究会会員。2016年8月26日逝去。

◆著書
『女たちのモスクワ』勁草書房、1983年
『リブ私史ノート　女たちの時代から』インパクト出版会、1993年
『私と中国とフェミニズム』インパクト出版会、2004年

◆共編著
『概説フェミニズム思想史　明日にむかって学ぶ歴史』ミネルヴァ書房、2003年
『中国女性の一〇〇年　史料にみる歩み』中国女性史研究会編、青木書店、2004年
『戦争与性別　日本視角』（中国語）、北京；社会科学文献出版社、2007年
『歴史をひらく　女性史・ジェンダー史からみる東アジア世界』
　御茶の水書房、2015年
『中国のメディア・表象とジェンダー』中国女性史研究会編、研文出版、2016年
『現代中国のジェンダー・ポリティクス　性差・性売買・「慰安婦」』
　勉誠出版、2016年

◆訳書
『女のからだ　性と愛の真実』（共編訳）、ボストン「女の健康の本」集団著、
　合同出版、1974年
『中国女性　家・仕事・性』（編訳）、東方書店、1991年
『中国の女性学　平等幻想に挑む』（共編訳）、勁草書房、1998年
『フェミニズムは中国をどう見るか』J・ステイシー著、勁草書房、1998年
『美女・悪女・聖母　20世紀ロシアの社会史』エリザベス・ウォーターズ著、
　群像社、1994年
『女に向かって　中国女性学をひらく』李小江著、インパクト出版会、2000年
『性からよむ中国史　男女隔離・纏足・同性愛』（共訳）、スーザン・マン著、
　平凡社、2015年

フェミ私史（しし）ノート――歴史（れきし）をみなおす視線（しせん）

2016年10月31日　第1刷発行
著　　者　秋山 洋子
編集協力　野中 文江
装　　幀　田邉 恵里香
発 行 人　深田　卓
発　　行　株式会社 インパクト出版会
　　　　　東京都文京区本郷 2-5-11　服部ビル 2F
　　　　　Tel 03-3818-7576　Fax 03-3818-8676
　　　　　impact@jca.apc.org　http://www.jca.apc.org/~impact/
　　　　　郵便振替　00110-9-83148

印刷・製本　モリモト印刷

リブ新宿センター資料集成

①リブニュースこの道ひとすじ
②パンフレット編・ビラ編

リブ新宿センター資料保存会 編　梱包用箱入

① B4 判並製 204 頁　7000 円＋税　ISBN 978-4-7554-0185-5
②パンフレット編　B4 判並製 524 頁／ビラ編　B4 判並製 648 頁
　2 冊セット 48000 円＋税（分売不可）　ISBN 978-4-7554-0186-2

「リブニュースこの道ひとすじ」は 1972 年 10 月創刊。「ミニ版」「号外」を含めた全号を復刻。パンフレット篇・ビラ篇にはリブ新宿センターとその運営グループが 1970 ～ 77 年に発行したもの等を収録。

――「『リブ新宿センター資料集成』は、70 年代ウーマンリブ運動の一端を伝え、それ以前とその後そして現在までの女の運動のつながりを示す、貴重な資料になるものと思います。とともに、これは運動に参加した女たちにとっての大切な個人史でもあります。当時リブ運動に参加した女たちは、個人的なことにも歴史と政治が反映していること、社会の変革は個人の変革とともにあることを実感し、また女と女のつながりを求め信頼して、自分自身を語りました。古いものでは発行から 37 年がたっています。執筆者の中には、当時の文章と現在の自分との間にギャップを感じたり、今ならば別な表現ができると考える人もいました。そうした戸惑いを越えて、少部数とはいえ印刷物として残すことに同意した執筆者たちの心意気が、汲み取られ、活かされることを切に願っています。」（「刊行の経緯」より）

パンフレット編収録：『ナイチャアのおんなからウチナンチュウの　とりわけ A サインのおんなへ』（'72）『リブ論第 1 集「ノアの箱船」』（'72）『生理痛から始まってピルを解剖する』（'73）『窓をあけて No.1』（'73）『とうりゃんせ』（'73、74）『産める社会を！産みたい社会を！』（'73）『女と男』（'73）『ABOLISH THE EUGENIC PROTECTION LAW!』（'74）『東京こむうぬがベビーカー問題を突く』（'74）『モナリザスプレー事件公判資料』（'75）『すばらしい女たち　創刊号』（'76）ほか